U0925945

马克思主义理论系列教材

当代国外马克思主义概论

陈江生　张　严◎主编

中共中央党校出版社

图书在版编目（CIP）数据

当代国外马克思主义概论 / 陈江生，张严主编． --
北京 ：中共中央党校出版社，2023.5
ISBN 978-7-5035-7535-8

Ⅰ．①当… Ⅱ．①陈… ②张… Ⅲ．①马克思主义－研究－国外 ②西方马克思主义－研究 Ⅳ．① A81
② B089.1

中国国家版本馆 CIP 数据核字（2023）第 065948 号

当代国外马克思主义概论

策划统筹 冯 研
责任编辑 李俊可
责任印制 陈梦楠
责任校对 马 晶
出版发行 中共中央党校出版社
地　　址 北京市海淀区长春桥路 6 号
电　　话 （010）68922815（总编室）　（010）68922233（发行部）
传　　真 （010）68922814
经　　销 全国新华书店
印　　刷 北京盛通印刷股份有限公司
开　　本 710 毫米 ×1000 毫米 1/16
字　　数 219 千字
印　　张 13.75
版　　次 2023 年 5 月第 1 版　2023 年 5 月第 1 次印刷
定　　价 45.00 元

微 信 ID：中共中央党校出版社　**邮　箱：** zydxcbs2018@163.com

“马克思主义理论系列教材”编委会

序 言

中共中央党校（国家行政学院）马克思主义学院是党中央批准成立的全国重要马克思主义理论教学研究机构，在教育战线尤其是干部教育领域发挥着重要而独特的作用。2015年12月11日，习近平总书记在全国党校工作会议上指出："中央批准中央党校成立马克思主义学院，就是坚持党校姓'马'姓'共'之举。"校（院）委会对马克思主义学院建设提出明确要求，要着力把学院建成一流的马克思主义教学基地、一流的马克思主义研究高地、一流的马克思主义思想阵地；在用马克思主义理论教学育人方面走在前列，在研究阐释21世纪马克思主义、当代中国马克思主义方面走在前列，在加强思想理论引领、构建中国特色话语体系方面走在前列；进而在国内乃至国际上产生重要的政治影响力、学术影响力、社会影响力。

为贯彻落实中央和校（院）委会关于马克思主义学院建设的要求，学院在教育培训、科研咨询、理论引领、智库建设和研究生教育等方面持续努力，一直在探索有自己特色的发展道路，制定了五年发展规划，也有不少感悟和收获。在为迎接新中国成立70周年编写出版的"马克思主义理论研究丛书"（共22本）的基础上，根据《中国共产党党校（行政学院）工作条例》"建立与教学布局相适应的党校（行政学院）教材体系"的具体要求，结合自身实际，组织编写出版适合党政干部和研究生教育的"马克思主义理论系列教材"，力争体现并达到"国家标准、党校特色"，作为向中国共产党100周年华诞的献礼。

马克思主义理论学科是中国哲学社会科学体系中的基础性、支柱性、引领性学科，是整个学科体系的灵魂，是“学科的学科”。教材建设既是学科建设的基础性工作，也是提高教学质量的奠基性工程。这套“马克思主义理论系列教材”一共包括10本，涵盖了马克思主义理论的主要二级学科，特别是突出回应了马克思主义理论研究中的一系列重大理论和现实问题，分别是《马克思主义基本原理概论》《马克思主义中国化概论》《当代中国国家治理概论》《当代国外马克思主义概论》《21世纪马克思主义概论》《新时代政治经济学概论》《马列经典著作精选导读》《马克思主义社会发展理论简史》《当代意识形态问题概论》《当代资本主义概论》，力争体现集学理性、研究性、前沿性、时代性于一体的教材特点，力争体现本领域的最新研究进展和前沿研究成果。

“马克思主义理论系列教材”是马克思主义学院全体教研人员集体努力、共同合作的成果。参与这套丛书编写的人员以马克思主义学院教研人员为主，同时适当吸收了校内外、党校系统的同行知名专家学者。这套丛书设立编委会，每本教材设立编写组，由编写人员组成；实行双主编制，每本教材均由学院一位具有正高职称的院领导和一位负责具体事务的同志担任主编，共同负责拟定写作提纲、组织编写队伍和人员分工、督促写作进度、控制写作质量等。当然，我们深知这套教材的编写出版是一次尝试和探路，由于时间紧张，编者的水平有限，难免存在这样或那样的瑕疵，还请各位读者不吝赐教，您的建议和意见将是我们进一步努力修订、完善的动力所在。

“马克思主义理论系列教材”从设想、谋划到写作、出版，得到了中共中央党校（国家行政学院）分管日常工作的副校（院）长李书磊同志、中共中央党校（国家行政学院）分管日常工作的原副校（院）长何毅亭同志、副校（院）长甄占民同志的关心和指导，校（院）兄弟单位教务部、科研部、研究生院等部门也提供了具体支持，校（院）许多专家学者都参与了教材的审读和修改。在此一并表示衷心感谢！

目　录

绪　论

中国特色社会主义的发展对世界社会主义运动的贡献

中国特色社会主义是马克思主义中国化不断推进的实践成果。中国共产党一经成立，就面临着如何用马克思主义指导中国革命和中国社会主义建设的问题。为了解决这一问题，中国共产党人把马克思主义基本原理与不断发展的中国革命和建设的实践相结合，形成和发展了中国特色社会主义。在新时代，以习近平同志为核心的党中央围绕坚持和发展什么样的中国特色社会主义、怎样坚持和发展中国特色社会主义这个重大时代课题，坚持以马克思列宁主义、毛泽东思想、邓小平理论、“三个代表”重要思想、科学发展观为指导，坚持解放思想、实事求是、与时俱进、求真务实，坚持辩证唯物主义和历史唯物主义，紧密结合新的时代条件和实践要求，以全新的视野深化对共产党执政规律、社会主义建设规律、人类社会发展规律的认识，进行艰辛探索，形成了习近平新时代中国特色社会主义思想。习近平新时代中国特色社会主义思想的形成和成功实践是马克思主义与中国实践相结合的又一次飞跃，是中国特色社会主义的重大发展。这一发展使社会主义在中国大地上焕发出更加勃勃的生机，为当代社会主义运动的发展注入了新的活力，为社会主义摆脱困境、健康发展提供了一个成功的范例，为世界社会主义运动的发展作出了巨大贡献。

一、中国特色社会主义的发展对世界社会主义运动的理论贡献

中国特色社会主义理论，尤其是中国特色社会主义理论的最新发展成果、习近平新时代中国特色社会主义思想，创造性地提出了中国特色社会主义进入了新时代，解决了社会主义国家如何认识发展阶段、看待不同发展阶段社会主要矛盾的问题；创造性地强调了以人民为中心的根本理念，解决了社会主义国家如何坚持社会主义、建设社会主义的问题；创造性地提出新时代党的建设的总要求，解决了社会主义运动必须坚持党的领导和如何做好党的建设的问题。这一思想不仅从理论上解决了中国特色社会主义发展所直面的问题，而且为世界社会主义运动的发展开辟了新境界，引领了当代世界社会主义运动理论的创新发展，丰富了世界社会主义运动理论宝库。

（一）创造性地提出了中国特色社会主义进入了新时代，解决了社会主义国家如何认识发展阶段，看待不同发展阶段的社会主要矛盾的问题

“不了解中国革命战争的特点，就不能指导中国革命战争，就不能引导中国革命战争走上胜利的途径。”[①] 同样，不了解中国社会发展的主要矛盾，就不能引导中国发展走向正确的道路。中国共产党最重视对社会主义国家发展阶段的认识，最重视在不同发展阶段下对主要矛盾的认识。

1949 年 3 月，新中国成立前夕，党召开了七届二中全会，对取得全国性胜利后国家和社会的发展做出了判断，指出未来中国将由农业国转变为工业国、由新民主主义社会逐渐转变为社会主义社会。正是因为正确的判断，才有了正确的政策和道路，党的工作重心由乡村转移到城市，从战争转向生产建设，确立了迅速恢复和发展生产的总任务，明确了建设一个伟大的社会主义国家的新目标。新中国成立后，生产力迅速恢复，国民经济获得提升，第一个五年计划实现了工业、农业、基本建设、民生等各项数据指标超额完成的大好局面。在生产关系方面，基本完成了生产资料公有制的社会主义改造，使社会主义经济成分在国民经济中占了绝对的优势。

党的十一届三中全会再次对社会发展做出重大判断，做出了实行改革开

① 《毛泽东选集》第 1 卷，人民出版社 1991 年版，第 187 页。

放的新决策，提出把全党的工作重点转移到社会主义现代化建设上来；提出了我国依然处于社会主义初级阶段的基本国情和当时我国社会的主要矛盾是人民日益增长的物质文化需要同落后的社会生产之间的矛盾的科学论断，从而使我们制定各项方针政策有了最重要最客观的依据。以后的发展事实证明，正是因为这一正确判断和建立在这一判断上的一系列方针政策，使得在经济社会各方面的发展取得了前所未有的成就，实现了我国中国特色社会主义事业的大发展。

进入新时代，中国社会发生了新的历史性、结构性和全局性的变化。一方面，经过 40 多年改革开放的发展，我国生产力水平显著提升，很多方面已达到世界先进甚至领先水平，短期经济和供给不足状况发生了历史性转变；从人民的需求看，随着生活的不断改善，人民群众不仅对物质文化生活提出了更高要求，而且呈现出多方面、多样化和多层次的结构性变化特点，对美好生活充满了期望；另一方面，全国整体发展不平衡，在一些地区和领域发展不充分，已经成为满足人民对美好生活需求的主要瓶颈和制约全局性发展的关键问题。

以习近平同志为核心的党中央深刻洞悉中国社会的这些变化，创造性地提出了中国特色社会主义进入了新时代。在新时代，我国社会主要矛盾已经转化为人民日益增长的美好生活需要和不平衡不充分的发展之间的矛盾。明确了我国发展新的历史方位，反映了中国发展的阶段性特征。这一论断创造性地补充了社会主义发展阶段论，深化了对社会主要矛盾的认识，从理论上解决了社会主义国家如何认识发展阶段、看待不同发展阶段的社会主要矛盾的问题；奠定了习近平新时代中国特色社会主义思想的逻辑起点，为我们党制定新时代的基本方略及方针、政策提供了重要依据和遵循，也为其他社会主义国家认识和判断自身所处发展阶段提供了重要参考。

（二）创造性地强调了以人民为中心的根本理念，解决了社会主义国家如何坚持社会主义、发展社会主义的问题

历史唯物主义强调人民群众的主体地位，认为人民群众是社会物质财富的创造者，是社会精神财富的创造者，是社会变革的决定力量。国家要存在和发展，必须得到人民的支持；社会主义国家要坚持社会主义、发展社会主

义，就必须坚持以人民为中心。坚持以人民为中心并不是一件停留在嘴上的事情，要实实在在地去做，才能得到人民的认可，做到真正的以人民为中心。中国共产党就是做到了以人民为中心才走到了今天。

在抗战和解放战争时期，以毛泽东为代表的中国共产党人提出把实现人民根本利益作为自己的责任，把人民利益至上作为党的核心价值追求，1945年召开的党的七大更是把“全心全意为人民服务”作为宗旨写进党章。也正是因为这样，中国共产党获得了全国人民的支持，使党能够紧紧依靠群众、发动群众，建立起人民武装，在党的带领下全国人民推翻了三座大山的压迫，历史上第一次建立了人民当家作主的新中国，实现了人民的翻身解放，同时也奠定了建设社会主义中国的基础。

十一届三中全会以来，党更是以对人民高度负责的责任感和使命感，顺应了历史的潮流和人民的意愿，实现了思想政治路线的拨乱反正，选择了改革开放，走出了一条中国特色社会主义的道路，从而极大地调动了人民群众的积极性，激发了各行各业的创造力，在党的带领下国家实现了前所未有的持续而稳定的发展，人民越来越富裕，国家越来越强盛，中国特色社会主义的道路也越来越深入人心。

新时代，习近平新时代中国特色社会主义思想把以人民为中心的根本理念写在了自己的旗帜上，明确在新时代必须坚持以人民为中心的发展思想，不断促进人的全面发展、全体人民共同富裕。强调坚持以人民为中心就是要坚持中国特色社会主义政治制度，把人民当家作主落实到国家政治生活和社会生活的各个方面，让人民群众广泛参加国家和社会治理，不断扩大人民有序的政治参与。强调坚持以人民为中心就要立党为公、执政为民，坚持全心全意为人民服务的根本宗旨。一切为了群众、一切依靠群众，把让老百姓过上好日子作为我们党一切工作的出发点和落脚点，将人民拥不拥护、赞成不赞成、高兴不高兴、答应不答应作为衡量一切工作的根本标准。强调坚持以人民为中心就要把人民对美好生活的向往作为发展奋斗的目标，以贯彻实施新发展理念提高经济发展质量和效益，着力解决发展不平衡不充分的问题，坚持和完善社会主义基本经济制度和分配制度，促使人民收入更加合理有序，在教育、医疗、就业、养老、居住等方面不断发展完善，补齐民生短板促进社会公平正义。

新时代，没有其他思想，只有习近平新时代中国特色社会主义思想才真正体现了以人民为中心的根本理念。它不仅充分反映了共产党执政规律、社会主义建设规律、人类社会发展规律的客观规律要求，而且具体回答了社会主义建设为了谁、社会主义建设依靠谁的重大理论和实践问题，真正解决了社会主义国家如何坚持社会主义发展社会主义的问题，极大地丰富了马克思主义人民观、发展观。

（三）创造性地提出新时代党的建设的总要求，解决了社会主义运动必须坚持党的领导和如何做好党的建设的问题

“坚持和完善党的领导，是党和国家的根本所在、命脉所在，是全国各族人民的利益所在、幸福所在。”[①]这是对我们为什么要坚持和完善党的领导的精辟概括。坚持和完善党的领导是建立和发展社会主义中国的一大法宝，是中国共产党在总结历史经验教训的基础上得出的重要结论。

从世界范围看，但凡坚持和完善了共产党领导的国家都能建成社会主义国家并坚持了下来，但凡放弃或弱化了党的领导的国家要不没有建成社会主义国家要不就是半途而废。苏联共产党曾经是世界第一大党，正是在苏联共产党的领导下，实现了十月革命的胜利，建立了世界上第一个社会主义国家。但是在执政的后期，苏联共产党却逐渐背离马克思主义，不断弱化党的领导，甚至在一些领域转向了非马克思主义、反马克思主义，放弃党的领导权，最终导致苏联解体。

与之不同，中国共产党始终坚持和完善党的领导，并因此而实现了中国革命的伟大胜利，取得了中国特色社会主义的伟大胜利。正是坚持和不断完善党的领导，中国共产党才成功地带领人民找到了国家独立和民族解放的正确道路，团结领导人民经过 28 年的艰苦斗争成立了新中国，取得了革命的胜利；正是坚持和不断完善党的领导，才成功实现了中国从新民主主义到社会主义的转变，迅速恢复了国民生产，建立了社会主义制度；也正是坚持和不断完善党的领导，十一届三中全会后，开辟了我国历史发展的新阶段，顶住了苏联解体和东欧剧变的巨大压力，成功推动了改革开放，国家面貌发生了深刻变化。

① 《习近平谈治国理政》第 2 卷，外文出版社 2017 年版，第 43 页。

新时代，面对新的情况、新的挑战，习近平新时代中国特色社会主义思想旗帜鲜明地指出：坚持和加强党的全面领导是中国特色社会主义制度最大的优势，也是中国特色社会主义最本质的特征，更是坚持和发展中国特色社会主义的关键之所在。坚持和加强党的全面领导必须是全面的、整体的，哪个领域、哪个方面、哪个环节缺失了弱化了，都会削弱党的力量，损害党和人民事业。坚持和加强党的领导要不忘初心、牢记使命，不断坚定对马克思主义的信仰，始终牢记全心全意为人民服务的宗旨，时刻将政治纪律铭记于心，经受住各种风浪的考验，以朝气蓬勃的精神面貌，始终走在时代的前列，自觉成为共产主义远大理想和中国特色社会主义共同理想的坚定信仰者和忠诚实践者。这就从理论和实践两个方面解决了共产党的组织和成员在社会主义国家如何坚持和完善党的领导，共产党在社会主义运动中如何坚持党的领导、如何做好党的建设的问题。

二、中国特色社会主义的发展对世界社会主义运动的现实贡献

中国特色社会主义的发展不仅从理论上引领了当代世界社会主义运动理论的创新发展，而且对世界社会主义运动作出了巨大的现实贡献。在东欧剧变、苏联解体之后，是中国特色社会主义发展确保了社会主义的旗帜不倒，世界社会主义运动在国家层面得以持续；在世纪之交、21世纪之初，新自由主义泛滥的世界上，是中国特色社会主义的发展使社会主义能够承受压力，潜心发展，积累了力量；在新时代，是中国特色社会主义的发展使社会主义实现了世界力量的对比再次发生了有利于社会主义的变化。

（一）中国特色社会主义的发展使社会主义在苏联解体后能够坚持下来

1991年，苏联解体。在那前后，世界上许多实行社会主义或者装作实行社会主义的国家，有的大踏步资本主义化，有的急急忙忙地把自己国名中的“社会主义”字样去掉。总之，是改旗易帜众，敢于公开坚持“社会主义”者寡。只有邓小平在1989年6月就给出了结论：“党的十三大概括的‘一个中心、两个基本点’对不对？两个基本点，即四个坚持和改革开放，是不是错了？

我最近总在想这个问题。我们没有错。四个坚持本身没有错，如果说有错误的话，就是坚持四项基本原则还不够一贯，没有把它作为基本思想来教育人民，教育学生，教育全体干部和共产党员。……改革开放这个基本点错了没有？没有错。没有改革开放，怎么会有今天？这十年人民生活水平有较大提高，应该说我们上了一个台阶，尽管出现了通货膨胀等问题，但十年改革开放的成绩要充分估计够。"[①] 坚决、坚定地把中国的社会主义坚持了下来。

坚持是要有底气的，是要有现实基础的。中国之所以能够坚持社会主义，最大的原因就是中国的社会主义是中国特色社会主义，中国特色社会主义从改革开放一路走来，在实践和理论上都取得了巨大的成就。在实践上，人们看到：1989 年的中国经济与 1979 年相比有了长足的进步。国内生产总值由 1979 年的 4100.5 亿元提升至 1989 年的 17188.4 亿元，翻了两番。国民经济关键指标大幅提升，工业增加值由 1786.5 亿元提升至 6525.7 亿元，增长 365%；1989 年全社会固定资产投资 4410.4 亿元比 1980 年的 910.9 亿元增长 484%；进出口总额由 454.6 亿元提升至 4155.9 亿元，增长 914%。城乡居民收入与国民经济同步增长，城镇居民家庭人均可支配收入由 405.0 元提升至 1373.4 元，增长 339%，农村居民家庭人均纯收入由 160.2 元提升至 601.5 元，增长 375%。1989 年城乡居民人民币储蓄存款年底余额 5184.5 亿元是 1979 年 281.0 亿元的 18.4 倍。市场商品需求与供给的矛盾趋于缓和，人民的衣食住行条件获得改善，社会消费品零售总额由 1800.0 亿元上升至 8101.4 亿元，增长 450%；居民消费水平由 208 元上升至 785 元，增长 377%。中国特色社会主义十年的实践给了人民实实在在的实惠，给了人民切切实实的希望。在理论上，准确判断了我国社会所处的历史阶段和社会的主要矛盾，即我国正处在社会主义的初级阶段，主要矛盾是人民日益增长的物质文化需要同落后的社会生产之间的矛盾。准确把握了我国社会主义初级阶段的实际，制定了党的基本路线，即我国社会主义现代化建设的领导力量是中国共产党、依靠力量是全国各族人民、中心任务是经济建设、政治保证是四项基本原则、直接动力是改革、外部条件是开放、基本方针是自力更生和艰苦创业以及奋斗目标是把我国建设成为富强、民主、文明的社会主义现代化国家。实现了马克思主义基本原理与中国实践成功结合，并随着中国实际的发展而发展。正是基

① 《邓小平文选》第 3 卷，人民出版社 1993 年版，第 305—306 页。

于这个两方面，在中国人民的支持拥护下，中国特色社会主义在苏联解体那么大的国际动荡中坚持了下来。

不仅坚持下来了，而且是在不断发展中的坚持。1991 年苏联解体的时候，中国的经济总量在世界上实际是很小的，大概也就占世界的 1.83%。当年中国贸易总额只占全世界的 1.90%，对外投资额 10 亿美元，相当于美国对外投资额的 1%。所以，发达资本主义国家甚至自认为，他们的世界完全可以无视包括中国在内的所有发展中国家。到了 2000 年，中国经济总量达到了世界的 3.74%，9 年比重翻了一番。尤其是主要工业产品产量大幅增长，其中钢铁产量 1.28 亿吨，煤炭产量 9.51 亿吨，水泥产量 5.97 亿吨，化纤产量 670 万吨，均排名世界第一。世界已经不能再无视中国。经济发展的同时，理论也在不断的发展。“三个代表”重要思想应运而生。2000 年 2 月 25 日江泽民同志在广东省考察工作时，从全面总结党的历史经验和如何适应新形势新任务的要求出发，首次阐述了：总结我们党七十多年的历史，可以得出一个重要结论，这就是：“我们党所以赢得人民的拥护，是因为我们党在革命、建设、改革的各个历史时期，总是代表着中国先进生产力的发展要求，代表着中国先进文化的前进方向，代表着中国最广大人民的根本利益，并通过制定正确的路线方针政策，为实现国家和人民的根本利益而不懈奋斗。”中国共产党党员数量也在不断上升，由 1987 年的 4600 多万上升到 1997 年的 5800 多万。

（二）中国特色社会主义的发展使社会主义在 21 世纪能够承受压力，积累了力量

进入 21 世纪，全球化的浪潮继续汹涌，在新自由主义思潮借力经济全球化试图横扫世界，霸权国家试图借新自由主义思潮劫掠世界的时候，中国坚持发展自己、完善自己，不断推进中国特色社会主义的发展，不仅经受住了洗礼，而且积累了力量。

从经济社会发展上看，21 世纪的第一个十年，我国不仅抵御住了世界经济危机的冲击，而且社会生产力实现了长期稳定的高速发展。国民生产总值从 2001 年的 10.9 万亿元人民币增长到 2011 年的 48.5 万亿元人民币，年均增长 16.1%。而同期，世界经济从 33.4 万亿美元增长至 73.3 万亿美元，年均增长 8.2%；美国经济从 10.6 万亿美元增长至 15.5 万亿美元，年均增长 3.9%；

日本经济从4.3万亿美元增长至6.2万亿美元，年均增长3.7%；欧盟地区经济从9.0万亿美元增长至18.4万亿美元，年均增长7.4%。远高于世界各大经济体的增长速度使得中国国民生产总值的世界排名从2001年的第六位提升至第二位，占世界比重从4.16%上升至10.5%；进出口总额从5.1万亿元人民币增长至23.6万亿元人民币，跃居世界第二位；全社会固定资产投资额从3.7万亿元人民币增长至31.1万亿元人民币，增长841%；公共财政收入大幅提升，从1.6万亿元人民币增加到10.4万亿元人民币；累计新增城镇就业超过1亿人；城乡居民收入大幅提升，城镇居民家庭人均可支配收入从6859.6元提升至21809.8元，增长318%，农村居民家庭人均纯收入从2366.4元提升至6977.3元，增长295%；社会消费品零售总额从4.3万亿元人民币上升至18.7万亿元人民币，增长435%，短缺经济时代一去不返，人民生活实现了由温饱到小康的历史性跨越。这十年，中国经济得到了长足的进步，中国特色社会主义的物质力量得到了空前的提高，世界社会主义得以休养生息，积累了力量。

从理论发展上看，中国共产党顶住了包括新自由主义在内的一切非马克思主义思潮，努力推进实践创新、理论创新、制度创新，强调坚持以人为本、全面协调可持续发展，提出构建社会主义和谐社会、加快生态文明建设，形成中国特色社会主义事业总体布局，着力保障和改善民生，促进社会公平正义，推动建设和谐世界，推进党的执政能力建设和先进性建设，成功在新的历史起点上坚持和发展了中国特色社会主义；始终坚持、不断发展了中国特色社会主义道路，中国特色社会主义理论体系，中国特色社会主义制度。中国特色社会主义道路，就是在中国共产党领导下，立足基本国情，以经济建设为中心，坚持四项基本原则，坚持改革开放，解放和发展社会生产力，建设社会主义市场经济、社会主义民主政治、社会主义先进文化、社会主义和谐社会、社会主义生态文明，促进人的全面发展，逐步实现全体人民共同富裕，建设富强民主文明和谐美丽的社会主义现代化强国。中国特色社会主义理论体系，就是包括邓小平理论、“三个代表”重要思想、科学发展观在内的科学理论体系，是对马克思列宁主义、毛泽东思想的坚持和发展。中国特色社会主义制度，就是人民代表大会制度的根本政治制度，中国共产党领导的多党合作和政治协商制度、民族区域自治制度以及基层群众自治制度等基本政治制度，中国特色社会主义法律体系，公有制为主体、多种所有制经济共同发展的基本经济制度，以及建立在这些制度基础上的经济体制、政治体制、文化体制、社会体制等各项具体制度。中国特色社会主义道路是实现途径，中国特色社会主义理论体系是行动指南，中国特色社会主义制度是根本保障，三者统一于中国特色社会主义伟大实践。

2012 年，中国共产党的党员数量继续不断上升，由 1997 年 5800 多万上升到了当年的 8500 多万。我们的中国特色社会主义的理论更加完善了，我们的中国特色社会主义跨入了新时代。与之相应，世界社会主义运动也跨入了新时代。

（三）中国特色社会主义的发展使社会主义在新时代实现了世界力量的对比再次发生了有利于社会主义的变化

进入新时代，世界经济复苏艰难，西方发达国家经济增长乏力，而东方则能够克服困难不断前行。几年下来，世界力量的对比不断向有利于东方方向发展的趋势越来越明显，世界力量的对比再次发生了有利于社会主义的变化。

从经济力量对比看，中国特色社会主义的发展使社会主义的经济力量大幅跃升。党的十八大以来，中国经济保持中高速增长，在世界主要国家中名列前茅，经济总量从 2012 年的 54.0 万亿元增长 2019 年的 99.1 万亿元，稳居世界第二位。2020 年新冠肺炎疫情使全球经济陷入衰退，而同年中国 GDP 增长 2.3% 是全球唯一实现正增长的主要经济体。2020 年中国经济总量突破 100 万亿元，相当于日本、德国、英国和法国经济总量的总和。中国对世界经济增长的年平均贡献率超过 30%，2013—2021 年超过 G7 国家对世界经济增长贡献的总和。

从思想力量对比看，中国坚持发展和完善了中国特色社会主义，形成习近平新时代中国特色社会主义思想，改变了世界思想影响力“西风压倒东风”的状况，“东风”第一次压倒了“西风”。在当今世界上，只有习近平新时代中国特色社会主义思想，能够引领像中国这样一个大国实现稳定的中高速发展，带领从近代以来久经磨难的中华民族迎来从站起来、富起来到强起来的伟大飞跃，面向实现中华民族伟大复兴的光明前景而不断前行；只有习近平新时代中国特色社会主义思想，能够使科学社会主义在 21 世纪的中国焕发出强大生机活力，在世界上高高举起了中国特色社会主义伟大旗帜；只有习近平新时代中国特色社会主义思想，能够使中国特色社会主义道路、理论、制度、文化不断发展，拓展了发展中国家走向现代化的途径，给世界上那些既希望加快发展又希望保持自身独立性的国家和民族提供了全新选择，为解决人类问题贡献了中国智慧和中国方案。现实已经证明了世界上没有其他思想拥有此能力。

从国际影响力对比看，随着中国国际影响力的提高，“南方”不再是可有可无的了，发展中国家在世界格局中的地位再次攀升；“东方”不再是落后的了，社会主义获得了前所未有的影响力。习近平新时代中国特色社会主义理论坚持推动构建人类命运共同体，建设持久和平、普遍安全、共同繁荣、开放包容、清洁美丽的世界。通过促进“一带一路”国际合作，实现政策沟通、设施联通、贸易畅通、资金融通、民心相通，打造国际合作新平台，增添共同发展新动力。秉持共商共建共享的全球治理观，倡导国际关系民主化，坚持国家不分大小、强弱、贫富一律平等，支持联合国发挥积极作用，支持扩大发展中国家在国际事务中的代表性和发言权。党的十八大以来，中国切实履行了共建“一带一路”倡议，发起创办了亚洲基础设施投资银行，设立了丝路基金，举办了首届“一带一路”国际合作高峰论坛、亚太经合组织领导人非正式会议、二十国集团领导人杭州峰会、金砖国家领导人厦门会晤、亚信峰会、世界政党大会……“西方”在倾听、“南方”在倾听、世界在倾听，社会主义随着中国特色社会主义成功发展正在向着中国商品、中国声音、中国思想所到达的一切地域和领域伸展。

纵观历史，横看世界，中国特色社会主义迎来了一个在经济力量、思想力量和国际影响力都实现了前所未有的巨大提升并将继续扩大的新时代。这也意味着，一个世界力量的对比再次发生了有利于社会主义变化的新时代已经到来，世界社会主义的力量一定会伴随着中国特色社会主义影响力的提升而不断提升。

三、中国特色社会主义的发展对世界社会主义运动的历史贡献

中国特色社会主义的创立和发展还为世界社会主义运动作出了不可磨灭

的历史贡献。第一，中国特色社会主义丰富和发展了马克思主义理论的宝库。中国特色社会主义对社会主义道路、制度、文化创造性的发展，使马克思主义理论增添了崭新的内容，书写了21世纪的马克思主义，书写了马克思主义在21世纪的东方内容。第二，中国特色社会主义走出了一条与西方不同的发展道路。给世界上那些既希望加快发展又希望保持自身独立性的国家和民族提供了全新选择。第三，中国特色社会主义的发展使科学社会主义焕发出新的历史生机，终结了历史终结论。新时代的中国成就和国际影响力给处于低潮的世界社会主义运动带来新动力、新机遇和新视野，引发了世界对中国社会主义制度优势的重视和对社会主义的重新审视。第四，中国特色社会主义实现了一国社会主义发展与国家发展的一致性。用中国的实践证明国家发展和社会主义的发展具有统一性。

（一）中国特色社会主义丰富和发展了马克思主义理论的宝库

习近平新时代中国特色社会主义思想是中国在新的历史阶段对马列主义、毛泽东思想、邓小平理论、“三个代表”重要思想和科学发展观等一系列思想的继承和发展，为世界社会主义运动贡献了新的理论思想。

习近平新时代中国特色社会主义思想创新补充了社会主义初级阶段理论。“新时代”一方面是对中国特色社会主义经济、政治、文化等方面状况发生变化的新概括，表明我国在经济发展、社会发展、科技发展、国防实力等综合国力方面已经获得了前所未有的提升，改变了落后生产力的面貌，产生了人民对于美好生活的向往随着生活水平的提高而不断提升的新要求，同时表明不平衡、不充分的发展又是目前主要的制约因素，新时代的主要矛盾已经转化；另一方面习近平关于“新时代”的思想丰富了社会主义初级阶段理论，深刻阐述了虽然都是社会主义初级阶段，但社会主义初级阶段本身也可以进行阶段划分，并且社会主要矛盾也是随社会发展阶段不同而变化的，从而完善了科学社会主义关于社会主义发展阶段的理论。

习近平新时代中国特色社会主义思想创新了分步走战略，将实现全面建成小康社会后分为两个阶段，第一个阶段，从2020—2035年，基本实现社会主义现代化；第二个阶段，从2035年到本世纪中叶，把我国建成富强民主文明和谐美丽的社会主义现代化强国，确定了“富强民主文明和谐美丽”中国的表述。使新时代中国特色社会主义的战略安排、总体目标，全面地反映了新时代人民对美好生活的向往和诉求，实现了马克思主义与中国新时代实际的新的结合，全面发展了社会主义发展理论。

习近平新时代中国特色社会主义思想创新了以人民为中心的理论。以人民为中心，就是要坚持人民的主体地位，坚持立党为公、执政为民、全心全意为人民服务，以及将这些宗旨体现在经济社会发展的各个环节。不仅回答了习近平新时代中国特色社会主义思想中社会主义建设为了谁、社会主义建设依靠谁的重大理论和实践问题，而且丰富了马克思主义人民观、发展观，是马克思主义人民观、发展观的新飞跃、新境界。

习近平新时代中国特色社会主义思想创新了党建理论。新时代党的建设总要求是："坚持和加强党的全面领导，坚持党要管党、全面从严治党。以加强党的长期执政能力建设、先进性和纯洁性建设为主线，以党的政治建设为统领，以坚定理想信念宗旨为根基，以调动全党积极性、主动性、创造性为着力点，全面推进政治建设、思想建设、组织建设、作风建设、纪律建设，把制度建设贯穿其中，深入推进反腐败斗争，不断提高党的建设质量，把党建设成为始终走在时代前列、人民衷心拥护、勇于自我革命、经得起各种风浪考验、朝气蓬勃的马克思主义政党。"①总要求系统阐明了新时代党的建设的原则、主线、统领、根基、着力点、领域和质量等，不仅是对党建历史的系统总结和继承，更是对新时代党建重要性的新论述、党建内涵的新阐述、党建工作的新部署，全面创新和发展了马克思主义政党建设的理论。

习近平新时代中国特色社会主义思想创新了社会主义市场经济理论。习近平新时代中国特色社会主义经济思想提出"七个坚持"②。"七个坚持"联系紧密，既确定了目标方向，又给出了方法途径，构成了一个完善的体系。这个体系不仅是对中国新时代发展的总结，在对新时代经济发展规律进行科

① 《中国共产党第十九次全国代表大会文件汇编》，人民出版社2017年版，第49—50页。

② "七个坚持"：坚持加强党对经济工作的集中统一领导；坚持以人民为中心的发展思想；坚持适应把握引领经济发展新常态，立足大局，把握规律；坚持使市场在资源配置中起决定性作用，更好发挥政府作用，坚决扫除经济发展的体制机制障碍；坚持适应我国经济发展主要矛盾变化完善宏观调控，相机抉择，开准药方，把推进供给侧结构性改革作为经济工作的主线；坚持问题导向部署经济发展新战略，对我国经济社会发展变革产生了深远影响；坚持正确工作策略和方法，主要是稳中求进，保持战略定力、坚持底线思维，一步一个脚印向前迈进。

学探索的基础上，为新时代中国经济的进一步发展指明了发展方向；而且体现了马克思主义的基本立场、观点和方法，是对马克思主义政治经济学理论逻辑、实践逻辑和价值逻辑的创新和完善。

（二）中国特色社会主义开创了一种与西方不同的发展道路

中国特色社会主义的发展表明不仅在理论上，而且在实践人类的发展在以剥削为中心的资本主义道路之外还存在着以人民为中心的社会主义道路。这是一条更加尊重自然，更加尊重人性，可持续的发展道路；这是一条只要各国坚持马克思主义与自身实际相结合就能够走得通的发展之路。

从发展本质看，西方国家的资本主义发展道路是一条为少数资产阶级服务，以资本为中心的发展道路。这条道路无论怎样修正，并不能解决资本剥削的性质，只能不断导致马克思所述的“人的异化”及贫富差距、社会不平等、环境恶化等诸多问题，这也是西方发展危机难以根除的深层原因。新时代中国特色社会主义突破以资本为中心的发展逻辑，坚持以人民为中心作为根本遵循，以人的全面发展和全体人民共同富裕为根本目标，以创新、协调、绿色、开放、共享为根本理念，破解了以资本为中心发展的缺陷，走出了一条更为公平公正的发展路径。

从发展过程看，资本主义的发展史是一部血泪史。资本主义几百年的历史充分证明了，资产阶级为了实现自己的利益不仅对本国人民进行剥削和压迫，而且大肆侵占落后国家和地区，进行殖民扩张和对自然资源的掠夺，给世界各国带来了深重的灾难。新时代中国特色社会主义一方面坚持和平发展道路，尊重各国人民自主选择发展的权利，维护国际公平正义，绝不对任何国家构成威胁，并庄严提出承诺永远不称霸，永远不搞扩张；另一方面坚持人与自然和谐共生的原则，既要创造更多物质和精神财富以满足人民的需求，也要尊重自然、保护自然，推进绿色发展，提供更多优质生态产品满足人民需要，避免了以掠夺发展中国家、掠夺自然资源、破坏生态环境为代价发展经济的缺陷，是一条可持续的发展道路。

从发展的结果看，以新自由主义为代表的西方资本主义发展理论向世界输出的结果是东欧、中东和拉美地区多国深陷经济衰退、社会动荡甚至政治危机，根本没能解决好发展中国家自我发展的问题。更具讽刺意味的是，甚至于发达资本主义国家自己的进一步发展也已经遇到了不可克服的问题，西方发展理论显然很难克服新一轮资本主义基本矛盾的爆发所带来的破坏。而新时代中国特色社会主义在国内，通过全面深化改革，自我调整，克服了国际金融危机的冲击，实现了经济发展从高速增长向中高速增长的过渡；在国际上，以发展对等的全球伙伴关系为基础，以共商共建共享为原则，推进各国之间协调合作，互利共赢，不断推动改革和建设公平公正的全球治理体系，构建人类命运共同体，建设持久、普遍安全、共同繁荣、开放包容、清洁美丽的世界，走出了一条西方资本主义道路之外更成功、开创人类历史新纪元的道路。

（三）科学社会主义焕发出新的历史生机，终结了历史终结论

科学社会主义的创立曾经对世界历史进程产生了深刻影响。然而苏联解体和东欧剧变使科学社会主义遭到质疑，“历史终结论”在西方世界盛行一时，宣称人类历史发展将终结于资本主义自由民主制度；东方世界则被“社会主义向何处去”的问题所困扰。中国作为最大的社会主义国家，通过创立和坚持中国特色社会主义理论和道路，不仅让社会主义站稳了脚跟，而且通过举世瞩目的发展成就，引发了国际社会对中国的聚焦和对社会主义的重新审视。正如习近平总书记所说：“历史没有终结，也不可能被终结。”①

在实践中，中国坚持了社会主义，就证明社会主义是“具有高度现实性和可行性的正确道路”②而不是昙花一现的乌托邦。中国用短短30多年的时间使拥有十几亿人口的大国摆脱了贫困走向了全面建成小康社会，经济总量跃居世界第二位，许多领域由落后走到了世界前列，创造了人类社会发展史上的奇迹，就是对社会主义能够实现国家发展最好的证明。在理论上，中国特色社会主义解决了“什么是社会主义、怎样建设社会主义”“建设什么样的党、怎样建设党”“实现什么样的发展、怎样发展”和“新时代坚持和发展什么样的中国特色社会主义、怎样坚持和发展中国特色社会主义”等一系列社会主义发展的重大问题，就说明了科学社会主义体系具有强大的自我发展能力，正在变得更加的丰富和完善。

---

① 习近平：《在庆祝中国共产党成立95周年大会上的讲话》，《人民日报（海外版）》2016年7月2日。

② 习近平：《在庆祝中国共产党成立95周年大会上的讲话》，《人民日报（海外版）》2016年7月2日。

随着新时代中国的发展，随着习近平新时代中国特色社会主义思想的发展，中国正在从社会主义大国走向了社会主义强国，中国特色社会主义正在从实践和理论两个方面变得更加强大。这不仅意味着“科学社会主义在二十一世纪的中国焕发出了蓬勃生机，中国式现代化为人类实现现代化提供了新的选择”，[①] 还意味着真正正在被终结的是资本主义和它的理论。

（四）实现了一国社会主义发展与国家发展的一致性

坚持和发展中国特色社会主义、实现中华民族伟大复兴的中国梦，是党工作的聚焦点、着力点、落脚点，中国特色社会主义与中国梦，在我国实现了一致性。

从目标任务看，二者是一致的。“我们党提出，到建党一百年时建成经济更加发展、民族更加健全、科教更加简便、文化更加繁荣、社会更加和谐、人民生活更加殷实的小康社会，然后再奋斗三十年，到新中国成立一百年时，基本实现现代化，把我国建成社会主义现代化国家。”[②]我们党提出的奋斗目标和坚持与发展中国社会主义是一致的。

从道路选择看，只有中国特色社会主义道路才能发展中国。中国特色社会主义是党和人民历尽千辛万苦、付出巨大代价取得的根本成就。中国特色社会主义，既是我们必须不断推进的伟大事业，又是我们开辟未来的根本保证。中国特色社会主义道路过去、现在和未来都是实现中国梦的唯一道路。

从理论指导看，只有中国特色社会主义理论才能指导中国发展。历史经验反复证明，只有把马克思主义与实践相结合的理论指导才能推动中国特色社会主义的发展，推进中国复兴之梦的实现。习近平新时代中国特色社会主义思想这一马克思主义与新时代中国实践结合的理论的产生和发展，为中国特色社会主义和中国国家发展提供了有力的理论指导。

从制度保障看，中国特色社会主义制度是发展中国特色社会主义和实现中国梦的根本保障。中国特色社会主义制度体现了社会主义初级阶段我国社会的根本性质及要求，反映了民主集中制这个根本组织原则，集中体现了中

---

① 习近平：《高举中国特色社会主义伟大旗帜　为全面建设社会主义现代化国家而团结奋斗——在中国共产党第二十次全国代表大会上的报告》，人民出版社 2022 年版，第 16 页。

② 《中国共产党第十九次全国代表大会文件汇编》，人民出版社 2017 年版，第 22 页。

国特色社会主义的特点和优势，是改革开放以来中国之所以生机勃勃、取得举世瞩目伟大成就的制度保障。只有不断发展和完善这套制度，才能保障中华民族的伟大复兴。

从依靠力量看，人民群众是发展中国特色社会主义和实现国家发展的根本力量。人民是历史的创造者，是决定党和国家前途、命运的根本力量。只有依靠人民群众，中国特色社会主义才能得以发展，也只有依靠人民群众，中国梦才能得以实现。人民群众的智慧和力量是我党我国一切事业的根本推动力。

从领导核心看，中国共产党既是中国特色社会主义事业的领导核心，又肩负着领导中国人民实现中国梦的光荣责任。只有不断加强党的建设，坚持党的领导，才能实现中国特色社会主义的发展，实现中华民族伟大复兴的中国梦。

可见，中国特色社会主义的发展和对中华民族伟大复兴的中国梦的追寻已经实现了有机融合，中国特色社会主义的发展和国家的发展有着高度的一致性。这一方面，从理论上解决了如何将一国社会主义发展与国家发展统一的问题；另一方面，从实践上以事实证明了这种一致性，不仅具备理论可能性，而且具备现实可行性。

第一章

欧美的马克思主义思潮与研究

马克思主义是在19世纪中叶的欧洲发达国家形成和发展起来的，马克思、恩格斯百年之后，马克思主义以其非凡的与时俱进的理论品质继续传播于欧美发达国家。第一次世界大战后，在与第二国际的论战中，匈牙利籍哲学家和文学批评家卢卡奇于1923年发表《历史和阶级意识》，标志着“西方马克思主义”思潮的诞生，此后逐渐与20世纪西方人本主义、科学主义思潮交融，形成了人本主义马克思主义、科学主义马克思主义以及东欧新马克思主义，成为欧美马克思主义思潮的主流。近百年来，西方马克思主义走过了这样一个演化历程：早期西方马克思主义者从对第二国际在理论上的实证主义倾向的批判开始，强化了主体性逻辑，形成了以人本主义为主要倾向的理论基调，尤其关注的是无产阶级的主体意识与革命问题。在20世纪30年代以后，以法兰克福学派为主导的西方马克思主义，关注的是对法西斯主义与发达工业社会的批判，并将这种批判深入到了西方文化的根基。在20世纪50年代中期，随着对斯大林模式的批判，马克思主义哲学被树立为人道主义的旗帜，在萨特等为代表的存在主义的马克思主义中，人道主义的呼声达到高潮。至20世纪60年代后期，西方马克思主义的批判逻辑已经登峰造极。1966年，法兰克福学派第一代理论家阿多诺发表《否定辩证法》，否定了唯物史观的生产力基础和人类解放逻辑；1968年，“五月风暴”席卷法国但无疾而终。20世纪70年代以来，欧美马克思主义思潮与研究纷至沓来，开始了全面转型的历程，即从西方马克思主义向当代新马克思主义思潮转变，主要有晚期马克思主义、后现代马克思主义、生态学马克思主义、分析的马克思主义、激进政治经济学、政治伦理批判理论、激进政治学，以及欧美左翼政党及其他左翼学者的马克思主义研究等。

一、晚期马克思主义

1968年，“西方马克思主义”理论逻辑的“终结者”阿多诺发表了题为《晚期资本主义，还是工业社会？》的演讲，认为当代资本主义是一个更具毁灭性的“晚期资本主义”。1991年，詹姆逊发表《晚期马克思主义：阿多诺，或对辩证法的坚持》，将阿多诺的哲学解读为“晚期马克思主义”。一种直接针对“晚期资本主义”的“晚期马克思主义”（Late Marxism）应运而生。因此，“晚期马克思主义”是在继承“西方马克思主义”对工业文明及其意识形态批判传统进程中产生和发展起来的。其中，占据主要地位的流派有以列斐伏尔、哈维、苏贾、德里克等代表的空间批判与历史地理唯物主义，以沃勒斯坦为代表的世界体系的马克思主义，以及以英国的威廉斯、汤普森、霍布斯鲍姆、安德森、伊格尔顿，美国的詹姆逊等为代表的文化唯物主义和文化批判理论。

（一）空间批判与历史地理唯物主义

20世纪70年代以来，资本主义进入相对稳定的发展阶段，全球化、工业化和信息化相互作用、深入发展，对空间的利用不再拘泥于在其中的生产，而是拓展至空间的生产，由此而引发的政治、经济和生态问题层出不穷。脱胎于“西方马克思主义”工业文明批判逻辑的欧美学者将社会批判的视域转向空间，并开创了“空间批判与历史地理唯物主义”。他们认为，以往的社会批判理论只强调时间、历史领域而忽视了地理、空间领域的社会批判功能，为了保持社会批判理论的锋芒，必须用空间重构其本体论、辩证法和历史观，把历史唯物主义转换为历史地理唯物主义。

著名的现代法国思想大师、“日常生活批判之父”列斐伏尔（1901—1991）批判了传统的“容器”空间观，透过社会批判的微观透镜展现了资本主义“空间生产”的现实。1984年，著名的英国地理学家大卫·哈维（1935—）发表题为《论地理学的历史和当前状况：一种历史唯物主义纲领》的论文，标志着历史地理唯物主义及其空间批判的诞生。在此前后，哈维出版了《资本的限度》（1982）、《资本的城市化》（1985）、《意识与城市经验》（1985）。他强调地理学的根本目标就在于以历史的地理的眼光审视从资本主义向社会主义的社会转型，认为当代社会中城市化、信息化和全球化迅猛发展、资本空间流动性日益增强，导致空间和地理问题突出，空间生产成为重要的社会实践，其中，空间的生产与资本和市场主导的生产是一致的，空间的独立性很有限，更多遵循的是资本生产的逻辑而不是空间的逻辑，所以，社会批判最基本的出路仍然在于阶级斗争的组织地点和形式。美国杰出的地理学家苏贾（1940—2015）是代表空间批判后现代取向的领军人物，其代表作有《第三空间》《后大都市》和《后现代地理学：重申批判社会理论中的空间》等，他在列斐伏尔空间生产理论和大卫·哈维"历史地理唯物主义"的基础上，提出"社会—空间辩证法"的创新理论，认为当代资本主义生产方式在资本主义全球化空间体系、创新的空间知识和技术、新的资本形态的产生以及空间化消费社会等四个方面呈现出了新特点。

（二）世界体系的马克思主义

1974 年，美国学者沃勒斯坦（1930—2019）所著《现代世界体系（第一卷）：16 世纪资本主义农业和欧洲世界经济的起源》的出版，标志着作为一种现代研究范式的世界体系理论诞生。此后，沃勒斯坦陆续出版了"现代世界体系"后三卷:《重商主义与欧洲世界经济体的巩固：1600—1750》《资本主义世界经济大扩张的第二时期：1730—1840》以及《中庸的自由主义的胜利：1789—1914》。此间，沃勒斯坦的学生，以及霍普金斯、阿明、弗兰克等著名学者等相继开展了围绕世界体系理论的一系列研究。在理论研究领域，世界体系理论被不同学科的学者加以述评、摘引和研究，彰显了其独特的理论品质和非凡的解释力。在沃勒斯坦之前，马克思实现了现代性批判核心的历史性转换，将这一核心由"理性"推进到"资本"，更为重要的是马克思将空间视作资本增殖必不可少的条件，为后世的现代性批判留下了"空间"这一"地盘"。沃勒斯坦"世界体系"理论首先作为一种现代性批判抓住了"资本增殖"这一核心逻辑，并且以深刻的历史性视角，在宏观和微观两个层面将资本以增殖为目的所创造的不同空间联系起来，深刻分析和批判了资本空间化的现实，其理论逻辑就在于——以资本增殖切入现代性之根本，经由空间运动中介，最终实现了对资本增殖空间化现实的现代性批判。但是，阿明、弗兰克等学者批评了沃勒斯坦关于世界体系起源问题的欧洲中心论倾向，尽管有着不同的切入点，但是这些学者以极其敏锐的触角将欧洲中心主义作为某种意识形态进行了激烈的批判，认为“世界体系”也难辞其咎。法国全球化问题专家阿明（1931—2018）在依附理论视野中分析了全球化的真相、后果，揭示了迄今全球化的不合理性，指出第三世界国家长期陷入欠发达状态的根源是西方资本主义发展的不合理性，而摆脱全球化不合理性的理想出路是与资本主义世界体系脱钩，构建社会主义世界体系。

（三）文化唯物主义与文化批判

“文化唯物主义”是一套文化批评理论和实践的统称，是对此前盛行的两种文学批评即利维斯的“细绎派”形式主义和蒂里亚德的历史主义的有限继承和部分否定。它在很大程度上受到西方马克思主义的影响，法兰克福学派的文化批判、葛兰西的文化霸权理论、阿尔都塞的意识形态理论为其提供了思想框架，并赋予其鲜明的左翼文化政治色彩。

英国文化唯物主义与文化批判的奠基者威廉斯（1921—1988）是20世纪中叶英语世界最重要的马克思主义文化批评家，伯明翰学派的重要代表人物，文化研究的重要奠基人之一。他发展了马克思主义文化理论，同时也为英国文化理论研究奠定了基础。其代表作《文化与社会》（1960）在历史唯物主义立场上，提出了文化的物质性，对经典马克思主义文化理论进行了重新阐释，进一步发展了马克思主义文化理论。他借鉴了当代西方马克思主义理论特别是葛兰西和法兰克福学派的意识形态理念，超越了英国传统保守主义文化理论，奠定了其作为英国马克思文化理论家的地位，并结合马克思主义文化理论，重新解读了历史唯物主义视域中的文化观念。英国文化批评家汤普森（1933—1993）继承了英国文化研究传统，对大众文化进行了分析，将马克思主义模型应用于自己的文化理论当中，并对意识形态的概念进行了重新阐述，以格尔茨文化人类学的一些概念为基础建立了独特的文化理论研究视角。英国史学大师霍布斯鲍姆（1917—2012）基于唯物史观写就的历史巨著“年代四部曲”，全面展现了从1789年至1991年的世界历史。当代著名英国马克思主义史学家、思想家和活动家安德森（1938—）通过与现代主义的对比，发现后现代主义在资本主义世界的文化权力来源于资本主义统治秩序的变化、科技发明的社会效应的转变以及时代政治形势的变迁等全球化因素。另一方面，他也从后现代主义中挖掘到“空前的自鸣得意”的激进元素，认为这种元素将成为超越资本主义的重要批判力量。英国理论家伊格尔顿（1943—）在美学理论和文化批评领域著作颇丰，《批评与意识形态：马克思主义文学理论研究》（1976）、《马克思主义与文学批评》（1976）以及《文学理论引论》（1983）等著作在文化唯物主义及文化批评领域中影响重大。面对资本主义意识形态的欺骗和虚假本质，以及所遭遇到的经济、政治、文化和生态危机等困境，伊格尔顿基于对资本主义矛盾和英国传统文化理论的深入研究，将文化批判和意识形态批判视为实现人类解放的重要途径之一。当代著名美国学者詹姆逊（1934—）在 1982 年题为“后现代主义和消费社会”的演讲，标志着他已经开始在资本扩张与文化生产之间探索深层的关联。随后他陆续出版的《后现代主义，或晚期资本主义的文化逻辑》（1998）、《文化转向》（2000）等论著，都聚焦于弥漫在西方社会的后现代主义文化现象，并将其纳入历史化的语境中运用马克思主义的观点进行分析，以此丰富马克思主义的文化理论。

二、后现代马克思主义

后现代马克思主义（Post-modern Marxism）是建立在马克思主义生产方式理论、晚期马克思主义批判以及文化唯物主义文化批判理论基础上，以晚期资本主义文化的后现代逻辑批判为主题，形成的具有显著后现代特征的当代欧美马克思主义思潮。

德勒兹（1925—1995）是法国影响巨大的后现代哲学家，是 20 世纪 60 年代以来法国复兴尼采运动中的关键人物。其思想经历了一个从生发到成熟的不断发展的过程，表现在其从传统形而上学意义上的纯哲学概念体系，转向实践层面的政治哲学思想。这一政治哲学转向建立在他对马克思理论的解构和建构基础之上，呈现出与马克思对资本主义的批判立场相一致的特点。德勒兹把经验主义的任务界定为分析“事物的状态，以此从中析取出非现在性的概念”，为此他力图寻找到一个非人格化的、前个体性的场域，他认为主体性正是由这个场域生发而来。这个主体性概念是德勒兹的积极建构主义思想和资本主义批判理论的核心。德勒兹与法国哲学家加塔利（1930—1992）

合著的《反俄狄浦斯：资本主义与精神分裂症》（1972）从“欲望机器”入手，对不同形态的生产关系逐一进行了解析，并在此基础上重新诠释了资本主义的内在矛盾，以及它对“欲望”的压抑。这样一种新的理论模式一方面继承了马克思政治经济学的核心精神，另一方面又突破了传统马克思主义所描述的生产关系变革原因范式，从资本主义内在极限与外在极限两个方面的不平衡入手，揭示了当代资本主义的现状。他还对资本主义的自我调整与更新提供了新的解释，使我们能够从一个更具有当代性的视角来面对今天的全球化问题以及地区发展不平衡的问题。同时，德勒兹倡导哲学政治化，即以欲望革命和游牧政治为基础的理论体系，形成了依托马克思基本政治哲学理论但又与之区别的后马克思主义政治哲学。他认为，由于我们身处在社会结构、利益阶层、价值取向日益多元化的时代，非中心化的微观权力充斥在日常生活中，理性危机和现代性问题层出不穷，开辟新时期的微观政治哲学领地显得十分有必要，于是，德勒兹的后现代主义马克思主义政治哲学，作为对传统宏观政治哲学忽略微观政治权力结构的局限性所做的补充——微观政治哲学——应运而生。

第二次世界大战以后，西方社会经历了人类历史上规模最大、影响力最为深远的第三次科技革命，资本主义经济得到迅猛发展，物质的极大丰富宣告了消费社会的来临。在商品逻辑的巨大作用下，消费开始渗透社会生活的每一个细节，不仅物品，就连身体、文化、休闲、性等都成为消费蚕食的对象。消费成为一种积极的关系建构方式，人与人之间的关系只有在消费关系中才得以呈现。大众媒介源源不断地提供着消费范例和模本，最大程度地刺激起社会大众的消费欲望和消费需求。法国著名作家、哲学家和社会学家鲍德里亚（1929—2007）在对“消费社会”和“后现代性的命运”研究的基础上阐发的后现代马克思主义思想对当代马克思主义研究影响重大。鲍德里亚运用马克思主义和符号学的研究视角，从文化和符号的层面对消费社会进行全面的审视和独到的剖析，指出消费构成了社会的主导性逻辑，消费社会中的一切都是以符号为中介并受其操纵的，揭露出当代资本主义消费社会更深层次的奴役和统治本质。在《消费社会》（1970）一书中，他指出当下的消费社会就是个符号化的社会，而且，消费以一种意识形态的形式，通过符号编码悄无声息地潜入大众个体的无意识中，转变为当代资本主义社会维护统治的最有效手段。与此同时，鲍德里亚宣判马克思主义革命理论已经过时，试图通过符号逻辑批判模式展开对现代社会问题的批判，并构建超真实世界理论完成其现代社会的拯救之路。

20 世纪末，社会主义阵营的一系列政治动荡使得西方资本主义世界中再次盛行“两级对立的历史行将结束”的观点，强调未来将是资本主义的政治、经济和文化体系的一统天下。对此，法国解构主义大师德里达（1930—2004）于 1993 年发表了后现代马克思主义的代表作——《马克思的幽灵》，明确指出马克思主义不会终结，苏联和东欧国家社会主义的失败并不代表马克思主义和社会主义本身的终结，“马克思的幽灵们”依然在世界的上空徘徊。德里达在此背景下对马克思进行解构的逻辑处理，公开提出维护马克思主义的幽灵，并继承马克思的批判精神，对“马克思主义向何处去”这一问题作出了解构辩证法视角的回答，表现了其对共产主义思想未来命运的关注。通过对马克思著作的重新解读，德里达凸显出马克思的批判精神是马克思主义的内在动力，试图通过对马克思文本和马克思主义进行解构来寻求人类解放和自由的出路，认为对马克思遗产继承的关键就在于对其批判精神的继承，这里的批判精神指的是马克思主义哲学辩证法尤其是关于否定之否定的部分。

三、生态学马克思主义

在融合了西方马克思主义的批判精神、马克思主义生态批判与生态学思想的基础上，20 世纪 70 年代，在德国和波兰马克思主义学界萌发了生态学马克思主义思潮。生态学马克思主义认为马克思主义关于人与自然关系的理论蕴含着丰富的生态思想资源；资本主义生产方式的反生态本质是当代生态危机的根源，因此资本主义社会不可能实现真正意义上的生态文明，只有对资本主义制度进行彻底的批判建立社会主义制度，才能找到实现人的解放和解决生态危机的新出路。

莱易斯（1939—）的生态学马克思主义思想集中体现于他的两本著作：《自然的控制》（1972）和《满足的极限》（1976）。他认为，生态危机最深层次的根源在于“控制自然”的观念，在历史地反思“控制自然”的理论中，揭示了控制自然与人类生存的内在关系。他提出，建立一个适度生产、适度消费、宜于生存的生态文明社会，必须要有一个从“控制自然”到“解放自然”的观念的转变，将人与自然的和谐发展作为最终目标。

本·阿格尔（1952—）是生态学马克思主义的主要代表人物。在其代表作《西方马克思主义概论》（1978）中阿格尔首次提出了“生态学马克思主义”的概念，使生态学马克思主义这一概念和思想在全世界范围内得到广泛传播与认同。本·阿格尔的生态学马克思主义思想是以马克思的人与自然关系的理论为基础，在吸收了法兰克福学派和莱易斯等人的研究成果上提出的，认为对于马克思主义关于资本主义的危机理论不能犯教条主义的错误，当代资本主义危机已经随着资本主义的发展产生了新变化，“过度生产”和“过度消费”对生态系统所造成的生态危机已经取代经济危机成为资本主义的主要危机。他认为，人们的消费已经由为了维持生命和生活需要的消费扭曲为一种病态消费——“异化消费”，为了满足“自己那种单调乏味的，非创造性的且常常是报酬不足的劳动”而对消费行为产生了依赖。“异化消费”是造成当代资本主义生态危机的根源，扭曲了人性，阻碍了人的自由和全面发展。“异化消费”还导致了“异化生产”，人们为了满足虚假的需要，就需要向自然界索取更多的资源去生产商品，这给生态环境带来了巨大的压力，破坏了人与自然的和谐。由此，本·阿格尔认为人的解放应该在消费领域，而不是生产领域，人类的未来理想社会是生态社会主义，生态社会主义是解决生态危机的唯一出路。

安德烈·高兹（1924—2007）的生态学马克思主义的主要特点是提出了对资本主义批判的政治生态学路径，这种新的研究范式使他的思想在生态学马克思主义研究思潮中独树一帜。在著作《生态学和政治》（1975）中，他将生态学与经济学的研究内容作了比较，认为资本主义的生产方式使生态学的研究和现实的生态运动失去了其内在人文和政治因素。他继承并发展了马克思的经济理性批判，认为经济理性的特征是“计算、核算”和“越多越好”，经济理性就是资本家榨取劳动者的剩余价值，在此基础上造成了资本主义社会的生态危机。他反对经济理性，并且提出了“生态理性”这一概念，要通过“更少的生产”——人们根据自己的“想象”而不是需要进行生产，以此让市场消失，使人们“更好地生活”。高兹进而展开了对“经济理性”占主导地位的资本主义社会的一系列的批判：资本主义的逐利本性造成了生态危机；资本主义的劳动分工造成了人的异化；资本主义的科学技术具有政治独裁性；资本主义的社会生活是为了维护资产阶级的统治。在批判资本主义的基础上，他指出只有人、自然、社会三者的统一才能建立一个以“生态理性”为中心的生态社会主义社会。

奥康纳（1930—2017）提出了资本主义双重危机理论，深化了生态学马克思主义的思想研究，在他的著作《自然的理由：关于生态马克思主义》（1998）中论证了资本主义经济危机和生态危机并存的观点。奥康纳在坚持马克思提出的生产力和生产关系基本矛盾的基础上，以生态问题为切入点，重构了资本主义的第二重基本矛盾，即生产力、生产关系与“生产条件”的矛盾，他指出双重矛盾必然导致双重危机，双重危机在促使生产力、生产关系和生产条件向更加社会化的方向转化的同时，也提供了一种向社会主义转化的可能性。

约翰·贝拉米·福斯特（1953—）在其生态学马克思主义形成的标志性著作《马克思的生态学：唯物主义和自然》（2000）中第一次明确提出了“马克思的生态学”这一概念。通过对以卢卡奇为主要代表的西方马克思主义的批判，福斯特捍卫了马克思主义自然辩证法的合法地位，强调马克思主义将自然问题归结为社会问题、将自然与社会相统一的辩证生态观。在生态唯物主义与生态辩证法的理论基础上，福斯特以“物质变换断裂理论”为核心论域阐述马克思主义对资本主义社会现实的生态批判，指出人类与自然间的新陈代谢（或称物质交换关系）是贯穿整个马克思学说的根本观点，并通过对这一理论的重新建构，揭示了资本与生态的冲突本性，认为生态革命与社会主义革命同源、同旨，即二者同源于超越资本的宰制，同旨于人类与自然的双重解放。他坚信生态危机的根源在于资本主义制度，只有改变这一制度，才能够真正解决生态危机，他提出要进行一场包含“生态革命”在内的社会主义革命，建立社会主义制度，才能消除自然和人的异化，并最终走向共产主义。

四、分析的马克思主义

分析的马克思主义产生于20世纪70年代，是当代欧美马克思主义思潮的主要组成部分。该思潮的创始人是柯亨和埃尔斯特，他们于1981—2001年，每年9月在英国举办一次分析的马克思主义研讨会，史称“九月小组”。正是在“九月小组”推动下，分析的马克思主义思潮在20世纪80年代形成庞大的“阵营”，这种“阵营”的规模只有拥有长期“根据地”的法兰克福学派可以相比。这种现象被称为西方马克思主义研究由欧洲大陆向英语世界的“重心转移”。分析的马克思主义者自称追求的是重构一种既是科学的又是革命的马克思主义理论。他们所谓的科学理论，一是指符合20世纪分析哲学标准的理论，即概念清晰、论证严谨的理论；二是指不仅有对社会历史的宏观描述，而且还应有对社会历史的微观分析的理论。他们所谓的革命理论，是指有助于人类解放的理论。概括地讲，分析的马克思主义具有以下两个特征：第一，推崇分析哲学的方法，反对辩证法；第二，推崇方法论的个人主义，反对方法论的整体主义。

在分析的马克思主义者中，牛津大学著名政治哲学家柯亨（1941—2009）侧重于用分析哲学的方法为马克思的历史唯物主义进行辩护。其《卡尔·马克思的历史理论：一种辩护》（1978）一书，运用分析哲学特有的清晰而严密的分析方法和语言标准，通过澄清和阐释马克思历史理论的基本概念，如生产力、生产关系、生产方式、经济基础、上层建筑等，力图建构一种“站得住脚的理论”，为马克思的历史理论辩护，以使唯物史观更为缜密、坚实。在他为历史唯物主义所做的辩护中，最具代表性的是他的“发展命题”。发展命题是柯亨从马克思的相关论述出发提出的一个命题，这一命题讲的是生产力的发展趋势贯穿整个人类历史。柯亨之所以要提出和论证这一命题是因为，在他看来，这一命题是历史唯物主义中最基本的命题。生产力的发展趋势为什么会贯穿整个人类历史？柯亨认为，这是由于人类身处物质生活资料匮乏的历史环境，由于人类有能力提高生产力以解决物质生活资料匮乏的问题，由于有理性的人类将不会无限期地放弃不断出现在他们面前的发展生产力的机会，因此，生产力具有发展的趋势，并贯穿整个人类历史。第一，生产力的发展趋势是自律的，它独立于社会结构，植根于人的本性和人的处境这些根本的物质事实。第二，生产力趋于发展的根本原因是人们要通过提高生产力来解决生活资料匮乏问题。第三，生产力的发展趋势是普遍的，它贯穿作为一个整体的人类历史中。

如果说柯亨是致力于运用分析哲学为传统的马克思主义辩护，那么分析的马克思主义者的另一创立者和主要代表人物、美国加州大学戴维斯学院的约翰·罗默（1945—）则致力于对传统的马克思主义的修正，其代表著作有：《马克思经济理论的分析基础》（1981）、《剥削与阶级的一般理论》（1982）、《在自由中丧失——马克思主义经济哲学导论》（1988）。苏东剧变后，他坚持为社会主义辩护，并运用经济模式构造未来社会主义的蓝图，写下了《社会主义的未来》（1994）。他运用新古典经济学的分析方法和博弈论，对传统马克思主义的剥削和阶级的理论进行了大量的修正，提出了不少新见解，其中颇具影响的是他的非劳动价值论的剥削理论。罗默认为，虽然马克思用来作为其资本主义剥削理论基础的劳动价值论本身就存在问题，但他所讲的资本主义剥削还是存在的，问题是要为这种剥削以及在其他社会存在的剥削提供一个新的理论基础。正是基于这一考虑，罗默提出了他的非劳动价值论的剥削理论。罗默认为，经济学中的剥削指的是这样的情况：当一个人的收入（工资，利润及其他个人收入）所能购买的商品中包含的劳动少于他在生产活动中所付出的劳动，他就受了剥削；反之，他就剥削了别人。

美国经济哲学家埃尔斯特（1940—）是分析马克思主义思潮的重要代表，他的著述颇丰，研究领域极宽，但经济哲学思想是他学术中的主干和核心。在其分析马克思文本《理解马克思》（1985）这一著作中，他运用历史社会学的“历史语境”，阐释了自己对于马克思及其论题的理解，充分体现出其“分析的”方法论进路，表现出一种对严密和明晰的风格的坚持。《理解马克思》的出版源于埃尔斯特广泛的研究涉猎以及对马克思研究的回归。埃尔斯特观察马克思如何解释和以什么方式来解释社会现象，认为在这个解释过程中并存着“方法论的个体主义”与“方法论的集体主义”两种方法论主张；与方法论密切相关的是三个层次的社会科学解释模式，包括亚意图因果解释和超意图因果解释所构成的因果分析；“超个体的实体”的存在则被用于定义“方法论的集体主义”原则。作为经济哲学家，在经济学方法论上，埃尔斯特尤其重视对方法论个人主义的运用，他对方法论个人主义与方法论整体主义加以比较，并试图弄清方法论个人主义是否适用于马克思主义理论。与此相关的是理性选择理论，埃尔斯特对理性选择的研究和成就是卓著的，并用清晰而严格的标准重新解读了马克思主义，对“马克思哲学中活的东西和死的东西”做出了犀利的评判，为马克思主义理论研究注入了一股新空气。埃尔斯特不仅致力于为马克思主义理论建立微观基础，崇尚方法论个人主义与理性选择理论这些方法论层面的东西，也关注现实社会生活中的真实案例，提倡用抽象的理论来解决现实的问题。

五、激进政治经济学

20 世纪 60 年代末 70 年代初，美国激进政治经济学联盟成立及《激进政治经济学评论》创刊，标志着激进政治经济学派作为一个相对独立的学派产生。历经近半个世纪的发展历程，该学派主要以资本主义批判者的姿态彰显其独特的思想特征，激进学者较为客观地剖析了西方国家的经济社会问题，并提出新的社会制度构想。21 世纪以来，激进学者开始更加注重从经济、社会、政治、文化、环境等多维视角，综合分析经济社会现实问题。

美国经济学家保罗·斯威齐（1910—2004）的成名作是《资本主义发展理论》(1942)，斯威齐在该书的序言中指出：世界上迄今尚未出现过一本用英语撰写的合理地综合地分析研究马克思政治经济学的著作，而这本书“填补了这一空白”。这本书对战后激进政治经济学的崛起有着重要作用，并从马克思主义的立场上，捍卫了马克思主义剩余价值理论的科学性，系统地阐述了马克思政治经济学的精髓和本质，揭示了“资本主义”的历史本质论和马克思资本主义生产方式批判范式的本真内涵。

美国经济学家保罗·巴兰（1910—1964）于 1957 年发表了被称作战后西方最有影响的马克思主义经济学著作——《增长的政治经济学》，他在马克思和列宁的相关理论基础上，提出帝国主义向不发达国家渗透的方式毁坏了它们早先的社会构成并扭曲了它们后来的发展，造成了持久的依赖条件，这样一来不发达国家在国际劳动分工中体系性地从属于发达国家。以此为基础，巴兰建构了著名的“经济剩余论”。“经济剩余”是“经济剩余论”的核心，其内涵在于：某一个特定经济条件下，生产与消费之间的差异，它包含三个具体的概念：“实际经济剩余”，即社会当前实际劳动产品与社会当前实际消费之间的差额，也即经济学理论中的“剩余”或者理解为“储蓄”。与此相对，“潜在经济剩余”是在一定自然条件和技术条件下，利用可获得的生产资源所可能生产出来的产品和被认为必需消费品之间的差额，主要体现为：社会的过度消费；社会中由于非生产性工人的存在而损失的产品；由于现存的生产机制不合理、不节约而失去的产品；由于资本主义生产的无政府状态以及有效需求不足而导致工人失业所未能体现的产品。“计划经济剩余”是指介于在一定的历史时期的自然和技术条件下，有计划地“最佳”利用一切可以获得的生产资源所可能得到的社会最终产值为一方和所选定的“最佳”消费值为另一方之间的差额。

六、政治伦理批判理论

“法兰克福学派”因“法兰克福大学社会研究所”而得名，以“批判理论”闻名于世，当代欧美马克思主义思潮中的“政治伦理批判理论”诞生于此。20 世纪 60 年代至 70 年代，随着阿多诺、波洛克、霍克海默、马尔库塞等人相继去世，法兰克福学派第二代批判理论家出现了“各自为战”的局面，并形成了三条不同的研究路径：一是以哈贝马斯、内格特为代表的规范研究与经验研究相结合的路径；二是以弗里德堡、布兰特为代表的经验研究路径；三是以阿·施密特、蒂德曼等人为代表的经典文献编辑出版研究路径。

哈贝马斯（1929— ）通过杰出的理论创造成为法兰克福学派第二代学术领袖，不仅主导了法兰克福学派批判理论的发展，而且开启了批判理论的“政治哲学”视域，对批判理论继续发展起到了奠基作用。前期哈贝马斯对批判理论发展的贡献主要是，重构历史唯物主义，反思早期批判理论，创立交往行为理论，为批判理论奠定规范基础，批判与重建现代性话语，揭露现代文明危机根源，寻找通往未来文明之路。后期哈贝马斯通过话语伦理学和协商政治理论开启了批判理论的“政治哲学”视域。

霍耐特是法兰克福学派第三代核心人物，其理论主要是“承认理论”“多元正义”构想和民主伦理学。在《权力批判：批判的社会理论反思各阶段》（1986）、《破碎的社会世界：社会哲学文集》（1990）、《一体化的瓦解：社会时代诊断的碎片》（1994）等著作中，他对社会哲学、批判理论进行了批判性反思与重构，廓清了自己的理论前提，确立了自己的理论根基。在《为承认而斗争：社会冲突的道德语法》（1992）中，他以“承认与蔑视”“蔑视与反抗”为核心，建构了承认理论的基本框架。在《正义的他者：实践哲学文集》（2000）、《不确定性的痛苦：黑格尔法哲学的再现实化》（2001）、《再分配或承认？哲学—政治论争》（合著，2003）、《不可见性：主体间性学说发展阶段》（2003）、《物化：一个承认理论的研究》（2005）等著作中，不仅进一步完善了承认理论，而且建构了一元道德为基础的多元正义构想，并试图建构正义与关怀为核心的政治伦理学。

除学术领袖霍耐特外，法兰克福学派第三代重要代表人物还有奥菲（1940—），其代表作是《政治文化内部整合：对后共产主义转型特殊性的说明》（1997）、《参与型社会：福利国家新模式》（合著，2006）等。在其中，奥菲阐发了政治社会学思想，尤其是福利国家危机理论，对批判理论的“政治伦理转向”起到了积极的推进作用。奥菲的福利国家危机理论，既受生态学马克思主义者奥康纳的国家财政危机论影响，更受哈贝马斯合法化危机论影响；而哈贝马斯“系统—生活世界”理论，则受奥菲国家批判的系统分析理论影响。奥菲认为，福利国家必须在维持、促进资本积累的同时，保障民主合法性。只有这样，才能保证整个资本主义系统，即经济系统、政治系统、社会文化系统正常运转。然而，福利国家矛盾使得经济危机倾向可能在财政危机中达到顶峰，资本主义的根本危机在于国家中。

法兰克福学派第四代学术领袖是哈贝马斯和霍耐特的学生——德国政治哲学家弗斯特（1964—），被称为“他所处时代最重要的政治哲学家”。作为政治哲学家、批判理论家，弗斯特在政治哲学、道德哲学领域，尤其在正义与平等、宽容与德性、公民责任与辩护权利等方面都有独到见解。在《正义的语境：超越自由主义与社群主义的政治哲学》（2004）一书中，他对自由主义正义理论与社群主义正义理论之争进行了分析，并涉及了四个核心问题：一是“自我”的构成问题；二是与“善”构想相对的普遍权利原则、正义原则的中立性问题；三是关于政治共同体的后传统民主观点的整合力问题；四是普遍主义道德理论的语境主义批判的辩护问题。由此得出了“正义理论不可避免地具有片面性”这个命题。因而，必须适当地考虑四个正义的语境，即个人与共同体、正义与善、辩护的语境、承认的语境。在这个基础上，自由主义、社群主义的论据必须与其他理论，如女性主义或话语理论互为中介。在《辩护关系批判：批判的政治理论视角》（2010）一书中，他从作为社会基本实践的“辩护”概念出发，阐发了一个有关正义、人权、民主、权力，以及批判本身的激进理论，并提出社会批判与乌托邦视阈的问题。他指出，为了阐发能够揭示当今政治现实之亏空与潜能的批判理论，需要一个既内在于又超越于社会实践与政治实践的视角。因此，他将社会视为“辩护的秩序”，即由各种复杂的制度规范以及相应的辩护实践构成的。这样，“辩护关系批判”的任务就是，在辩护的价值与成因中分析合法性，并使辩护权利的不平等分配成为主题。在《规范性与权力：社会批判秩序分析》（2014）一书中，他认为人是辩护的存在，他们以理由为取向，所掌握的规则和制度建立在历史形成的“辩护叙事”与总体形成的有丰富张力的、动态的规范秩序基础上。他将规范性与“权力”概念紧密结合起来，并超越传统的观念论与实在论的二者择一，认为权力建立在能够影响“规定”并有可能结束他人辩护能力的基础上。因此，一个批判的辩护理论必须询问：权力与权力论证之间的关系，并由此出发思考正义的秩序。

七、激进政治学

以马克思早期的思想资源为重要出发点，在20世纪中后期形成了一种称之为“激进政治学”的学术思潮，其主要代表人物有福柯、奈格里、巴迪欧、阿甘本、朗西埃、齐泽克、拉克劳、墨菲等，主要可分为生命政治学与激进民主理论，以及后马克思主义两种学术倾向。

（一）生命政治学和激进民主理论

法国哲学家、社会思想家和“思想系统的历史学家”福柯（1926—1984）在生命政治学和激进民主理论方面贡献巨大。在福柯看来，和尼采一样，马克思随时都会复活而引起广泛兴趣。马克思在《资本论》中明确强调了劳动分工和军事战术之间的相似关系，而福柯在《监视与惩罚》（1975）中把这种相似关系做了进一步扩展，把多个领域甚至所有领域都连接起来，生成环形。换言之，如果说马克思强调了劳动分工与军事战术的相似关系，那么，福柯在此基础上发现了更多领域的相似关系，特别是劳动分工、军事战术同监狱监视（即监督）的相似关系。福柯正是通过马克思发现了协作的重要性，并把协作扩展或转换到他要阐述的驯服肉体（力量构成或力量编排）和规训手段（层级监视）上，进一步沟通“协作”与“构成”。在法兰西学院的著名演讲中，福柯提出，自 18 世纪下半叶以来，资产阶级在社会控制中发明了一种不是规训权力的权力新技术，亦即直接干预生存的生命权力。与更多地作用于人的肉体的规训权力不同，生命权力技术运用的对象是人的总体性生物学活体存在，也是作为生命权力的关联物和认知对象的人口。正是在对人口的治理中，诞生了当代资本主义社会统治下全新的治理术——治安，这是资产阶级将政治经济学的法则引入政治权力操作场域的结果。治安，亦即社会治理中的经济学——它同样不是通过人为的强制实现的，而是驱使社会生活在自然性上自行运转和自发调节。至此，激进政治学思潮的生命政治学和激进民主理论诞生了。

当代激进民主理论的另一位代表人物是著名的意大利政治理论与政治哲学家奈格里（1933— ）。不同于书斋里的哲学家，他以激进思想闻名，传奇和冒险的生涯更是引人注目。作为一名马克思主义者，他曾是马列主义是暴力革命这种观点的拥护者，极力主张“革命的意识”。2000 年，奈格里和哈特合著的《帝国》出版，面对当代全球化的资本主义存在方式，《帝国》率先从政治层面对这一现象进行了理论化，著名斯洛文尼亚作家、学者齐泽克甚至将此书称为“21 世纪的《共产党宣言》”。《帝国》最重要的理论贡献之一，是将意大利有关当代科学技术发展过程中资本主义剥削问题的研究成果传播到国际学术界。其中，关于非物质劳动在后工业资本主义生产中的地位及其新的表现形式和本质特征的探讨，尤其值得我们关注。特别是奈格里和哈特认为，在网络化的后现代资本主义经济环境中，这种非物质劳动必然导致资本对劳动的支配关系的根本改变，同时也有产生新的共产主义的可能性。

法国作家、哲学家巴迪欧（1937— ）是当代较为活跃的激进政治学思潮代表，其代表作是《模式的概念》（1972）、《矛盾理论》（1975），以及《主体理论》（1982）、《萨科齐的意义》（2007）等，其中较为突出的是以下两个方面：一方面，巴迪欧通过两次根本性转变寻找左翼政治的可能性，一次是通过毛主义而摆脱阿尔都塞无主体过程的非政治性悖论，进而把政治学奠基于拉康式的主体理论视域中；另一次是通过数学转向而摆脱毛主义所具有的不计后果的政治性。因此，巴迪欧既坚持左翼革命政治的可能性，又在西方左翼理论中保持了一份难得的冷静与沉着。这既是巴迪欧对左翼理论界作出的独特贡献，又是巴迪欧在理论上不随波逐流、勇于坚持信仰的体现。另一方面，巴迪欧以数学和诗为手段，以复兴真理为目标拯救摇摇欲坠的哲学，进而以一种冷静的眼光对当代的一些重大理论现实问题进行了深入的哲学思考。通过对《存在与时间》及其相关文本的研究，巴迪欧揭示出海德格尔哲学及其延伸出来的当代解释学、当代分析哲学和后现代—后结构主义在对当代社会重大理论和现实问题上的误判，表明柏拉图所开创的数学转向在当代仍然具有重大的理论和现实意义。巴迪欧指出，后现代只是哲学家们误判时代特征的结果，我们仍然处于现代性的范围内，无论是哲学还是政治在当代尚未终结，并且永远不会终结。

任教于意大利维罗拉大学和巴黎国际哲学学院的阿甘本（1942—）是另一位当代较为活跃的生命政治学思潮代表人物，其代表作为《神圣之人：主权力量与赤裸生命》（1995）。海德格尔和本雅明对阿甘本的影响十分重大，1966年，阿甘本编辑过本雅明的意大利文版选集，他认为本雅明的思想是"让其从海德格尔思想中存活下来的解毒剂"。阿甘本把自然生命—政治生命、赤裸生命—政治生存这样的二元对立视为整个西方政治基础的原初结构，强调现代政治的关键并非如福柯所说的仅仅是在常态下生命权力对生命体进行算计，而是伴随普遍的例外状态变成常态的进程，原先处于边缘地位的赤裸生命逐渐占据政治领域的核心。他认为，"生命政治"实质上就是"死亡政治"。

在当今欧洲左翼学术界后马克思思潮之中，法国的朗西埃（1940—）独树一帜，他的激进政治哲学和美学观念成为当下西方左派知识分子和先锋艺术家们无法摆脱的争论焦点。从20世纪90年代以来，朗西埃与齐泽克、阿甘本和巴迪欧之间成功的互文引用，似乎已经建构了一种全新的资本主义批判尺度和另类先锋话语。由此，传统西方马克思主义的理论逻辑被他们远远地抛在身后，这些激进左派的后起之秀已经不再使用卢卡奇—阿尔都塞式的话语言说。朗西埃早年与阿尔都塞合著《读资本论》（1956），之后的代表作有《民主之恨》（2005）、《影像的宿命》（2003）与《获解放的观众》（2008）等。朗西埃认为，传统的政治学中理解的政治"终结了"。因为政治不再是"权力的实施"，而是这种传统权力行动逻辑的断裂。朗西埃提出所谓的治安概念，其直接目的是打破传统西方政治学术中固有的微观治安秩序控制。与此相对应，他也直接改写了人们已经熟知的政治范畴。如果说治安的本质是有序性，那么，新的政治概念就是造成治安的失序。这将会生成一种全新的生命政治哲学。

著名斯洛文尼亚作家、学者齐泽克（1949—）是美国著名《新左派》杂志力捧的政治哲学家，涉猎的主题无所不包。其代表作《意识形态的崇高目的》（1989）有三个理论重点：黑格尔的辩证法，拉康的精神分析，当代意识形态的批判。这三个方面形成一种连带关系，每一个都与另两个相关。但它们都围绕着对流行文化的享受展开，如侦探小说、恐怖电影、好莱坞的情节剧等。作者认为，虚假的"反教条精神"为了保持自己的立场而对一切理论阐述都保持某种"批评的"距离，其实只有毫无保留地采取一种确定的理论立场才能有效地使自己接受可能的批评。据此齐泽克通过理论阐述指出，大众文化是一种社会心理现象，而不能简单地以它们是低级趣味而一语了之。在其有关生命政治学方面，齐泽克在对"治理主义生命政治"批判反思的基础上，坚持马克思主义将"人"主体化的立场，并对"生命政治"做了积极的诠释。齐泽克从生命"对象化"的现实遭遇出发，试图使"生命"不再遭受治理，而是走向自由解放；不再沦为工具，而是上升成为目的。齐泽克的生命政治以"后9·11时代"生命诉求的问题为导向，紧紧抓住人们普遍关心的生命安全、生命福利、生命自由等话题，以生命解放为问题意识，赋予生命政治新的内涵：生命政治是指对人类生命的安全、福利及自由等的管理，且以这种管理为其第一要义。

（二）后马克思主义

20世纪80年代以后，一方面，伴随着"后工业时代"的到来，在资本主义社会内部，随着新的商品化、科层化的扩张以及福利体系的不断完善，工人阶级内部不断分化消解，曾经的工人阶级大规模反对资本主义的运动逐渐沉寂，而左翼思想陷于困境。另一方面，苏联等社会主义国家的社会主义进程陷于僵局，马克思主义陷入危机。与此同时，对资本主义多元异质性的反抗不断涌现，如女性主义、同性恋自由、种族平等运动、绿色和平组织等。在这样的背景下，拉克劳（1935—2014）和墨菲（1943—）认为传统的马克思主义已经不能应对这些"突如其来的变化"，为了适应新社会主义运动的发展，他们提出了所谓能够实现一种对马克思主义理论进行哥白尼式革命的“后马克思主义”理论。

在《领导权与社会主义的策略——走向激进民主政治》(1985) 中，拉克劳和墨菲分析了阿尔都塞的多元决定论。他们首先肯定了阿尔都塞从精神分析那里借鉴来的这一概念“多元决定”，他们认为，对于弗洛伊德来说，多元决定是一种非常明确的融合形式，这一形式包含着象征维度和多元意义，而在阿尔都塞这里，多元决定并不像弗洛伊德的多元决定那样具有根本精确性，这一根本精确性使多元决定能够通过既定规律还原到必然要素上，所以阿尔都塞的多元决定本质性特征不明显。尽管后来拉克劳和墨菲对阿尔都塞的多元决定论产生质疑，但是他们所具有的否定性的批判精神使他们从这一理论中汲取了丰富的营养，为他们多元激进民主理论的提出提供了重要参考。在拉克劳和墨菲的后马克思主义理论中，话语理论是最为根本的部分，不仅仅是拉克劳和墨菲建构其社会理论的基础，也是他们推行所谓激进民主的方式和方法，构成了拉克劳和墨菲的思想本体。拉克劳和墨菲的领导权理论通过对葛兰西意识形态领导权理论进行谱系性的考察，力图实现一场对传统马克思主义理论的哥白尼式的革命。在他们看来，传统马克思主义理论的核心是，生产力决定生产关系、经济决定政治——经济基础决定上层建筑，政治只具有从属性的地位。但是根据十月革命的实际经验和列宁以及葛兰西对于马克思主义的理解，对于社会主义革命来说，政治并非只是经济的从属，似乎只要致力于生产力的充分发展，生产关系就会发生相应的变化，即政治就会发生相应的变革。相反，对于社会主义革命来说，政治策略与政治斗争更具有中心的地位。对于无产阶级来说，只有致力于政治的斗争、只有充分实现对资产阶级斗争的领导权，社会主义革命才能得以发生并取得胜利。在这样的意义上，不是经济决定政治，而是政治决定经济。

八、女性主义马克思主义

随着 18 世纪西方启蒙运动的兴起，女性解放思想和女性主义开始萌芽。20 世纪 60—70 年代，女性主义马克思主义在批判国家资本主义和福利国家的过程中诞生和崛起，她们试图从家务劳动的政治经济学批判出发，寻求女性在生产劳动上与男性平等的地位。20世纪80年代，随着新自由主义的兴起，女性主义的马克思主义一度失语并走向衰落，逐渐被主张“性别差异”的新激进女性主义思潮所取代，女性主义也从整体上转向了以身份政治和承认政治为代表的文化政治学。女性主义马克思主义的基本分析方法是阶级方法，即从阶级的角度来审视女性在社会中的地位和受压迫问题，女性主义马克思主义者认为，造成女性受压迫的原因不是个别性的，而是普遍性的。也就是说，女性在家庭和市场中受到压迫和歧视是资本主义制度使然。同时，女性要寻求彻底的而不是个体的解放，就必须将所有的女性联合起来，以对抗资本主义的体制。

著名的女性主义马克思主义代表人物米切尔（1940—）受到阿尔都塞结构主义思潮与弗洛伊德精神分析学说的影响，通过对马克思人类解放意境中的女性解放、私有制是妇女受压迫的根源以及消灭私有制是妇女解放的根本途径等思想的解读，建构了现代女性主义马克思主义的基本理论框架。1966年，年仅26岁的米切尔撰写了其影响巨大的代表作《妇女：最漫长的革命》，在其中米切尔揭示了妇女受压迫的根源是资本主义和父权制，只有将资本主义和父权制推翻才有可能实现妇女的解放。她一方面将妇女受压迫的讨论放在妇女和生产的关系之中，另外，还对家庭以及家庭意识形态在使妇女位于屈从地位中的作用进行了强调。她指出，妇女同时受到资本主义经济模式的压迫以及父权意识形态的精神压迫，主要表现在生育、生产、儿童社会化以及性关系的过程之中。

美国著名女性主义经济学家哈特曼（1945—）建构了女性主义马克思主义的二元制思想，这是女性主义马克思主义中具有代表性的观点。她在驳斥其他女权主义理论的同时，运用马克思主义和女权主义的理论和方法深刻揭示了女性的受压迫地位，进一步探索了女性的解放问题，提出了女性受压迫境遇的二元制思想，提供了在资本主义和父权制双重概念下研究女性受压迫状况的方法。她的这一思想不仅在20世纪70年代的美国产生了巨大影响，在今天仍然深刻影响着全世界女性的解放事业。著名女性主义学者巴特勒（1956—）在其著作《今日妇女受压迫：马克思主义与女权主义的相遇》（2014）一书中指出，女性在各种方面所取得的成就应与男性平分秋色，妇女的继承之所以被贬低，主要是因为具有男性性别歧视的批判学术机构的扭曲和有偏见的反映。

当代美国女性主义学者沃格尔（1969—）的《马克思主义与女性受压迫：趋向统一的理论》（1983）一书深入分析了今天女性在解放斗争中所遇到的种种问题。针对部分女性主义学者对马克思主义女性思想的质疑，以及马克思主义传统理论在解释女性问题方面的一些矛盾观点，沃格尔从分析评价社会主义女性主义思想、审慎解读19世纪马克思主义经典作家的女性思想这条路径出发，理清马克思主义女性主义的正确思路，并试图在社会再生产理论体系下，为解释女性受压迫问题以及女性解放找到一个合适的理论位置。

九、欧美左翼政党及其他左翼学者的马克思主义研究

当代欧美马克思主义思潮多数是以纯粹学术理论的形式得以展现的，当然，欧美左翼政党及其他左翼学者的相关实践过程中也进行了大量的马克思主义研究，大致包括欧美左翼政党的欧洲共产主义、MEGA2及文本研究、左翼马克思学和马克思主义思想史研究、法国年鉴学派、市场社会主义等，此处限于篇幅，仅对前几个进行扼要介绍。

（一）欧美左翼政党的欧洲共产主义

20世纪70年代后期，由意大利共产党积极倡导，得到法国共产党、西班牙共产党等许多共产党响应的“欧洲共产主义”，吸引了全世界的目光，成为一种强大的政治思潮和力量，把欧洲发达资本主义国家的共产党推向政治舞台的亮处。20世纪80年代初期，践行“欧洲共产主义”的共产党遭遇了不同程度的困难和挫折，风靡一时的“欧洲共产主义”并没有取得明显的实践成效。到了苏东剧变前夕，作为整体的“欧洲共产主义”已经不存在了。苏东剧变后，欧洲发达国家坚持下来的共产党在新的形势下又开始了新的探索，由法国共产党在20世纪90年代中期提出的“新共产主义”理论又一次得到了世界范围的关注。尽管“新共产主义”没有造成“欧洲共产主义”那样的轰动效应，但二者之间不仅有着时间上的前后相继关系，而且在理论上也存在着一定的逻辑联系。

自20世纪50年代末起，欧洲发达国家共产党就开始努力寻求既不同于

苏联、也不同于社会民主主义的新道路。1977年3月，意大利共产党、法国共产党和西班牙共产党领导人贝林格、马歇和卡里略在马德里举行最高级会晤，发表了被称为“欧洲共产主义宣言”的联合声明。人们把这一会晤及联合声明作为“欧洲共产主义”形成的标志，这是他们多年来理论探索的集中体现。“欧洲共产主义”主要围绕以下三个主题进行理论和实践上的努力：一是尝试摆脱苏联共产党的控制和束缚，争取独立自主决策；二是探求过渡社会主义的和平民主道路；三是探索各具特色的社会主义模式。

苏联、东欧剧变后，欧洲坚持下来的共产党不仅面对着过去“欧洲共产主义”所面临的问题，而且还必须应对由于苏东剧变而产生的各方面的新挑战。而以法共为代表提出并发展起来的“新共产主义”理论，正是在这种新形势下应运产生的。1995年11月，法国共产党新任全国书记罗贝尔·于在其政治论著《共产主义的变革》中，首次提出并较为全面地论述了“新共产主义”的政治主张。尽管罗贝尔·于在书的前言中声明其目的是“对法共的特性进行一系列深刻的变革”，但书中论述的问题不局限于法共和法国的情况，也对苏东剧变后发达资本主义国家的社会主义运动所面临的一系列重大理论和实践问题做了阐述。1999年1月，罗贝尔·于又出版了新著《共产主义新规划》，他结合形势的新变化和法共面临的新问题，对“新共产主义”理论又做了补充和进一步说明。“新共产主义”的理论取向代表着目前欧洲发达资本主义国家共产党理论战略的一个总体变化趋势。

（二）MEGA2及文本研究

20世纪60年代开始编辑、1975年正式开始出版的《马克思恩格斯全集》历史考证版第二版（*Marx-Engels-Gesamtausgabe*，以下简称MEGA2），是一项规模宏大的出版工程。全书规划为114卷，到目前为止已出版50余卷，可能于21世纪20年代全部出齐。MEGA2不仅汇集了已发现的马克思和恩格斯以原著文字写作的全部文献，包括他们的著作和文章，草稿和未完成的手稿，他们执笔的工人运动文件，他们的书信以及摘录、摘要、笔记和读书评注等，是收录马克思恩格斯文献最全的版本，而且每卷正卷之外，均附以极为翔实的“学术资料卷”，具有很高的学术价值。欧美学者首先掀起了MEGA2及文本研究热潮，也引发研究马克思的新热潮，如新一轮的“重读马克思热”“回归马克思热”“马克思手稿文本研究热”“重建马克思”或“新马克思热”“学术性马克思”或“文化遗产性马克思”“马恩比较热”等。

国际 MEGA 编辑委员会成员马丁·洪特认为，在为当前患病的社会制度进行诊断时，人们日益以马克思为依托，科学界迟早会发现，马克思的著作还包含一种疗法。如果《共产党宣言》《国际工人协会成立宣言》的马克思，《法兰西内战》即巴黎公社的马克思现在依然站在这些争论的幕后，那么这就不会使人感到不安了。这个革命的马克思还活在为资产阶级报纸撰写的数百篇文章中，活在数以千页计的对看上去冷僻的科学领域所做的摘录中。我们必须正确地阅读他的著作，努力理解他的全部著作的内在联系。我们必须放弃这样的想法：我们已经知道了马克思的重要的东西，一些摘录笔记不会带来什么具有颠覆性的新东西。这种想法是根本错误的。事实上，马克思的著作始终还是一块尚未发现的新大陆。

（三）左翼马克思学和马克思主义思想史研究

在 20 世纪的马克思理解史上，西方“马克思学”是一道独特的学术景观：它既没有外在的体制建构，也缺乏共同的理论基础和研究范式，仅仅凭借对马克思的思想与概念进行超越政治的重新研究这一口号式的学术主张，就赢得了分布广泛、人数众多的支持者，成为 20 世纪 60 年代以后欧美发达资本主义国家主流社会的马克思观的主要提供者。20 世纪 60 年代后期，在吕贝尔和费彻尔等学者的影响下，麦克莱伦（1940—）在英国发起“新马克思研究”运动，主张通过读原著，从马克思的早期著作开始历史性地接近马克思的思想。麦克莱伦从 20 世纪 70 年代以来就致力于马克思的相关研究，在马克思和马克思主义文本研究、思想来源梳理以及基本问题探讨等领域中都颇有建树。在文本研究方面，麦克莱伦的突出贡献表现在他翻译并编辑整理了许多英文版的马克思、恩格斯文集，这些文集都已成为英国乃至美国等许多大学哲学系学生学习和研究马克思时的必读书目。此外，他还对马克思的思想来源进行了卓有成效的梳理，如他的《马克思思想导论》《青年黑格尔派与马克思》《马克思的生平与思想》《马克思传》等就是最好的例证。在问题研究上，麦克莱伦倾向于涉猎宗教、政治思想等意识形态领域。如他的《意识形态》《基督教的政治关联性》《马克思主义和宗教》等，立足于扎实的文本研究，从梳理马克思思想来源开始，拓展到与当今时代密切相关的问题领域，进而对马克思主义进行不同于苏联教科书的探讨。

在马克思主义思想史研究领域，国际著名马克思学者汤姆·洛克莫尔以其著作《马克思主义之后的马克思》（2002）重新掀起了回归马克思的思潮。这一思潮的出现可能有两种原因，其一是尝试着将前苏东的历史剧变与马克思本人的理论加以区分，以此从苏联、东欧社会主义体制的挫折中拯救马克思的思想。其二是尝试着将流行的马克思主义理论与马克思本人的思想加以区分，以此将马克思本人的思想从长期以来的庸俗化、教条化氛围中清理出来，使其重现光彩。

第 二 章

当代日本的马克思主义研究与实践

从 1904 年幸德秋水和堺利彦将《共产党宣言》译为日文版的时候开始，马克思主义就在日本社会中播种、生根、发芽。在过去一百多年的历史演变中，无论是在实践领域还是思想研究领域，马克思主义在日本都产生了深远的影响。马克思主义在日本的发展，是在近代以来日本现代化进程的语境下展开的。第二次世界大战之后，日本的现代化进程进一步加速，马克思主义对资本主义现代化内在逻辑的深刻认识继续为日本进步人士和知识分子批判和改造日本社会提供思想引领和理论支撑。日本不仅是世界现代化进程中的后发成员，而且带有浓厚的东方民族的历史文化传统，所以日本的现代化过程，既符合世界其他国家和地区的现代化过程的一般规律，也具有不同于他者的特殊之处。日本共产党、社会党以及其他左翼力量在日本政治社会秩序的建构和演变中虽然历经艰难，但是始终占有一席之地，坚持不懈地探索改造或改善日本社会、为日本民众谋求幸福生活的道路。日本的学者们善于挖掘马克思主义中所蕴含的丰富的思想资源，善于以文本为出发点寻找解决富有日本特点的理论困惑和时代问题的答案，形成了不同于苏联东欧正统马克思主义、西方马克思主义等思想体系的、长于考据的、具有敏锐的问题意识的马克思主义。

一、马克思主义在当代日本的实践运动①

第二次世界大战结束之后，世界局势和日本整个经济社会的发展经历了

① 本部分的各类历史数据来源于王新生所著《战后日本史》一书，江苏人民出版社 2013 年版。另有标注的除外。

几个阶段。在这样的背景下，马克思主义在日本的实践，也是辗转起伏，历经波折。

（一）日本共产党等左翼政党的恢复重建和工人运动的兴盛时期

战后初期，马克思主义在日本的实践运动，与美国占领政策的变化和日本整体政治经济社会秩序的重建密切相关。1945 年 8 月 15 日，日本政府宣布接受《波茨坦公告》之后，美国杜鲁门总统任命美国太平洋陆军总司令道格拉斯·麦克阿瑟为占领日本的盟军最高总司令，负责具体实施。1945 年 8 月 30 日，麦克阿瑟飞抵东京，美国开始对日本实施“间接统治”，以期实现日本的完全非军事化，在政治上建立民主自治政府，在经济上重建适合和平时期社会需要的经济秩序，特别是要改造国民的军国主义思想，以防止再次发动侵略战争。

在上述占领政策的影响下，战后的最初几年，战前和战争期间曾遭受严重打击的共产主义政党和其他左派政党得以恢复重建。1945 年 10 月 9 日，币原喜重郎继任首相。币原内阁按照麦克阿瑟的指令，即《关于废除对政治、公民、宗教自由限制的备忘录》，陆续废除了《言论出版集会结社等临时取缔法》《治安维持法》《思想犯保护观察法》《治安警察法》等法律。由于上述法令入狱关押的 4000 多名政治犯得以释放，其中包括日本共产党以及其他左翼党派领导人。日本共产党成立于 1922 年 7 月，但在战前和战争期间长期被作为非法政党，受到法西斯军国主义政权的严酷镇压。领导人得到释放之后，共产党的组织迅速重建。1922 年 10 月 20 日，日本共产党机关报《赤旗》复刊。12 月 1 日，日本共产党第四次代表大会召开，正式宣告重建日本共产党。德田球一任书记长。野坂参三继承了战前讲座派马克思主义的观点，提出“和平手段的二阶段论”。这一理论主导了共产党对于当时状况的认识，即日本的半封建制度随着二战的失败已经崩溃，国家的领导权正由天皇制官僚、金融垄断资本以及地主势力组成的权力集团转入大资本家手中。当前的目标是进行资产阶级民主主义革命，然后才是社会主义革命，可以通过非暴力的、和平的、民主主义的手段进行革命。

战前就已经形成的不同于讲座派的劳农派马克思主义则构成了日本社会党的主要力量。西尾末广、片山哲、浅沼稻次郎等积极活动，于 1945 年 11

月 2 日召开成立大会，建立了日本社会党，片山哲任书记长。社会党内部存在严重的观点分歧。左派提出，虽然伴随着战败，垄断资本主义的特殊形式——法西斯主义已经不复存在，但是垄断资本的霸权仍然存在，并且更加强有力地支配着战后的日本。当前的革命任务是通过和平手段进行社会主义革命，即通过和平手段的一阶段革命论。右派则主张在承认现有议会民主政治框架下，以更为缓和的方式促进社会的发展进步。在 1946 年 4 月日本战后的第一次众议院大选中，社会党当选 92 人，共产党当选 5 人。

在日本战后民主化和政治秩序重建的过程中，日本共产党和社会党与当时其他左翼力量也发挥了积极作用。首先，共同取得了倒阁运动的胜利。1946 年 4 月大选之后，没有加入任何党派的币原喜重郎首相借口政局不稳会引起社会混乱，罔顾选举结果，要求继续执政。社会党、自由党、协会党和共产党四党联合，组织集会游行，要求打倒币原内阁。迫于上述压力，币原内阁全体辞职，为天皇任命首相的历史画上了句号。其次，积极参与制定和平宪法。日本共产党在 1945 年 11 月的第一次全国协议会上发表《新宪法框架》，主要内容包括主权在民，18 岁以上的男女具有选举权和被选举权，人民享有政治、经济、社会、监督及批判政府的自由，享有生活、劳动、受教育等权利。1946 年 6 月，日本共产党正式发表《日本人民共和国宪法草案》，明确主张废除天皇制，建立共和国。社会党也在 1946 年发表宪法草案，主张主权在国家——包括天皇在内的国民共同体，分割统治权，主要部分在议会，一部分归属天皇，限制天皇的统治权，将其非政治化。该宪法草案的特色是“国民的生存权”，即“国民具有生存权，其老年生活得到国家保护”，“国民具有劳动的义务，劳动力受到国家特别保护”等。1946 年日本政府根据盟军最高总司令部的“制宪三原则”起草了《宪法修正草案要纲》。“制宪三原则”是指，第一，天皇处于国家元首地位。皇位世袭。天皇的职能与权限基于宪法行使，顺应宪法体现的国民之基本意志。第二，废除国权发动的战争。日本放弃作为解决手段的战争，甚至作为保护自己安全手段的战争。第三，废除日本的封建制度。贵族的权力，除皇族外，不再给予现在生存者一代以上。华族的地位，今后不伴随任何国民的或市民的政治权力。经过复杂的政治博弈和多次修改，《日本国宪法》于 1946 年 11 月 3 日颁布，1947 年 5 月 3 日正式实施。对于这一宪法，日本共产党明确表示反对，认为应废除天皇制，并应具体阐述劳动人民的权利。社会党则认为新宪法忠实地履行了《波茨坦公告》，充分体现了民主主义政治，但是天皇权力依然较多。

盟军最高总司令部期待工会能够在日本民主化过程中发挥积极作用，因而积极鼓励工会组织的建立，采取了相对宽松的政策保障工人的基本权利，为工人力量的壮大和工人运动的发展留一下了一些空间。在盟军最高总司令部的指导下，日本政府在 1945 年 12 月制定了《工会法》，保障包括公务员在内的工人的结社权和集体谈判权。1946 年 9 月制定了《劳动关系调整法》，以调整劳资关系、预防或解决劳资争议。1947 年 4 月公布了《劳动基准法》，保障劳动条件标准。在上述法令的支持下，工人的经济地位得到了一定的改善，确定了 8 小时工作制，工人组织工会和罢工的权利得到承认，工人运动迅速发展。

在日本共产党的影响下，1946 年 8 月全日本各产业工会会议（产别会议）成立，拥有会员 163 万，约占全日本工会会员总数的 41%。日本社会党则在 1946 年 8 月组织成立了日本工会总同盟（总同盟），拥有 85 万会员，约占全日本工会会员总数的 22%。到 1946 年底，全日本共有工会组织 17000 个，会员近 500 万，组织率达到 41%，这是历史上日本工人组织率的最高值。组织起来的工人为保障就业、提高工资、改善劳动条件以及争取管理生产等不断展开斗争。

战后初期，1941 年以来开始实施的粮食配给制度难以维系，常常出现配给时间拖延或配给不足的情况，黑市横行，日本国民的生活非常困难。这一矛盾不断激化。1946 年 5 月 1 日，战后第一个五一劳动节来临之际，东京 50 万人举行了反饥饿示威游行。在皇宫前广场上，红旗飘扬，《国际歌》歌声四起。盟军最高总司令部认为群众运动已经超过了美国所能允许的范围，开始对包括共产党在内的游行队伍进行镇压。1946 年 5 月 22 日，吉田茂率领自由党联合进步党，建立起战后第一届政党内阁。为了快速恢复经济，吉田内阁采取了“倾斜生产方式”，通过财政赤字和通货膨胀，优先支持以煤炭和钢铁为中心的重工业产业，同时强化包括裁减工人在内的生产合理化政策，结果导致国民的日常生活困难不仅没有得到缓解，还进一步造成工人失业。1946 年 12 月 19 日，共产党、社会党、工会组织联合组建倒阁实行委员会，反对吉田内阁。同年 12 月 26 日，日本共产党领导的“产别会议”工会组织和社会党领导的“总同盟”工会组织等多个工会组织联合，组成了全国工会共同斗争委员会。委员会警告政府将在 1947 年 2 月 1 日举行 860 万工人总罢工，要求打倒保守的吉田内阁，成立人民民主政府。这场斗争遭到了盟军最高总司令部的镇压。同年 1 月 31 日麦克阿瑟签署文件，命令停止总罢工。“二一”总罢工夭折。

1947 年 4 月，日本举行战后第二次大选。社会党得到工会组织和市民的支持，在众议院获得 143 个议席，在参议院获得了 47 个议席，在参众两院都位列第一大党。共产党在参众两院分别得到了 4 个议席。由于社会党在参众两院所占的席位都不超过总议席的 1/3，1947 年 6 月 1 日社会党与民主党、国民协同党三党联合执政，由社会党片山哲出任首相。片山内阁颁布了战后第一个《经济白皮书》及“紧急经济对策”，试图抑制通货膨胀，保障工人的基准工资。但是因为物价上涨速度远超工人工资上涨的速度，工人运动再次高涨，对片山内阁造成了严重的冲击，也加剧了社会党内部左右两派的冲突。同时，片山内阁试图实施国家对煤炭产业的管理以及工人参与国家管理机构。但是由于执政伙伴民主党的反对，片山内阁不得不做出让步，背离了社会党的原有方针。片山内阁得罪了执政伙伴，也导致了党内的严重分裂，不得不辞职。在 1949 年 1 月的战后第三次大选中，社会党惨败，众议院议席数降至 48 个，主要领导人片山哲、西尾末广等人均未当选。社会党参与的联合政府没有能够满足工人群众的要求，反而采取了压制工会组织的政策，大批社会党的支持者转而支持共产党，共产党在第三次大选中获得 35 席。

（二）“赤色整肃”和工人运动受到压制的时期

第二次世界大战后短短几年，国际形势就发生了重大变化，特别是美苏“冷战”的铁幕降下，中国革命取得了胜利，建立了由共产党执政的新中国，日本在亚洲战略格局中的地位发生骤变。美国从其全球战略出发，开始调整对日政策，从清除日本对美国的战争威胁转变为使日本成为美国推行“冷战”政策的军事基地。1948 年 1 月 6 日，美国陆军部长罗亚尔发表演讲，声称要使日本成为“经济上自主”的远东“反共堡垒”，首次公开表明美国对日政策开始转变。1949 年实施复兴日本的“道奇计划”，推行旨在复兴日本经济、重建日本垄断资本主义、重新武装日本的等一系列新政策措施，导致其在占领初期推行的民主化政策出现转折，“解散财阀”等政策草草收场。日本的民主化改革并没有彻底实施。美国占领政策的转变，也促使日本国内政治再次走向保守和反动。一方面，“道奇计划”主张采取通货紧缩政策，引起了经济危机，并迫使企业采取“合理化”措施，最主要的手段就是大量裁减人员，降低工资。另一方面，美国政府和盟军总部认为日本共产党及其影响下的工人运动是共产主义在日本的渗透，甚至将其看作“间接侵略”，指令日本政府给予抑制甚至镇压。

1949 年 4 月第二届吉田内阁颁布了《团体等限制令》，禁止所有政党及社会团体的秘密活动。6 月，吉田内阁提出修改《工会法》和《劳动关系调整法》，规定工会只能提出改善劳动条件、提高工资的经济要求，不能进行政治活动，在调解劳资纠纷时不能进行罢工，取消资本家不能以工人参加罢工为借口随意解雇工人的限制。日本共产党领导“产别会议”，并联合社会党领导的“总同盟”等其他工会组成“全国工会法规政策协议会”，发动 162 个团体约 38 万人参加反对修改《工会法》《劳动关系调整法》的斗争，最后迫使吉田内阁放弃了全面修改两法的企图，保护了工人的基本权利。

面对大规模的裁员和吉田内阁的高压，工会计划继续组织大规模的罢工运动。但是，此时接连发生的三大古怪事件，使得工人运动不得不戛然而止。三大事件是日本国铁总裁下山定被车碾轧致死的下山事件、国铁中央线电车脱轨造成数十人死伤的三鹰事件以及东北铁路线列车倾覆的松川事件。媒体大肆宣传这些事件是日本共产党所为，虽然最终没有任何证据证明这一点，但是在民众中引发的猜测极大地削弱了工会的影响力。工会无法组织有效的罢工，政府和国营企业的裁员计划得以实施。

朝鲜战争的爆发对日本产生了重要的影响。1950 年 6 月 30 日，美国政府派遣麦克阿瑟指挥地面军队进入朝鲜半岛，以联合国的名义对朝鲜进行武力干涉。朝鲜战争一直持续到 1953 年 7 月 27 日交战双方在三八线附近的板门店签署停战协定。朝鲜战争的影响主要体现在，在军事上促使日本走向再军备，在经济上朝鲜战争特需为日本经济的迅速恢复与发展提供了契机，在政治上日本国内的保守势力得到加强，在对外关系方面美国加快了对日媾和的进程等。盟军最高总司令部指令日本政府，实行“赤色整肃”，镇压日本共产党，具体体现为三个方面的政策。一是命令日本共产党中央委员会解散，从 1950 年后半年开始日本共产党转入半地下。二是针对日共的机关报《赤旗报》。1950 年 6 月编辑部 17 位领导干部被解除公职。朝鲜战争爆发后，《赤旗报》及其他被占领当局和日本政府视为与共产党有关的 1700 多种报刊均被禁止发行。三是将日本共产党党员及有关的人员从各级各类机构中排除出去。到 1950 年 11 月，在政府部门任职的 600 多人被褫夺公职，在私营企业中工作的 1100 多人遭到“清洗”。而日本政府在高等教育机构中清除共产党的行动遭到了强有力的抵制，大学生组织了全国性的罢课行动，并与警察发生了冲突，结果大学的清除共产党活动没有进行下去。

这一时期，日本共产党不仅受到外在的打击，内部也存在严重的意见分歧，力量削弱。1950 年 1 月 7 日，苏联共产党领导的共产党及工人党情报局发表《关于日本形势》的文章，提出美国对日本实施的是殖民统治，而且准备在远东地区发动新的战争；全面批评日本共产党主流派的斗争路线“和平革命”完全是一种幻想。日本共产党中央委员会发表《政治局所感》进行反驳，但是在党内引发了分裂。以宫本显治为首的一派主张接受批评，被称为“国际派”；以德田球一为首的反对批评者被称为“所感派”。服从共产党情报局批评的意见最终占了主导，1951 年 2 月，日本共产党秘密召开第四次全国协议会，提出通过武装斗争抵抗占领军和日本政府的方针。德田球一、野坂参三等人转到海外指导党的工作。1951 年 10 月，在第五次全国协议会上，日本共产党通过了新的纲领，将日本革命规定为民族解放的民主革命，确定了进行武装斗争的军事方针。党的内部设置军事委员会，袭击驻日美军、警察预备队、警察署、检察厅、税务局、军需生产工厂以及运输军需物资的铁路等。到 1952 年 3 月为止半年的时间之中，日本共产党共进行 292 次袭击事件。上述暴力行动导致了国民的反感，当日本共产党再次恢复合法地位参加 1952 年 10 月大选时，丧失了在众议院的全部议席。

（三）“55 年体制”中的日本共产党和社会党

1952年4月28日《旧金山对日媾和条约》和《日美安全保障条约》生效，旧金山体制形成，美国完全军事占领日本的状态结束。日本取得了政治独立和外交自主权，迎来了经济快速增长的时期。

尽管不再有盟军最高总司令部的命令，但是日本政府仍然继续压制日本共产党和工人运动，引发了几次大的事件。一是“流血的五一节事件”。1952

年5月1日，即在旧金山媾和条约生效后第三天，纪念五一劳动节的大会以明治神宫外苑为中心会场，提出了“反对重新武装，争取民族独立”“用统一斗争粉碎低工资”等口号。大会结束后，与会者分5路进行游行示威。其中以日比谷公园为目标的游行队伍在达到皇宫前受到3000多名全副武装的警察的开枪射击。政府给游行者加上“骚扰罪”的罪名，先后逮捕了1000多人，并进行了长达10年多的审判，史称“流血的五一节事件”。二是反对美军建立军事基地的人民斗争。1952年11月，石川县内滩村发生了村民反对美军占地作打靶场的斗争。斗争迅速蔓延到全县、全国，进而发展成全国性反对美军内滩基地的大规模斗争。1953年5月至9月，斗争达到高潮，村民、工会成员、学生冒着美军试射炮弹的危险静坐示威。警察对示威人群进行了暴力镇压，斗争失败。但是此后，每当美军或日本政府新建或扩建军事基地，都会遭到人民的猛烈反抗。妙义、浅间、富士山麓、伊良湖崎、山形县大高根、东京砂川、静冈伊豆，这些地区都见证了日本人民反对建立军事基地的斗争。在反对美日“安全条约”的斗争中，日本共产党、社会党、劳动工会总评议会、“全日本学生自治会总联合”等政党和组织也发挥了重要的作用。三是“春季斗争”。从20世纪50年代开始，日本工会每年春天都组织工人斗争，要求提高工资，改善工人的劳动和生活待遇。1956年参加“春斗”的人数达到280万，1960年增至600万。

20世纪50年代中期到1973年石油危机之前，日本维持了近20年的高速增长，在追赶型现代化的道路上突飞猛进。1965年11月到1970年7月，日本实际经济增长率平均为11.8%。到20世纪70年代初，在资本主义世界中，日本的国民生产总值所占比重已上升到6.5%，仅次于美国，居第二位。20世纪70年代初，日本遭遇了石油危机。为了克服这一危机，日本调整了以重工业、化学工业为中心的产业结构和主要仰赖石油进口的能源供需结构，积极发展知识密集型产业，以自主开发取代技术引进。依靠科学技术的支撑，日本国民经济仍然维持了较高的增长率，20世纪70年代日本的国内生产总值年均增长率达到5%，20世纪80年代年均增长率也维持在4.0%，高于同期美国和联邦德国的经济增长速度。20世纪90年代，日本在精密加工及其所需的专门技术方面已处于世界领先地位。

在经济高速增长期，日本的经济社会表现出新的特征。一是形成了独特的“日本式劳资关系”。从就业到退职年龄持续在同一个企业工作的终身雇佣体制、按照工作年限增加工资的年功序列工资制度以及企业内工会组织就是这种劳资关系的重要特征。这种劳资关系在经济高速增长期有助于提高劳动生产率，也保证了工人实际收入的持续增长。1966 年工厂劳动者的年工资增长率为 10.6%，1970 年为 18.5%，1974 年达到了 32.9%。二是随着工业化的迅速进展，大批农业人口流入城市，成为工薪劳动者，工人人数激增。虽然参加工会的工人从 1949 年的 666 万人增加到 1975 年的 1247 万人，但是工人的组织率却下降到 34.4%。工人和下层群众生活劳动状况的变化，导致了工会组织的运动方针从组织工人罢工等斗争转为劳资协调，也迫使日本共产党等左翼政党调整自己的纲领和斗争策略。

伴随着经济的高速增长，1955—1993 年的 38 年间，日本政局长期处于自民党执政，其他政党处于在野党地位的时期。这一基本体制被称为“55 年体制”，即“全体资本”代表对阵“全体工人”代表的政党体制。日本共产党和社会党等左翼政党坚持斗争，在不断分化重组的政党体制中维护自己的地位，一方面适应工人和下层群众生活劳动状况的新变化和新特点，努力扩大自身在工人和下层群众中间的凝聚力和影响力，推动工人运动；另一方面，在冷战的背景下，探索处理日本一国工人运动和国际共产主义运动之间关系的正确道路。

美国军事占领结束之后，盟军最高总司令部“赤色整肃”的禁令解除，日本共产党开始恢复合法政党的地位，《赤旗报》复刊。原本决心进行武装斗争的日本共产党，面对工人运动的新状况和在 1952 年议会大选中的失败，从 1953 年开始转向议会斗争，决定在参加议会选举的基础上联合其他在野党和一切爱国势力在国会内外进行斗争。1955 年元旦，《赤旗报》发表了自我批判的文章，承认 20 世纪 50 年代前半期党的路线是极左冒进主义。1955 年 7 月 27 日，日本共产党召开第六次全国协议会，决定无条件地恢复 1950 年以来被开除党籍者的党籍，努力克服武装革命路线、宗派主义、家长式个人领导方式等，适应已经确立起来的议会民主制。

20 世纪 60 年代日本共产党的斗争路线重新转向激进。1961 年 7 月，日本共产党召开第八次大会，会上全体一致通过了酝酿已久的《日本共产党纲领》。纲领强调，统治日本的是美帝国主义以及从属其的日本垄断资本；日本虽然是高度发达的资本主义国家，但因美帝国主义的半占领，日本是事实上的从属国；日本当前的革命是反对美帝国主义以及日本垄断资本统治这两个敌人的新民主主义，是人民的民主主义革命；工人阶级的历史使命是走向社会主义道路，以美帝国主义及日本垄断资本为中心的势力封锁了这条道路，只有打破反民族、反人民的统治，通过实现真正独立以及对政治、经济、社会实施彻底的民主主义改革，才能走向社会主义道路。纲领也强调，尊重议会制民主主义，为实现斗争目标，应当与其他党派、团体、个人结成统一战线。

20 世纪 70 年代是日本共产党顺利发展时期。由于关注高速增长带来的环境公害等问题，主张改善国民生活和对地方自治体进行民主化，该党不仅在地方选举中频频获胜，而且在国会选举中也取得了长足的进步。日本共产党在 1971 年和 1975 年的地方统一选举、1972 年和 1979 年的大选中，均获得较大的胜利。在 1974 年的参议院通常选举中，共获得 20 个参议院席位。

20 世纪 80 年代，自民党联合其他政党，极力排挤共产党，导致日本共产党的力量严重削弱，在众议院的席位从最高的 41 席下降到 1990 年的 16 席，在参议院的席位也下降到 1989 年的 14 席。尽管如此，日本共产党始终坚持批判执政的自民党内外政策的立场，强调阻止核战争，全面禁止并废除核武器，反对强化美日军事同盟，反对增加日本防卫力量，反对参拜靖国神社，主张进行国民本位的行政改革以及采取自主的外交政策。

日本社会党在“55 年体制”中，构成了在野党的中坚力量。社会党内部的观点分歧所导致的多次分分合合，是制约社会党发挥政治影响力的重要因素。1951 年社会党分裂为左右两派。1955 年 10 月 13 日，两派社会党召开统一大会。大会通过的“统一纲领”基本上反映了社会党左派及中间派的观点，提出当时的日本是由垄断金融资本所支配的、高度发达的资本主义国家，要求坚持党的阶级性，确立党内民主，反对过分偏重议会主义，要求开展日常斗争，特别是在群众活动开展党的组织活动。但是由于内部主导观点偏左，1959 年社会党右派再次分离出去，并于 1960 年成立了民主社会党。

20 世纪 60 年代的社会党与当时的共产党一样，也较为激进。20 世纪 60 年代初，社会党的领导人江田三郎提出了“结构改造论”，即通过工人参与具体决策过程，部分地改变生产关系，和平地过渡社会主义。后来，他又进一步提出了“江田构想”，即将“美国的生活水准、苏联的社会保障、英国的议会民主、日本的和平宪法”作为社会主义政党的奋斗目标。这种思想受到了党内左派的激烈批判，特别是江田在党内的竞争对手佐佐木更三批判其是“对资本主义体制的认可”。1963 年社会党通过了《关于强化党领导体制的决议》，否决了“江田构想”。1964 年 12 月社会党通过了《日本走向社会主义道路》的纲领性文件。该文件将社会党规定为“领导社会主义革命”的阶级性群众政党，并强调指出“现在是从资本主义向社会主义过渡的时代”；尽管战后日本的国家垄断资本主义得到空前的发展，但资本主义的基本矛盾也开始激化，出现了“繁荣中的贫困”现象；福利国家“不过是一种延缓资本主义寿命的政策”，“社会主义制度日益显示出其优越性”；在工人阶级取得国家政权初期，“必须实行某种形式的阶级统治”等。这份纲领性文件以其“科学社会主义理论”以及“承认无产阶级专政”的观点显示出社会党在 20 世纪 60 年代的革命性和激进性。

20 世纪 70 年代社会党的内部斗争愈演愈烈，严重削弱了社会党的力量。社会党内部，以江田三郎为代表的“现代社会主义研究会”主张“基于个人自由，承认多样化的价值观，工人代表参与企业决策，多元主义下的政治参与式的分权社会主义”；以“社会主义协会”为代表的左派则激烈批判江田派，甚至迫使江田脱离社会党。尽管社会党在 1972 年和 1976 年举行的大选中恢复到 118 席和 124 席，但由于众议院总议席从 467 席增加到 511 席，因而社会党的议席占有率也从 1960 年的 30.8% 下降到 1976 年的 24.3%。社会党的基层组织并不健全，严重依赖“总评”工会，没有将城市新增的工人和居民纳入自己的动员体系。

从 20 世纪 70 年代末开始，社会党的政策大幅度地向右转。1980 年 12 月，社会党社会主义理论中心发表《80 年代日本内外形势的展望与社会党的路线》一文，指出现代社会存在各种各样的问题，但解决这些问题不是通过社会主义革命，而是通过以社会党为中心的联合政权进行渐进式改革。1985 年 12 月，社会党发表了《日本社会党新宣言》，放弃以往的科学社会主义，以“人的解放”为最终目标；不再用资本主义社会的基本矛盾来说明社会主义代替资本主义的历史必然性，而是用抽象的人道主义来说明走向社会主义的必要性；吸收了“结构改造论”的某些观点，将走向社会主义的道路看作是社会改革的过程，不再提社会党是“阶级性群众政党”，而是“代表所有国民并向所有人开放的国民政党”，在政权问题上同任何政党都积极打交道。

（四）政局变动的时代

20 世纪 90 年代，泡沫经济崩溃对日本经济产生了严重影响。1997 年东南亚金融危机、2008 年美国次贷危机引发的全球金融危机都对日本经济造成了明显的冲击。日本经济只能在危机的间隙得到暂时的稳定和恢复，总体来看整体经济增长维持在比较低迷的状态。

日本的政治生活也发生了剧烈变动，“55 年体制”解体。20 世纪 90 年代初，社会党一度成为执政党。1994 年 6 月 30 日，社会党、自民党、先驱新党联合政权——村山富市内阁成立。社会党在一定程度上改变了自民党以往的政策措施，特别是在外交和社会治理方面。1995 年 8 月 15 日，村山首相发表谈话，承认日本的战争责任，表达了深刻的反省和由衷的歉意。1995 年 12 月 15 日，村山首相对已经过去了 40 年的水俣病事件发表谈话，表示“遗憾之意”，并对受害者给予国家赔偿。但是执政的社会党仍然不免左右为难，其政策措施既无法充分满足工人和下层群众的诉求，又遭到了执政伙伴的反对，很快就丧失了执政地位。再次成为在野党的社会党对自身进行了变革。1996 年 1 月社会党举行全国大会，更名为“社会民主党”，通过了新的党章，规定党的性质是民主主义的共同之家，是社会民主主义者、自由主义势力等各种人群参加，通过共同努力实现幸福的开放型政党。由于内部分歧所导致的政策模糊摇摆，进入 21 世纪以来，社民党在多次大选中都遭到惨败，几任领导人都无力扭转，目前在参众两院所占的议席非常有限。

20 世纪 90 年代中期，由于社民党与自民党组成联合政权，并大幅度调整政策，其部分支持者转移到日本共产党，日本共产党的力量有所增长。在 1998 年的参议院选举中，日本共产党拥有的议席增加了一倍，成为拥有 23 个席位的第三大党。1998 年不破哲三委员长率领日本共产党代表团访问中国，与中国共产党恢复中断了 32 年的交流关系。1999 年 4 月，日本共产党在统一地方选举中获得大胜，成为地方议会的第一大党。进入 21 世纪，日本共产党进行了政策调整，在 2000 年 11 月召开的第 22 届大会上修改了党纲。新党纲中，“革命”一词消失，提倡“社会主义式变革”，主张在“国民同意”的基础上废除天皇制或建立民主联合政权，而且强调社会主义式变革的道路需要较长的时间，要求创造性地探讨未来社会。不过这种调整没有得到选民的认可。2003 年 11 月大选中，日本共产党惨遭失败，在众议院的席位从 20 个减少到 9 个。近年来，日本共产党的影响力略有回升。一方面，2008 年美国次贷危机引发了全球金融危机，日本经济总体形势低迷；另一方面，社会差距问题日益明显，“格差社会”成为流行语。这里的差距不仅是指收入方面的差别，而且还包括社会各阶层在消费、资本、信息获得机会、受教育机会等多个方面的差别，特别是这种差别趋于扩大化和相对固定化。在这样的背景下，人们再一次捧起了马克思的《资本论》，反思造成经济危机和“格差社会”的根源。日本共产党也因此受到一定的追捧，党员人数和《赤旗报》的读者数不断增加。目前，日本共产党党员人数超过 30 万人，在 2016 年的参议院选举中获得 14 个席位和 10.74% 的选民的支持，在 2017 年的众议院选举中获得了 12 个席位。①

二、当代日本的马克思主义研究

日本的马克思主义研究在战前就已经达到了相当高的水平，从战后经济高速发展的 20 世纪 60 年代前后开始，日本马克思主义逐渐形成了一个独立的学派。日本马克思主义具有两个方面的特征：一是重视文献学研究和文本解读；二是关注社会问题和时代需求。

众所周知，马克思的主要著作大多是以手稿的形式遗留下来的，对马克思的研究首先要面对的就是这些手稿的编排和解读等文献学问题。日本学者在《巴黎手稿》《德意志意识形态》《政治经济学批判大纲》和《资本论》等手稿的文本编辑和研究过程中取得了独立于西方研究者的成就，并因此直接参与马克思恩格斯全集历史考证版第二版的编辑工作当中。以马克思主义的研究者所熟知的《德意志意识形态》为例，日本学者不满意梁赞诺夫和阿多拉茨基编辑的版本，先后提供了广松版、服部文男版、涩谷正版、小林昌人版等多个版本，并在此基础上形成了领先世界的研究成果。1998 年 1 月以大谷祯之介为代表，日本马克思恩格斯全集历史考证版第二版编辑委员会成立。目前，日本 30 多位学者分成 6 个小组参与到历史考证版的编辑工作中。2007 年“国际马克思恩格斯基金会”将马克思恩格斯全集历史考证版第二版第 I 部门的第 5 卷（即《德意志意识形态》卷）CD-ROM 版交由日本编委会进行

① 参见日本共产党官方网站，http://www.jcp.or.jp/.

编辑。日本学者通过艰苦和细致的工作，打破了欧洲对马克思恩格斯原始手稿编辑出版的垄断权。①

日本的马克思主义研究不仅长于文本考据，而且也始终秉持着马克思主义的理论品质，具有强烈的时代感和历史使命感，密切关注社会经济发展的实际状况，保持着清醒而鲜明的问题意识。日本的马克思主义研究可以分为若干个学派或具体的问题域，例如“宇野经济学”“市民社会派”“大冢史学”“望月史学”“广松哲学”等学派，也表现为“早期马克思论争”“共同体论争”“亚细亚生产方式论争”“中期马克思论争”等诸多具有高度理论价值的学术交锋。以下通过对两个问题域以及着力于探究这两个问题域的代表性学派的描述，来呈现日本马克思主义研究的这种理论品质。

（一）对于资本主义经济危机的认识

战后日本资本主义的发展经历过高速增长的时期，也饱受经济危机或经济停滞之苦。无论政府是采取通货紧缩还是通货膨胀的政策来调节经济形势，常常都是捉襟见肘、顾此失彼、疲于应付，经济波动对社会生活也产生了不良的影响。日本学者对于《资本论》的研究与对日本自身经济社会形态的认识、对日本资本主义的批判紧密地结合在一起。

宇野弘藏是日本马克思经济学的代表人物之一，开创了在日本学界极富影响力的“宇野派”。“宇野派”最显著的研究特色，在于尝试排除意识形态的因素，回到《资本论》，站在纯粹社会科学的视角开展研究，与正统马克思主义者之间形成了激烈的论战。宇野弘藏提出了“经济研究中的三阶段论”。第一阶段是原理论，将《资本论》视为资本主义社会的一般均衡论。第二阶段是阶段论，以资本主义的发生、发展、没落的历史过程作为研究对象。第三阶段是现状分析，以当下的资本主义为研究对象，而研究日本的资本主义，必须具体分析其后发性的特征。②“宇野派”在战前以东北大学为基地，战后转到东京大学，对20世纪60年代的学生运动产生了巨大影响。宇野派的学者们对现代资本主义进行了深入的研究，例如大内力的“货币管理制”国家

① 关于日本学者参与编辑马克思恩格斯全集历史考证版第二版的情况，韩立新:《日本MEGA第II部门的编辑情况》，引自《国外马克思主义研究报告2009》，人民出版社2009年版。

② 〔日〕宇野弘藏:《经济原论》(上、下)，岩波书店1950年版、1952年版。

垄断资本主义论、加藤荣一的“劳资关系的同权化”理论、渡边宽对“世界农业问题”的讨论以及降旗节雄的“汽车社会论”。

对于2008年以来的金融危机，伊藤诚作为宇野学派的代表人物，也提出了一套独特的解释。他认为，当今的金融危机实际上是“以现实资本和货币资本积累的全球化的重组为基础，反复出现的、因泡沫破灭产生的金融危机，虽在现代世界，且与古典的经济危机和20世纪70年代初期的通货膨胀危机有所不同，却未必就不能说这是一场产业现实资本的过剩积累，以及由此产生的利润率的骤降导致的货币信用危机，要承认这个特性”[①]。伊藤诚把这种金融危机与《资本论》中马克思对于作为支付手段的货币功能的论述相联系，说明了“原本的古典的货币恐慌”与“独立的货币恐慌”的区别。“独立的货币恐慌”，即投机性货币的独自运动引发的金融的“不稳定性”，被伊藤诚称为“第二种类型的货币恐慌”。而且，由于现实资本的自身金融化和世界性过剩资本的投机交易的不断增加，资本通过扩大劳动者阶层的消费者的信用来促进消费以谋求利润，使劳动者不仅受到劳动商品化所导致的资本所有者对其剩余劳动的剥削，而且受到现代劳动力金融化所导致的通过利润偿付进行的剥削。当劳动者无力承担双重剥削，就会陷入无法偿付各种贷款的窘境，负面效应的连锁反应随即将向全球扩散开去。

（二）建构市民社会与剖析现代性问题

第一次世界大战后，一部分日本马克思主义研究者对于日本为什么会走上国家主义和军国主义进行了反省。他们认为，这是由于明治维新以来日本一直没有形成真正意义上的“独立的个人”和没有建立一个真正意义上的市民社会所导致的恶果。马克思曾在《政治经济学批判大纲》中对共同体如何向市民社会过渡作过专门的讨论。日本学者在认真研究这一文本的基础上，就“共同体的三种形式”“资本的原始积累”“个体所有制”这些问题进行了深入讨论，试图通过对市民社会的建构，完成日本从东方专制主义向市民社会过渡的任务。20世纪60年代以来，日本资本主义的快速发展也使现代性问题开始在日本社会中凸显出来，包括少子化、老龄化、消费社会、生态危机等。

---

① 〔日〕伊藤诚:《サブプライムから世界金融恐慌へ》,《情况》2009年第10卷第1期。

日本马克思主义一方面需要认识市民社会的合理因素，看到市民社会的积极意义以及市民社会与社会主义社会的连续性；另一方面也需要通过对市民社会的分析来揭示资本主义的过渡性本质，对资本主义进行内在的学理性批判。对于上述问题的关注和研究，促使一部分学者逐渐构成了日本马克思主义研究中富有代表性的市民社会派。

平田清明是市民社会派的代表人物。他继承了高岛善哉、内田义彦等人对于“市民社会”的研究成果，并将之直接用于马克思主义研究，真正创立了“市民社会派马克思主义”。平田在他的代表作《市民社会与社会主义》一书中提出，马克思所构想的社会主义，不应放在传统的五形态论的历史框架之内进行理解，而应根据《资本论》所表述的“市民社会——资本主义——社会主义”这样一种历史的三形态论进行解读。社会主义的所有制不是消灭私人所有制，上升为国家所有制，而是对市民社会所代表的“私人所有制”的否定之否定，是向真正意义上的“个人所有制”的复归。[①] 对于从市民社会到资本主义的演变过程和演变规律，平田在《经济学和历史认识》一书中进行了阐述。他提出了对《资本论》和《政治经济学批判大纲》中“资本原始积累理论”这两个文本之间关系的新认识。他认为，《资本论》第一卷是在“资本的生产过程”中对“资本的原始积累”进行说明，而《政治经济学批判大纲》则是在“资本的流通过程”中，或者说是将“生产过程”和“流通过程”结合起来解释“资本的原始积累”。这就是平田的“循环＝积累理论”。按照这个理论进行考察，不仅能在经济学意义上更为科学地阐释“资本的原始积累”，而且能够解释资本主义诞生的历史，也即从一般商品经济——从市民社会——向资本主义社会转变的历史过程，从而重新理解马克思关于人类社会发展规律的历史认识。[②]

面对现代化过程中日益凸显的现代性问题，马克思主义提供的“异化”“物象化”“物化”等概念构成了重要的分析工具。最早注意到马克思“异化”概念并着重加以研究的是西方马克思主义，但是日本学者在充分熟悉西方马克思主义已有研究成果的基础上，对“异化”“外化”“物化”“物象化”“对象化”等相关的一系列概念进行了更为细致的文本研究和理论剖析，通过这

① 〔日〕平田清明:《市民社会と社会主義》，岩波书店 1969 年版。

② 〔日〕平田清明:《経済学と歴史認識》，岩波书店 1971 年版。

些概念进一步深入地理解马克思的市民社会理论及其在市民社会思想史上的独特贡献，而且通过这些概念深入洞悉现代社会中人的处境，展开了对现代性问题的批判。城塚登、广松涉、平子友长等多位学者都对上述问题进行过系统性的研究。

平子友长对物化概念的研究是上述研究的一个范例。平子对马克思所运用的物象化和物化两个概念进行了区分，并通过这种分析和区分来呈现现代市民社会中本质和现象相互颠倒的结构。[①] 平子认为以往对马克思的研究中没有注意到上述两个概念的重要区别，而是当作可以等同的概念看待，遮蔽了市民社会最深层的逻辑。在他看来，物象化所指涉的是人与物象之间的颠倒关系，强调的是人与人之间的关系不再以人格作为基础，而是沦为物象与物象之间的关系；而物化所强调的是物象与物的颠倒关系，或者说物化是物象化的进一步延伸和发展，物象将从人获得的社会关系进一步附着于物上，使得人与人之间的社会关系最终表现为物与物之间的关系。这种转变的根本意义在于，物象仍然表现为人的对象，是人的劳动的产物，上面仍然承载着人的因素；但是物已经脱离了人的控制，反而成为控制人、使人无所遁形的力量。平子认为，物化产生了两个方面的影响，一是通过市场和特定工作场所的社会化实现了对人的统治，完成了整个社会的社会化；二是资本破坏了自然，包括作为客观外在世界的自然和作为人的本质的自然，因为资本把社会生产力的发展限制在实现资本自我增值的有限的范围内。

20 世纪 90 年代初以来，马克思主义在日本学术界的影响大为减弱。一方面是此领域的研究者后继乏人，现有的日本马克思主义研究者大多已步入高龄、陆续退职，以往的教职岗位被其他研究方向的研究者取代；另一方面是迫于就业压力，很多高校不得不压缩甚至裁减马克思主义有关研究方向的招生计划。这种情况目前正在困扰着马克思主义学术研究在日本的发展。[②]

① Tomonaga Tairako, Versachlichung and Verdinglichung, Basic Categories of Marx's Theory of Reification and Their Logical Construction. Hitotsubashi Journal of Social Studies, Vol.48, 2017, pp.1-26.

② 谭晓军:《日本马克思主义研究的困境及启示》,《中国社会科学研究论丛》2014 年第 3 辑。

第三章

原苏东地区的马克思主义研究与实践

马克思主义为科学社会主义奠定了牢固的基础，十月革命则为现实社会主义开辟了广阔的道路。所以，我们在展望21世纪的社会主义时，必须要牢记一个伟大的历史人物马克思和一个伟大的历史事件俄国十月革命。因为正是他们科学地预见和证实了历史发展的客观进程，赋予社会主义运动以强大的生命力和现实性。而贯穿于东欧剧变、苏联解体的整个过程的，是这些国家一些领导人对马克思主义基本原理的放弃与背叛。这一震惊人类的重大事件并不是马克思主义本身的破产，而是背弃马克思主义的严重后果，恰恰从反面显现了马克思主义的当代价值。从与马克思主义的相互关系的角度分析苏联东欧的垮台，我们不仅看到了正是由于斯大林以教条主义的态度对待马克思主义，歪曲地解释了马克思主义，从而“间接”地导致了苏联的垮台，也正是由于从赫鲁晓夫集团到戈尔巴乔夫集团背叛了马克思主义，从而“直接”使苏联走向灭亡，而且也看到了一旦放弃马克思主义的指导，苏联和东欧地区陷入了一种什么样的境地。从对原苏东地区马克思主义的研究和实践中，我们能深刻领悟高举马克思主义这面旗帜的深远意义。

一、原苏东地区是如何演变的?

为了了解苏东地区对马克思主义的研究和实践情况，我们必须首先了解其是如何演变而来的。原本“苏东地区”就是一个不对称的合成词。“苏”指的是苏联，“东”指的是地缘政治意义上的“东欧”。苏联是一个单一国家。1917年十月革命后，列宁领导的布尔什维克党在俄国建立起世界上第一个社会主义政权，开始时称苏维埃俄国（简称苏俄），1922年12月组建了苏维埃社会主义共和国联盟（简称苏联）。地缘政治上的东欧是一个国家群体，出现在第二次世界大战结束之后，由地处中欧的波兰、匈牙利、捷克斯洛伐克、德意志民主共和国（简称民主德国或东德）和地处东南欧（巴尔干半岛）的保加利亚、罗马尼亚、阿尔巴尼亚、南斯拉夫等八国组成。东欧或东欧国家表明的并不是地理位置，而是一种受特定时空规范的政治概念。雅尔塔体系将欧洲一分为二，形成了以苏联为首的东方社会主义阵营和以美国为首的西方资本主义阵营，而东欧就专指前者。也就是从第二次世界大战结束时开始，苏联与东欧的社会发展紧紧地绑在了一起，形成了一个独特的地缘政治区域——“苏东地区”。

“苏东地区”存续了40多年，“苏东地区”的社会主义运动相对来说比较简单，概括地说，就是“一个政党”“一个主义”“一种制度”“一种模式”。

“一个政党”指的是在苏东国家执政的只是共产党，即使有其他的政党，它们也是从属于共产党，而没有任何政治独立性。在不同的国家，共产党的具体名称不太一样，有的叫共产党，有的叫工人党，有的叫社会党，还有的叫共产主义者联盟。但是，它们的性质和社会地位都是相同的。“一个主义”指的是马克思主义是唯一占主导地位的意识形态，但需要指出的是，马克思主义几乎在每个国家都有本土化的形式，只是程度深浅略有差别。

20世纪80年代末90年代初，这些国家相继发生了急剧的社会制度变革，即所谓的苏东剧变，其实质就是放弃马克思主义的意识形态，放弃共产党的领导和社会主义制度。没有了马克思主义、共产党和社会主义这些基本要素，地缘政治意义上的“苏东地区”也就不存在了。不仅如此，在社会制度剧变之后，这些国家的构成也发生了重大变化。苏联于1991年底解体，分裂成俄罗斯联邦、白俄罗斯、乌克兰、摩尔多瓦、立陶宛、爱沙尼亚、拉脱维亚、格鲁吉亚、亚美尼亚、阿塞拜疆、哈萨克斯坦、吉尔吉斯斯坦、塔吉克斯坦、土库曼斯坦、乌兹别克斯坦等15个独立主权国家。民主德国于1990年5月与德意志联邦共和国（联邦德国）合并成新的德国。南斯拉夫于1991—1992年解体，斯洛文尼亚、克罗地亚、波斯尼亚和黑塞哥维那、马其顿先后宣布独立，塞尔维亚和黑山则组成南斯拉夫联盟共和国（南联盟）。2003年2月，南联盟改称塞尔维亚和黑山。2006年6月，塞尔维亚和黑山分手，成为两个独立国家。1993年1月，捷克斯洛伐克联邦共和国正式分离为捷克和斯洛伐克。至此，原苏东9个国家演变成了大大小小28个国家。

随着苏联的解体，苏联和美国、东欧和西欧两极对峙的格局亦不复存在，40多年的冷战也自然结束了。更为重要的是，剧变之后的国家或剧变之后新诞生的国家都不再实行社会主义的政治和经济制度，价值取向上也都从马克思主义转向了自由主义和民族主义，绝大多数国家的对外政策也从对苏联的依附转向美国和西欧。与此同时，作为一个独特的地缘政治区域的“苏联东欧”为多个地理区域所取代，28个国家分属中亚、欧亚、外高加索、波罗地亚、东欧、中欧、东南欧等7个区域。没有了冷战的藩篱，没有了苏联的阴影，没有了马克思主义的意识形态，没有了社会主义的政治和经济制度，无论是这些区域还是区域里的国家都不再有任何共同的硬性约束，在社会发展的各个方面都表现得纷繁复杂，差异性异常突出。总之，在内涵上，这七个区域与原来的“苏东地区”已经完全不是一回事了。

与社会主义政党的多元化相适应，马克思主义不再是社会主义政党统一的意识形态，“主义”也呈多元化态势。有的社会主义政党仍然坚持传统的马克思主义，有的社会主义政党坚持改良后的马克思主义，但更多的社会主义政党信奉民主社会主义或社会民主主义。即便是民主社会主义，不同国家的社会主义政党或同一国家不同的社会主义政党也因在社会上和选举中所处的地位往往做出了各自的解释，国别性、民族性和政党性特点比较鲜明。同时，社会主义不再是这些国家的唯一的意识形态，而只是若干种“主义”之一。除社会主义之外，这些国家中还有自由主义、保守主义、民粹主义、民族主义等。它们并行存在，在对社会发展许多方面的看法上界限也越来越模糊。

二、俄罗斯对马克思主义的研究与实践

自1991年12月25日苏联解体、苏共失去执政地位以来，当代俄罗斯的马克思主义发展也随之陷入逆境，由原有的官方正统主流地位落入社会意识形态的边缘，甚至成为很多人谩骂、指责和攻击的对象。进入21世纪以来，虽然这一状况并没有得到根本改善，大多数俄罗斯人仍在以有色眼镜来看待马克思主义，将之视为一种教条主义的意识形态、乌托邦主义的理想设计或者为极权主义制度做辩护的思想体系，但随着时间的推移，特别是伴随着当代俄罗斯社会发展的新矛盾和问题的出现，人们已经能够以一种更为客观和

理性的立场，来直面自身国家发展的历史，重新评价马克思主义思想的当代价值。自20世纪90年代中期起，特别是进入21世纪以来，当代俄罗斯的马克思主义研究开始有了一定程度的恢复和发展，并呈现微弱复兴的态势。21世纪的俄罗斯即便不是马克思主义的完全复兴，也绝不会与马克思主义分开。

（一）俄罗斯对马克思主义研究的动态

苏联解体之初，作为苏联主要继承国的俄罗斯立即走上了资本主义的发展道路，当然，随之而来的是马克思主义在俄罗斯失去了国家意识形态的统治地位。转轨20多年来，俄罗斯经历了经济的衰退和政治的震荡，失去国家政权庇护的马克思主义也经历了曲折的发展过程，从被诋毁、抨击到冷静研究，从反思与重建到批判与创新，呈现出独特的发展动态。

1. 停滞与恢复

在苏联解体的最初几年，不少俄罗斯民众大肆宣泄对苏联的不满情绪，甚至把苏联的独裁和专政归咎于马克思主义，抨击和诋毁马克思主义，俄罗斯的马克思主义研究处于非常困难的停滞时期，研究成果甚少。1992年，《共产党人》杂志改名为《自由思想》，成为20世纪90年代初到90年代末研究马克思主义的主要阵地，比较有代表性的文章包括：奥伊泽尔曼在1993年和1994年发表的《马克思主义自我批判的基本原则》（上、下），萨马斯卡娅的《社会主义在后工业化的前景》（1995年）等。

虽然20世纪90年代初期俄罗斯的马克思主义处于低潮，但是即使在俄罗斯曾经喧嚣一时的反对马克思主义的代表托尔斯特赫和纳列托夫等也坚信马克思主义并没有死亡，也不可能死亡。“马克思主义作为哲学理论，经济学说或政治学说，不可能立即从大规模社会运动的实践活动和历史思想中消失。它对世界历史的影响是直接地和间接地，将在已发生的和正在发生的变化中被重新评价。”

20世纪90年代中期以后，俄罗斯的经济和政治趋于稳定，哲学研究工作逐步恢复，关于马克思主义的研究也不断发展起来。有两股力量有力地推动了马克思主义研究在俄罗斯的恢复：一是俄罗斯科学院哲学所的老一代学者，他们在苏联时期就是著名的马克思主义哲学家，苏联解体后他们开始研究以前被禁止的问题，剔除和批驳苏联政治化的马克思主义，深入研究由于政治原因被忽视的理论和被夸大的命题，在人类哲学思想和社会思潮的背景下，从学术研究的角度对马克思主义进行历史的反思；二是莫斯科大学经济学系和俄罗斯科学院经济所的中青年学者，他们与西方学术思潮公开对话，吸收西方存在主义和人道主义的思想，研究资本主义在全球化时代的新变化，丰富了马克思主义的经济理论，研究后工业社会与社会主义的关系，提出了后工业社会主义理论，力求恢复马克思主义在21世纪的现实性。这两股力量代表着当代俄罗斯马克思主义研究的主要方向，即以奥伊泽尔曼为代表对马克思主义的反思与重建，以布兹加林为代表对马克思主义的批判与创新。

2. 反思与重建

俄罗斯科学院哲学所的奥伊泽尔曼院士是第一股力量的代表，他每年在《自由思想》上发表研究马克思主义的文章，不仅研究成果逐渐增多，而且主题鲜明、内容深刻，受到越来越多的关注，在俄罗斯学术界的影响力与日俱增。从1993年到1999年，他在《自由思想》杂志发表了八篇反思马克思主义的文章:《马克思主义自我批判的基本原则》(上、下)、《列宁对马克思主义的解释》(上、下)、《马克思主义和乌托邦主义》(上、下)、《作为意识形态的马克思主义》(上、下)。这些文章为他以后推出一系列反思著作做了充分的前期准备。他在这些文章中深入思考了马克思主义的理论实质以及列宁对马克思主义的解释。奥伊泽尔曼对列宁的解释持批评的态度，他批判列宁的意识形态灌输理论，反对列宁夸大社会主义革命的必然性以及把暴力革命学说绝对化，批判列宁的无产阶级专政理论，主张辩证地分析列宁对民主、自由主义和修正主义的认识。

1998年，俄罗斯科学院哲学所召开了纪念马克思180周年诞辰学术大会，斯焦平院士、梅茹耶夫、谢苗诺夫、普列特尼科夫、舍甫琴科、巴拉耶夫等20多名学者出席会议并做了重要发言。大会出版的论文集《卡尔 · 马克思与现代哲学》是这一时期最重要的成果。这本论文集的出版标志着俄罗斯哲学界理性地、客观地反思马克思主义和社会主义。在奥伊泽尔曼等学者的推动下，坚持“反思”的态度研究马克思主义成为俄罗斯哲学界的主要声音。

2000年以后，奥伊泽尔曼在《哲学问题》上发表了11篇重要论文:《批判地理解辩证唯物主义的原则》(2000)、《唯物主义历史观：优点和不足》

（2001）、《马克思主义的社会主义思想和现实社会主义》（上、下）（2002）、《马克思主义的教条化和马克思主义内部固有的教条主义》（2003）、《伯恩施坦修正主义的前史》（2004）、《马克思主义社会主义（共产主义）理论的双重性》（2008）等。这一时期他出版了5本著作，其中《马克思主义与乌托邦主义》（2003）和《为修正主义辩护》（2005）在俄罗斯引起重大反响。《哲学问题》召开两次研讨会，推动了俄罗斯哲学界对马克思主义与乌托邦主义、马克思主义与修正主义等重大问题的研究，最终形成了以他为代表的反思的马克思主义学派。

反思的马克思主义学派的主要成员是老一代的苏联马克思主义哲学家，他们在这一时期的主要著作有：巴拉耶夫的《解读马克思》（2004），普列特尼科夫的《唯物史观和社会主义的理论问题》（2008），谢苗诺夫的《社会主义和21世纪的革命：俄罗斯和世界》（2009年）、《哲学在当代俄国的命运》（2010）等。总的来说，他们既反对全盘否定也反对全盘肯定地对待马克思主义，既不教条地信奉也不庸俗地反对，既要恢复马克思主义理论的真实性，又要对马克思主义进行局部的修正和丰富，根据时代的发展重建马克思主义的理论形态。他们对马克思主义的理论实质、发展方式以及具体理论问题提出了全面、深入的反思。

3. 批判与创新

莫斯科大学经济学系的布兹加林教授和科尔加诺夫研究员是第二股力量的代表，1992年他们创办《抉择》杂志，该杂志成为俄罗斯新马克思主义者的主要阵地，在2000年之后影响力逐渐增大。他们在这一时期比较有影响力的文章主要是：布兹加林的《寻找社会主义的抉择》（《自由思想》，1996年第2期），《社会主义在俄罗斯的未来》（《自由思想》，1996年第5期）；布兹加林和科尔加诺夫的《21世纪的社会主义革命》（《自由思想》，1997年第10期）。1998年，他们合作出版第一本著作《批判的马克思主义》。他们提出了复兴马克思主义的三个条件：

首先，批判20世纪的教条主义，因为这种教条主义使马克思的著作成为“圣经”，又被马克思主义的后继者们根据政治家们的需要随意地解释，使马克思主义成为政治的附庸，也丧失了作为理论的生命力和科学性。

其次，批判教条的反马克思主义者，他们盲目地否定和指责马克思主义，这不仅毫无益处，而且被资本主义国家的政治宣传利用。这些反马克思主义者没有理解马克思学说的真实内容，没有辩证地分析马克思的思想。

最后，对俄罗斯和世界的新现实而言，发展马克思的思想是有意义的，而且是非常宏大的工作。经典马克思主义的方法论和某些理论仍然具有现实性，在其中最主要的是马克思的经济理论和最著名的著作《资本论》。

（二）新世纪俄罗斯对马克思主义研究的复兴

进入 21 世纪之后，随着俄罗斯社会思想环境的改善及俄罗斯左翼政党的逐渐成熟，当代俄罗斯马克思主义研究迎来了发展的春天。俄罗斯马克思主义创新学派领导人布兹加林说："世界性的经济危机、我们社会层面和意识层面的所有尖锐的实际问题，又重新摆在面前，这就要求我们转向马克思主义的现实性。在了解现代世界的问题和它的发展趋势的基础上，要充分发挥马克思主义的创造性和批判性。马克思主义作为开放性的科学和一种方法论，决不能在克服了教条的官僚主义的、唯心主义的桎梏后，使其变成某种形式主义的脱离生活的教义。"布兹加林的话，表达了俄罗斯理论工作者发展马克思主义研究的意愿。

进入新世纪之后，新马克思主义者的著作逐渐增多，主要有布兹加林的《社会主义的复兴》（2003 年），布兹加林和科尔加诺夫的《社会经济转型理论》（2003 年）、《全球资本》（2004 年），沃耶伊科夫的《关于社会主义的争论》（2002 年），斯拉文的《社会主义和俄罗斯》（2004 年）、《马克思的社会理想》（2004 年）等。这一时期，布兹加林等人还发表了一些重要的学术论文：《我们是否需要自由的马克思主义？》（《经济学问题》，2003 年第 7 期），《俄罗斯后苏联马克思主义的社会哲学：回应 21 世纪的挑战》（《哲学问题》，2005 年第 9 期），《后苏联马克思主义的政治经济学》（《经济学问题》，2005 年第 9 期），《突变的资本主义——突变社会主义崩溃的产物》（《经济学问题》，2006 年第 6 期）等。2005 年，布兹加林和科尔加诺夫合作出版《后苏联的马克思主义：回应 21 世纪的挑战》，正式把以他们为代表的新马克思主义者看作一个正在形成的学术流派，并称为后苏联的马克思主义。

进入到新世纪以来，在包括俄罗斯共产党等在内的一些左翼、中左翼政党和研究基金会的支持下，同时也由于社会思想环境的日益改善和宽松，当代俄罗斯的马克思主义研究在总体萧条的大背景下，开始有了一定程度的恢复和发展，并呈现微弱复兴的基本态势。主要表现为：

（1）研究团体有所增加，社会影响不断增强。一些政治性学术组织，如附属于俄共的“全俄社会主义取向学者协会”、具有中左翼政治立场和取向的“争取民主和社会主义学者”国际协会不断获得发展。到目前为止，前者已经在全国76个地区都设立了分部，形成了一个较为庞大和稳定的组织网络；而后者近年来活动频繁，其成员以“21世纪社会主义国际网络研究院”为平台，组织了一系列的研究讨论，并逐渐形成和确立了“后苏联的批判马克思主义学派”，2009年该协会出版了《21世纪的社会主义：后苏联批判马克思主义学派的十四篇论文》《马克思主义：21世纪的抉择（后苏联批判马克思主义学派的辩论）》两部论文集，表明其研究活动进展顺利。除此之外，目前在俄罗斯比较有影响的一些马克思主义研究团体还包括：

一是“马克思阅读”。该“阅读”由俄罗斯科学院哲学研究所肇哈泽主持，政治色彩较浓，学术性质并不突出，其成员共同持有“复兴苏联”的政治主张，思想观点较为保守。2006年和2007年，该团体先后出版了论文集《马克思主义与未来文明》（上、下卷），以及为纪念《共产党宣言》问世160周年而重新加以编撰的新版《共产党宣言》，引起了一定的社会关注。

二是莫斯科大学“马克思主义讨论”。该“讨论”由国际著名马克思学家、莫斯科大学政治学系教授巴加图利亚主持，参加者主要是莫斯科大学的各系学生，主题是马克思学说的性质以及当代俄罗斯社会发展的现实问题。该讨论每两周举行一次，受到了部分青年学生的好评。

三是“自由言论”俱乐部。该俱乐部具有典型的人文知识分子色彩，由俄罗斯科学院哲学所研究员托尔斯泰赫负责组织，早在1988年就已获得成立，但近年来影响逐渐扩大。包括斯焦平、梅茹耶夫、布罗夫等在内的一些马克思主义学者，同国内其他一些左翼、中左翼学术研究机构的著名学者或者政治活动家如戈尔巴乔夫等人一起，举行开放式讨论，就普京总统的社会政策、俄罗斯未来的精神文化发展甚至中国的现状和发展前景等问题，进行高层次的对话和交流。

四是“公正世界”研究所。该研究所作为公正俄罗斯党的学术研究机构和思想建设平台，于2008年10月间获准成立，并确定自身的任务是推动公民社会的发展，促进俄罗斯社会国家的形成。在该研究所近两年组织的一些重要的国际会议以及一系列内容丰富的圆桌会议讨论中，包括舍甫琴科、斯拉文等在内的当代俄罗斯马克思主义学者，就俄罗斯国家的历史、现实以及未来的社会主义发展前景等问题，阐述了自身的见解和主张。

（2）学术出版物不断增多，力作和精品开始问世。新世纪俄罗斯马克思主义研究的另一方面进展，体现在学术著作和学术影响的增强方面。虽然较之于东正教类、俄国史类、后现代主义类的热门出版物而言，客观地说，当前俄罗斯的马克思主义研究成果仍只占有较小的比例，在俄罗斯的各大书店和图书展览会当中，只有细心搜寻才会发现马克思主义的读物和学术研究著作，但较之于20世纪90年代的状况而言，随着社会思想环境的日益宽松，以及人们反思和思考的不断深入，今日俄罗斯的马克思主义出版物，无论在数量还是质量方面，都已经获得了明显的提升，一些大部头的学术性、思想性较强的精品和力作开始出版和问世。

根据中共中央编译局提供的不完全数据资料显示，2007—2008年，由俄罗斯“文化—革命”出版社、“联盟”出版社等左翼出版机构出版的马克思列宁主义学术著作共计40余本，2009年这一数字大约为30本。正是由于这些重要学术著作的连续出版和问世，马克思主义在当今俄罗斯学术界的影响进一步获得扩展和增强。

（3）形成了几支不同的思想流派，代表人物观点各异。自进入21世纪以来，当代俄罗斯马克思主义研究所获得的另一重要推进，就是形成和确立了几支不同的思想流派。在经历了苏联解体的重创和打击之后，应当说，作为原国家意识形态的马克思主义在当代俄罗斯的分化和裂变，一方面具有历史的必然性，人们只能依据自身对马克思主义思想的不同诠释和理解，来阐释马克思主义的实质内涵；但另一方面，这些思想流派的不断衍生和形成也表明，即使在经历了“现实社会主义”的历史衰退之后，马克思主义的生命力仍然获得了各种不同形式的体现，马克思主义并未退场和终结。面对俄罗斯社会发展以及人类社会发展的多重矛盾和问题，马克思主义仍在运用着自身的话语权，执行着对社会发展进行批判或者重塑的职能。具体来讲，当代俄罗斯马克思主义研究的多元构成主要包括：

一是正统的马克思主义学派。这主要是以苏共中央机关刊物《共产党人》

杂志主编、苏共中央意识形态委员会委员科索拉波夫为代表的学者所组成的学派，也称教条主义的马克思主义学派。该学派人数较少，但思想观点较为保守，主张苏联社会的解体并非历史的必然，而是党内一部分高层人为背叛的结果；强调对苏联社会的革新和改造，应当在计划经济的体制和框架内进行，明确反对市场因素的介入，视市场为符咒；主张对当代俄罗斯资本主义发展现实进行不遗余力的批判，同现政权作坚决彻底的斗争；主张劳动群众在左翼政治力量的领导下，可以采取合法的和非法的一切手段，恢复和重建苏联。

二是批判的马克思主义学派。该学派也称“后苏联的批判马克思主义学派”，是以布兹加林、科尔加诺夫等为代表的一些持人道、民主和社会主义思想立场的学者。这些学者基于对马克思主义哲学所做的人道主义诠释和理解，主张对人类历史发展已经历和正在经历的全部异化境遇，既包括苏联的官僚社会主义社会，也包括当代俄罗斯的野蛮资本主义社会，同时还包括当代全球资本霸权统治的社会，进行辩证的批判，并不断实现向“自由王国”的过渡和转变。

三是反思的马克思主义学派。这是以奥伊泽尔曼为代表的独立马克思主义研究学者所建立的一个思想流派。奥伊泽尔曼有关马克思主义到底是一门科学还是在其早期创始人那里就已经包含有乌托邦主义因素的研究，受到了当代俄罗斯马克思主义学界的高度关注。2006 年 7 月，俄罗斯科学院最高权威期刊《哲学问题》杂志以将近 30 页的篇幅，刊载了俄罗斯科学院哲学研究所十几位专家学者围绕奥伊泽尔曼《为修正主义正名》一书的出版而进行的圆桌会议讨论内容。这是自苏联解体以来，俄罗斯订阅量最高的学术期刊所组织的最大一次以马克思主义为论题的研究讨论。

四是创新的马克思主义学派。这是以卡加尔利茨基、梅茹耶夫、科列、斯拉文、舍甫琴科等为代表的一个人数较多的思想流派，主要强调应当根据当代俄罗斯社会发展的现实，以及人类后工业社会、知识社会、信息社会不断发展的历史趋势，对马克思主义思想的实质内涵进行创造性的阐发，对马克思主义的当代价值进行重新挖掘。

五是文本学的马克思主义学派。自苏联解体后，在马克思恩格斯国际基金会的支持下，MEGA2 版的编辑整理工作在俄罗斯得以继续进行。目前，以俄罗斯国家社会历史档案馆为中心，包括巴加图利亚、瓦西纳、科拉列娃、邱尔巴诺夫、罗伊亚娜等在内的五人编辑小组，承担MEGA2版其中15卷的直接或间接编撰工作。这其中，莫斯科大学政治学系教授、MEGA2版国际编委会主席之一巴加图利亚作为该小组的精神领袖，目前在俄罗斯享有盛誉。因其在马克思文献学研究方面所做出的突出贡献，也有人称其为当代俄罗斯“最后一位真正的马克思主义者”。作为国际著名的马克思学家，巴加图利亚明确反对将马克思的思想庸俗化，主张对马克思的学说进行准确的诠释和理解，并强调，在正确对待马克思的理论遗产问题上，最重要的就是“根据当代的实际来努力地发展马恩理论遗产当中积极的、正面的内容”，而不是“以全新的事实作为证明马克思主义是不变真理的论据”。

（三）当代俄罗斯对马克思主义研究的特点

（1）强烈的历史反思特征。无论从哪一角度看，当代俄罗斯马克思主义学者对苏联解体原因的分析和揭示，都在力求直面自身国家发展的历史，深刻总结苏联“现实社会主义”实践的教训和经验。

（2）鲜明的社会批判特征。以当代俄罗斯社会发展的资本主义性质及其多重而复杂的社会矛盾为基础，马克思主义在当代俄罗斯的理性回归和发展复兴，具有历史的必然性。正如梅茹耶夫所讲到的那样，“只要资本主义尚存活，那么，马克思就将仍然活着”。

（3）积极的发展创新特征。在苏联解体、马克思主义退出主流意识形态之后，当代俄罗斯学者对马克思思想价值的护卫和坚守，一定程度上打上了鲜明的历史悲剧印记，只能以社会边缘和非主流意识形态的形式来进行。但即使是这样，当代俄罗斯的马克思主义学者仍然在以各种不同形式的努力，通过对马克思哲学所具有的多重内涵，如人道主义内涵、社会公正内涵、生产力内涵、历史哲学内涵等的还原和展现，向人们揭示马克思思想的当代价值和时代意蕴，并且身体力行，通过发起、倡导或者融入当代俄罗斯各种不同版本的新社会主义运动，致力于实现马克思主义思想价值的民族融合和当代转换。在这一点上，当代俄罗斯马克思主义学者和政治家所进行的执着和不懈的努力，对于我们深刻地认识和把握马克思主义思想的当代价值和现实生命力，进一步自觉地推动马克思主义的当代发展和创新，应该说具有重要的启示意义。

20多年来，马克思主义在俄罗斯的发展历程说明，即使失去国家意识形态的庇护，马克思主义仍然具有生命力。更为反讽的是，苏联政治权力的庇护竟然是阻碍马克思主义健康发展的绊脚石。因此，必须区分是为个人的政治权力服务的马克思主义还是解释社会发展的马克思主义，正如美国学者伊·沃勒斯坦所说，“没有死亡的是作为对现代性及其历史表现，即资本主义的世界经济进行批判的马克思主义”。在这样一个新的世纪，马克思主义之所以在俄罗斯和世界不断发展，是因为马克思主义仍然是解释当代资本主义发展的理论来源，同时也是改造当代资本主义的政治来源。

三、原东欧国家对马克思主义的研究与实践

在整个20世纪，就马克思主义发展而言，从来没有哪个学术流派或思想团体像东欧新马克思主义思想家群体一样，亲身经历东西方两大对抗力量的挤压，亲身经历斯大林主义的钳制，亲身经历教条马克思主义的束缚，亲身经历独立发展的历史困境。这种特有的客观现实促使他们的批判思想自始至终都被一种沉重的历史责任感和使命感所驱使，促使他们的批判思想无时无刻不与本民族的历史命运和历史未来强烈地交织在一起。

在东欧剧变过程中，随着各国共产党纷纷倒台，执政并独大的中东欧共产党不复存在，政党多元化的格局逐渐形成。除由原共产党演变或分裂而来的社会民主党、社会党以及坚持信仰不变的共产党外，中东欧还出现了许多重建的或新建的社会民主党、社会党、共产党以及其他类型的社会主义政党或团体。与此相对应，马克思主义不再是社会主义政党统一的意识形态，俄国化的马克思主义在意识形态领域的垄断地位不复存在，“主义”也呈多元化态势，有传统的马克思主义、改良的马克思主义，但更多的社会主义政党信奉民主社会主义或社会民主主义。

这里需要解释一下，所谓东欧新马克思主义，是指第二次世界大战后在东欧社会主义国家兴起的一种既坚持马克思主义思想又对其做出创造性阐释、既坚持社会主义道路又对其历史进程进行深刻反思批判的新马克思主义思潮和运动。东欧新马克思主义作为国外马克思主义研究的重要领域，其理论资源的丰富性和现实意义的重要性越来越引起人们的普遍关注，然而，其真正

本质与独特意义并未被学界完全把握。东欧新马克思主义的独特意义在于它是一种亲身经历社会主义并对现存社会主义进行反思批判的马克思主义，一种坚持马克思话语并重新构造其话语解释力的马克思主义，一种具有强烈民族精神和高度本土化特征的马克思主义，一种具有国际理论视野从而不断寻求理论超越的马克思主义。

东欧新马克思主义从来不是抽象的理论，它自诞生之日起其思想运动就伴随着东欧社会主义革命实践和历史进程的发展而发展，其思想理论的存在和演进始终是与东欧社会主义的巨大现实内在同一的，即便是在“东欧剧变”之后，晚期东欧新马克思主义者的思想仍然保持着对这一历史阶段的深切回望与反思，甚至对当下的东欧社会现实予以高度的理论观照。

客观地讲，如果全面考察研究东欧新马克思主义发展的整个历史过程，我们会清晰地发现，东欧新马克思主义至少应当内在地包含三个必不可少的构成要素：一是社会主义的历史经验，这是东欧新马克思主义独有的不可或缺的本质特征和永恒标记；二是坚持从马克思主义思想本身出发并对其思想进行创造性阐释，这是它的根本理论立场和思想特质；三是东欧新马克思主义不仅仅是一种学术思潮，更是一种现实的社会运动，东欧新马克思主义者既是理论反思的倡导者，更是现实运动的参与者。东欧新马克思主义包括诸多学术流派和独立的思想家，他们因为共同的历史背景、共同的理论渊源、共同的文化境遇以及共同的学术活动形成了共同的学术追求和理论取向，从而呈现出一个以人道主义批判理论为总特征的新马克思主义群体。这一群体伴随着东欧社会主义建设与改革的始终，纵贯东欧剧变，一直延续到今天。即便对于东欧剧变之后东欧新马克思主义的存在与发展持有怀疑，如果肯认真搜集并研究东欧剧变以来东欧新马克思主义者的思想、言论和文稿，特别是近几年东欧共产党组织陆续获得合法地位这一持续不断的马克思主义运动事实，就不难获得有关答案。

东欧新马克思主义的发展经历了三个历史时期：一是20世纪50—70年代中期。这一时期是东欧新马克思主义主要流派和主要代表人物亲身经历并参与东欧各国改革、从事马克思主义理论建构的时期，其理论活动表现为批判斯大林主义和苏联教条的马克思主义，现实活动表现为对苏联社会主义模式的反思批判。二是20世纪70年代中期至90年代初期。这一时期是东欧新马克思主义被压制和进行艰难反抗的时期，也是东欧思想家反思马克思主义并尝试转换视角、转换研究范式的时期，理论研究的对象主要是本国社会主义改革以及人在现实社会中的主体地位问题，理论活动的内容主要是把马克思主义思想纳入现代性、人类学等更宽泛领域中加以研究，这一时期出现了一系列关于现代性和人类学等问题的思想著作，如费赫尔主编的《法国大革命与现代性的诞生》、赫勒的《现代性理论》和《现代性能够幸存吗？》、科西克的《现代性的危机》、科拉科夫斯基的《经受无穷拷问的现代性》等。三是20世纪90年代初至今。这一时期东欧新马克思主义者思想和运动表现为两种并行的情形，一方面生活于东欧地区的新马克思主义者面对国内现实继续寻求政治斗争与理论突破；另一方面居住在国外的新马克思主义者逐渐活跃于国际学术舞台，其理论研究的范围和对象既呈现出国际性话语的背景和特点，又饱含着试图对马克思思想本身做出新定位、新反思与新超越的尝试。由于东欧新马克思主义内部各学术流派和学术团体的国别差异、地域差异、历史进度差异，上述总体分期可能存在着与具体学术流派和学术团体活动分期不尽一致的地方。但是，这种分期至少相对清晰地表明了东欧新马克思主义各个发展阶段的主要特征。

尽管诸多新马克思主义的理论范式有所不同，但它们在理论主题方面是一致的，即都是针对资本主义国家“如何进行革命”的问题。而东欧新马克思主义的理论主题则是社会主义国家“如何进行社会主义建设”。在当代新马克思主义中，东欧新马克思主义是唯一一个站在社会主义进程中对社会主义发展、建设、改革、异化、教条主义、人道主义等重大问题进行深入探讨与批判的马克思主义。在当代新马克思主义中，只有东欧新马克思主义产生于社会主义历史进程本身并以现存社会主义的各种错误倾向为批判对象，其他新马克思主义都是产生于资本主义历史条件下并以资本主义为研究和批判对象。东欧新马克思主义既是东欧社会主义的亲历者和参与者，又是东欧社会主义的批判者与反思者。它的理论到处都充满着马克思主义关于社会主义前途与命运的真理之光。社会主义经验，尤其是对现存社会主义的亲身体验，是东欧新马克思主义独有的经历。亲身经历社会主义并对现存社会主义进行反思批判构成了东欧新马克思主义独特的历史标记。正是从这种意义上说，东欧新马克思主义的思想和理论对于当代任何坚持社会主义理论、坚持社会主义道路的国家来说都具有弥足珍贵、无法替代的意义和价值。

20 世纪 70 年代中期以后，特别是东欧剧变以来，东欧新马克思主义者陆续步入国际学术舞台。其思想内容和理论走向呈现出如下特点：

（1）由反思马克思主义思想转向研究全球性的共同话题。20 世纪 70 年代中期到 20 世纪 90 年代初期，东欧新马克思主义在艰难的现实和新的语境中反思马克思主义思想。

（2）从全球性共同话语中寻求马克思主义思想的超越。从表面上看，东欧新马克思主义的国际化似乎是一个与马克思主义渐行渐远的过程。甚至科拉科夫斯基也曾明确表示自己已经“放弃了马克思”，赫勒后期的思想也出现了大量“反马克思”的观点和理论。但是，几乎在他们每一部表面上看似毫无马克思话语的文本著作中，只要我们愿意，我们仍然能够感受到马克思的思想印痕。从根本上说，他们并没有完全放弃马克思，只不过是把马克思以及马克思主义放置在了一个更加宏大的思想场域和历史空间中来加以思考。

东欧新马克思主义提出要复兴人道主义的马克思主义，以便实践上促进社会主义的人道化。这一主题的确定，深受西方马克思主义的影响，与青年马克思的发现以及对东欧向何处去的思考密切相关。

（1）西方马克思主义的影响。西方马克思主义产生于与传统马克思主义的争论，将马克思主义定位为人道主义的理论。东欧新马克思主义以西方马克思主义为中介，试图从马克思早期思想中寻找超越现实生存困境的理论依据，通过恢复马克思主义的人道主义思想来促进社会主义的人道化。

（2）青年马克思的发现。传统马克思主义理论家往往重视马克思的晚期作品，特别是《资本论》，认为马克思晚期作品中阐释的才是成熟的思想，并据此把马克思主义解读为一种经济决定论，强调社会政治经济层面的重要性。然而，东欧在社会主义实践中虽然实现了政治经济层面的变革，却并没有实现人的解放，由此引发了人们对马克思主义进行反思。与西方马克思主义相比，东欧新马克思主义受青年马克思的影响更大。在《1844 年经济学哲学手稿》《德意志意识形态》《〈黑格尔法哲学批判〉导言》等青年马克思作品的影响下，东欧新马克思主义提出，被苏联模式社会主义奉为意识形态的马克思主义，是被扭曲的马克思主义，背离了马克思主义的人道主义本质。可以说，正是青年马克思的发现，催生了东欧新马克思主义，复兴人道主义的马克思主义成为东欧新马克思主义最初的理论主题。

（3）对东欧社会该往何处去的思索。东欧社会既经历过资本主义的洗礼，又经历过苏联模式社会主义的实践。然而，在东欧新马克思主义理论家看来，由于特殊的历史文化现实，东欧既不能走西方资本主义道路，也不能继续走苏联模式的社会主义道路，必须进行社会的改革与改良，这首先就要在理论上确证社会主义的人道化的合理性。可以说，东欧新马克思主义产生于对东欧社会该往何处去的思考，其复兴人道主义的马克思主义这一理论主题，也是因对实践上要促进社会主义人道化产生认识偏误导致的。

首先，东欧的历史就是一部独立自主的抗争史。东欧特殊的地理位置，使其在长期的发展历史中成为争夺欧洲和世界的战略要地，在历史上常常受人宰割，为了独立而不断抗争。俄国十月革命的胜利让东欧人看到了希望。但是，社会主义国家的建立并没能使东欧国家实现彻底的独立自主，反而在政治、经济上受控于苏联。然而，东欧人根深蒂固的文化传统中包含着对独立自主的强烈渴望，致使苏联模式的社会主义遭遇到来自东欧自身的文化阻滞力，最终催化了20世纪60年代左右以“布拉格之春”为代表的一系列政治事件。作为这一历史和文化的结果，东欧新马克思主义批判苏联社会主义模式，不仅未在现代化的历史进程中解决人异化的生存状态，反而将人的受压抑和受控制推向了一个新的层面，并将批判矛头指向了作为苏联模式社会主义意识形态的传统马克思主义。

其次，东欧国家在文化上属于基督教文化，在思维方式、生活习惯和行为模式上都与西方文化更为接近。然而第二次世界大战后，东欧国家纷纷加入社会主义阵营，意识形态的差异给东欧人民带来了巨大冲击。对此，“匈牙利事件”时任总理、布达佩斯学派的代表人物赫格居什曾反思：“匈牙利社会历来是面向西方的。这并不单纯因为我们向西方学习了技术，也不是出于我们的感情因素，而是传统上形成的思维方式、行为准则和生活习惯的总体是属于西方的。然而，我们却想把整个民族的这些东西都扭向东方，因此它注定是徒劳的，早晚要失败。”可见，东欧新马克思主义复兴人道主义的马克思主义这一主题的确定，是在探索适合本国文化的社会主义道路的过程中产生的。

最后，东欧新马克思主义的产生不单单是理论的原因，更重要的是与东欧社会的历史文化密切相关。正是这种理论和实践的思索和探寻，确立了早期复兴人道主义的马克思主义这一理论主题。

东欧新马克思主义者认为，苏联的现实并不是经典马克思主义理论的后果，更不能说是这种学说的实现。经典马克思主义的社会主义理论是针对 19 世纪欧洲西部发达的资本主义社会，而苏联的社会主义实践是发生在 20 世纪东部封建的俄国。它在政治上和经济上只能根据自己本身的状况，又超越自己本身的状况建立“第一个社会主义模式”。东欧新马克思主义者曾经指出，现行的社会主义之所以出现这样那样的问题，就是因为建立经典马克思主义的社会主义所必需的客观条件还没有严格地具备。现行社会主义发展中的这些问题，实际上表现了其极大的不成熟性，概念的模糊性。而那些又促成了使社会主义和马克思主义大成问题的形式和观念强加于社会主义运动和马克思主义。因此，东欧新马克思主义者坚持社会主义，他们要改革“现行的社会主义”。他们曾提出，走既不同于资本主义、也不同于现行社会主义的“第三条道路”。

马克思主义的生命力是理论联系实际，马克思主义研究的生命力是探讨和解决问题，不是仅仅阐释结论。这也是东欧新马克思主义留给我们的宝贵借鉴。

苏联、东欧的马克思主义和他们成功建立的社会主义国家，曾给予在黑暗中探求自己国家发展道路的中国共产党以极大鼓舞和激励。而拥有苏联背景的当代俄罗斯马克思主义和东欧新马克思主义无论是理论结合实际对过去的总结，还是在此基础上提出的一些重大理论问题及结合时代的现实思考，都足以使我们仰览殷鉴，量己知弊。

第四章

东南亚的马克思主义研究与实践

东南亚地区是世界社会主义运动的一个重要区域，马克思主义曾在东南亚有着广泛的传播与影响。历史上，多个国家建立过马克思主义政党，领导本国人民在反对殖民、抗击侵略、国家建设上作出了不可磨灭的贡献。随着时代变迁，一些国家的马克思主义政党早已成为执政党，并在积极探索符合本国国情的社会主义发展道路。例如，越南共产党开辟了越南特色社会主义道路，已经基本形成越南特色社会主义理论，社会主义建设实践取得显著成就。尽管老挝人民革命党夺取政权比较晚，国家和政党比较小，但老挝人民革命党在独立探索本国发展道路的过程中，也进行了独特的理论与实践创新。本章中将对这两个国家的马克思主义研究与实践做比较详细的介绍，并对当前泰国左翼知识分子对马克思主义理论的发展、菲律宾共产党的现状做简要的说明。

一、马克思主义在越南的发展与实践

（一）越南共产党的革命历程

1930 年 2 月 3 日，胡志明奉派召集越南的 3 个共产主义组织在九龙（中国）开会，正式成立统一的越南共产党，同年 10 月改称印度支那共产党。1935 年 3 月 27—31 日在澳门（中国）召开了党的第一次全国代表大会。1951 年 2 月党的二大时，改名越南劳动党，决定把党公开。1976 年 12 月党的四大时改称越南共产党。

1930 年开始，越共领导越南人民进行了反帝反封建、反抗法国殖民主义统治者、反对法西斯、抗击日本侵略者的斗争。1945 年领导全国人民总起义，取得了“八月革命”的胜利。同年9月2日建立了越南民主共和国，胡志明出任国家主席。由于法国殖民者卷土重来，1945年9月23日起，越共领导全民进行了长达9年的抗法战争。1952—1954年初越共先后完成了整党、整军工作，并开始进行土地改革。1960年，越南开始在北方实施发展国民经济的第一个五年计划。1964年，越共领导全民进行抗美救国战争，1975年取得了抗美救国战争的彻底胜利。

1976年6月，越南正式实现了国家统一，改国名为越南社会主义共和国。①

（二）革新开放前越南的社会主义建设实践

1954年打败法国殖民者后，越南劳动党先后实行了土地改革与社会主义改造。②1960年，越南劳动党三大制定了“一五计划”，越南北方全面开始计划经济的建设。由于美国介入越南内战，越南第一个五年计划未能完成。1976年，越南劳动党四大通过了恢复发展国民经济的“二五计划”，但由于当时一些极左的做法，“二五计划”失败。1982年，越共五大反思了之前主观、急躁的作风，提出了“三五计划”。1986年的越共六大认真总结了1976年以来越南社会主义建设中的经验教训，做出了把党和国家工作中心转移到国家建设上来、实行革新开放的重大决策，开启了越南革新开放的新时期。③

（三）越南的马克思主义理论的研究与发展

1. 胡志明思想

1930年2月，胡志明在香港主持了越南共产主义组织的统一会议，会上提出的《简要政纲》和会后发表的《印度支那共产党成立号召书》为越南的民族解放提出了一条明确的革命路线，胡志明思想的雏形开始形成，随后在革命实践中不断修正、完善。随着1941年一届八中全会上的革命路线调整和

① 中共中央对外联络部《各国共产党总览》编辑委员会:《各国共产党总览》，当代世界出版社2000年版。

② 越南中央党史研究会:《越南共产党的五十年活动》，越南真理出版社1982年版，第86页。

③ 靳昆萍等:《东南亚社会主义的历史、现状及发展趋势》，社会科学文献出版社2014年版，第13—17页。

1945年“八月革命”的胜利，胡志明思想得到越共党内普遍认同，胡志明思想基本形成。1945年越南建国以后，胡志明思想不但在抗法、抗美的民族独立战争中继续统领全党和全国人民英勇奋战，而且在社会主义革命和建设的实践中进入了新的发展期。[①]

1991年1月，越南共产党中央委员和政治局委员武元甲在“胡志明、越南和世界和平”国际研讨会上发言时最早给胡志明思想下定义：“胡志明思想是马列主义在越南民族解放事业和新社会建设事业的实践中的创造性运用，是马列主义的新发展”，“胡志明思想是一个体系，概括起来，就是：为祖国谋独立和统一，为人民谋自由和民主，为全人类谋平等和幸福，为各民族谋和平和友谊，为时代文化和人文关系谋发展”。在1991年6月的越共七大上，越南共产党正式提出“胡志明思想”，把“党以马克思列宁主义和胡志明思想作为思想的根基和行动的指南”[②]写进自己的纲领和章程，七大报告中强调“胡志明思想是马列主义在我国具体条件下创造性运用的成果。在实践中，胡志明已经成为我们党和我国各族人民的宝贵精神财富”[③]。2001年4月的越共九大正式确定胡志明思想的内涵是“关于越南革命的基本问题、关于从人民民族民主革命到社会主义革命的全面而深刻的观点，是继承和吸收，并在越南的具体实践中创造性地运用和发展马克思列宁主义的成果，同时是越南民族的精华和时代的智慧结晶，它的目的是为了民族解放、阶级解放和人类解放，建设一个和平、统一、民富、国强、社会公平、民主、文明的越南”[④]。在2011年越共十一大《越南社会主义过渡时期国家建设纲领》（2011年增补）中提道：“胡志明思想是关于越南革命的基本问题的全面而深刻的系统观点，是创造性地运用发展马克思列宁主义于我国的具体条件的结果，它继承和发扬了我国民族的优良传统价值，吸收了人类文明的精华；它是我党和我国人民无比巨大而宝贵的精神财富，永远照亮我国人民走向胜利的革命事业的道

① 蒋晓俊：《马列主义越南本土化的早期探索——略论胡志明思想形成及其精髓》，《人民论坛》2015年6月10日。

② 越南共产党：《改革时期越共大会文件》，国家政治出版社2010年版，第384页。

③〔越〕双成著，谭志词译：《胡志明思想的概念和体系》，《东南亚纵横》（季刊）1995年第2期。

④ 越南共产党：《第八次全国代表大会文件》CTQG，1996年。转引自蒋晓俊：《马列主义越南本土化的早期探索——略论胡志明思想形成及其精髓》，《人民论坛》2015年6月10日。

理”[①]。十一大文件中详尽地指出胡志明思想的主要内容包括:“民族解放、阶级解放、人类解放的思想;民族独立与社会主义相结合,民族力量与时代的力量相结合;人民的力量,民族团结的力量;人民当家作主的权力,建设属于人民、人民作主、为人民的国家;全民国防,建设人民武装力量;发展经济和文化,不断提高人民的物质和精神生活;革命的道德:勤俭廉正,大公无私;为革命的事业培养接班人;建设纯洁、强大的党,干部、党员既是领导,也是真正忠诚于人民的公仆”[②]。

胡志明思想是一套思想体系,具体来说,其内容包括:(1)政治思想。政治思想是胡志明思想的核心位置。主要涉及以下内容:关于殖民主义理论和殖民地国家民族解放的理论;关于民族问题及民族与阶级、爱国主义和国际主义、民族独立和社会主义的和谐统一的思想;关于越南向社会主义过渡的途径的思想;马列主义与工人运动、爱国运动相结合的思想;一切权力属于人民,一切由人民当家作主的思想等。(2)经济思想。较为突出的一个方面是,对于偏僻落后农业国在不接受资本主义发展阶段的基础上,直接进入社会主义发展阶段经济建设和经济发展的相关科学评价。其围绕的中心是:人民是国家的基础,只有在人民生活富足的前提下,国家才能变得强大,二者形成一个有机的系统。(3)军事思想。可归结为四点:所有民众都是战斗的一分子,以三种部队为中心的革命军队思想;创建革命根据地和培训基地,积累力量,大力宣传,激发民众分期抗争的思想;起义思想;建立系统的越南军事科学。[③](4)党建思想。包括:坚持无产阶级政党领导越南革命;从思想上建党,加强党员的思想教育,确保党的无产阶级性质;坚持以民主集中制为原则的组织建设;坚持以团结为目的的批评与自我批评的作风建设。[④](5)文化思想。胡志明思想是人民群众通过长期的实际劳作而积累下的智慧总结,突出了越南民族特色,表达了人民的希望与寄托。(6)人文思想。可

① 韦国善、李艳:《马克思主义越南本土化的胡志明思想成果探究》,《广西民族师范学院学报》2014年第2期。

② 《越南共产党:“越共十一大文件”》,(越南)国家政治出版社2011年版,第46页。

③ 韦国善、李艳:《马克思主义越南本土化的胡志明思想成果探究》,《广西民族师范学院学报》2014年第2期。

④ 蒋晓俊:《马列主义越南本土化的早期探索——略论胡志明思想形成及其精髓》,《人民论坛》2015年6月10日。

分为：以仁爱之心待人；相信人的力量和价值；激励人的解放斗争决心；平等公正地对待每个人。（7）道德的内容。胡志明思想是一种榜样力量，包括：终身奉献给民族解放和国家兴旺；真诚对待人民，相信人民的力量，认同人民的同伴地位，终身依靠人民、热爱人民，做到以民为本；公私分明，简单简朴，私生活清白，为人处世谦逊；终其一生坚持追求的目标。（8）方法和作风的内容。胡志明思想遵循马克思列宁主义的唯物辩证法，也在一定程度上接受了部分东方哲学的思想观念[①]，如经与权、刚与柔、时与势、阴与阳、否与泰等，发展了如"以不变应万变""以柔克刚""以弱胜强""以寡敌众""以大团结为动力和力量"等理论与方法[②]。

2. 当代越南特色社会主义理论的发展

在实行革新前，越南曾效仿苏联模式建立高度集中的社会主义计划经济体制。1986 年越共六大开启革新进程后，越南重新对马克思主义和社会主义的重大理论问题进行了反思，并从列宁关于过渡时期的观点中得到启示，提出了越南当前的发展阶段处于向社会主义过渡时期的理念，这是一次重要的思想解放。1991 年 6 月，越共召开第七次全国代表大会，大会重申坚持走社会主义道路是越南唯一正确的选择；初步回答了什么是越南特色的社会主义、怎么样建设越南特色社会主义的问题；强调马列主义与本国、本民族的实际相结合，突出胡志明思想；重申越南共产党是越南社会主义建设的领导者，重申了越南共产党的工人阶级本质；充分肯定越共六大所提出的革新开放政策和革新开放以来所取得的成就，强调要继续坚持革新开放政策，提出"发展社会主义定向的、由国家管理的、按照市场机制运行的多种成分的商品经济"[③]。

1996 年，越共八大召开，主要内容是：第一次全面、系统地总结了越南革新开放的经验教训；宣布越南已经摆脱经济社会危机，进入社会主义过渡时期的新阶段；强调要牢牢坚持革新开放路线，对进一步推进革新开放各项事业做了部署；确定"长期坚持实行发展多种成分的商品经济"，同时强调不能远离社会主义的目标，不能偏离社会主义方向。

---

① 韦国善、李艳：《马克思主义越南本土化的胡志明思想成果探究》，《广西民族师范学院学报》2014 年第 2 期。

② 〔越〕双成著，谭志词译：《胡志明思想的概念和体系》，《东南亚纵横》（季刊）1995 年第 2 期。

③ 靳昆萍等：《东南亚社会主义的历史、现状及发展趋势》，社会科学文献出版社 2014 年版，第 21 页。

2001年4月，越共九大正式提出“社会主义定向的市场经济”的概念，并确定社会主义定向的市场经济是越南社会主义过渡时期的总体经济模式。越共九大政治报告不仅对什么是社会主义定向的市场经济做了界定，而且阐释了社会主义定向的市场经济的特征和发展社会主义定向的市场经济的目的。该报告首次提出越南社会主义过渡时期各阶段、阶层和各民族的共同目标，明确提出工人、农民和知识分子联盟基础上的全民大团结是国家发展的动力，提出了越南共产党在社会主义过渡时期工业化、现代化阶段的经济路线，确定了越南21世纪的发展战略和目标。

2006年4月，越共十大召开。大会对什么是越南特色社会主义和怎样建设越南特色社会主义做了新的表述。大会指出：“我国人民建设的社会主义社会是一个民富国强、社会公平、民主文明的社会；人民当家作主；依靠现代生产力和与生产力发展水平相适应的生产关系，经济高度发展；文化先进，民族特色浓厚；人民脱离压迫和不公，生活温饱、自由、幸福、全面发展；越南各民族平等、团结、互帮互助、共同进步；是一个在共产党领导下的、属于人民、来自人民、为了人民的社会主义法权国家；与世界各国人民建立友好合作关系。”[①]“为了走上社会主义，我国必须发展社会主义定向的市场经济；促进工业化、现代化；建设以富有浓厚民族特色的文化为社会精神基础的先进文化；建设社会主义民主，实行民族大团结；建设属于人民、来自人民、为了人民的社会主义法权国家；建设纯洁、坚强的党；牢牢维护国防和国家安全；积极主动融入国际经济。”[②]大会对越南共产党的性质做了新的界定，指出“越南共产党是工人阶级的先锋队，同时是劳动人民和越南民族的先锋队，忠实代表工人阶级、劳动人民和民族的利益”[③]。越共十大政治报告首次明确指出，越南共产党党员可以在遵守法律、执行国家政策、严格遵守党章和中央的具体规定的基础上从事私营经济，包括私人资本经济。大会还提出要把推进工业化、现代化与发展知识经济结合起来，实现基本公共服务均等化，不断提高党的领导能力和战斗力等要求与主张，并强调要坚持社会主义方向，继续完善社会主义定向市场经济。

① 《越南共产党第十次全国代表大会文件》，（越南）国家政治出版社2006年版，第6页。

② 《越南共产党第十次全国代表大会文件》，（越南）国家政治出版社2006年版，第8页。

③ 《越南共产党第十次全国代表大会文件》，（越南）国家政治出版社2006年版，第23页。

2011 年 1 月，越共十一大召开。大会指出：越南共产党的正确领导是决定越南革命成功的决定性因素。要牢固掌握并创造性地运用马克思列宁主义和胡志明思想，不断丰富理论知识。在总结越共执政经验时，放在第一位的就是坚持革新路线，与时俱进的发展马列主义和胡志明思想[①]。越共十一大还对党的革新事业经验进行了总结，即在任何情况下都要坚持党的革新路线和目标，创造性地运用马列主义和胡志明思想以及坚持民族独立和社会主义目标。大会通过的《社会主义过渡时期国家建设纲领》（2011 年补充和发展）更加全面系统地回答了什么是越南特色社会主义和怎么样建设越南特色社会主义的问题，纲领写到："我国人民建设的社会主义是这样一个社会：民富、国强、民主、公平、文明；由人民当家作主；建立在现代生产力和与之相适应的进步的生产关系基础之上高度发展的经济；具有浓郁民族本色的先进文化；人民过着温饱、自由、幸福的生活，有条件获得全面发展；各民族平等、团结、互相尊重和帮助，共同发展；建立了在共产党领导下的属于人民、来自人民、为了人民的社会主义法权国家；与世界各国建立友好合作关系。"[②]纲领强调，越南要贯彻落实八个主要任务：一是大力推进国家工业化、现代化，同时重视发展知识经济、保护资源及环境；二是发展社会主义定向市场经济；三是打造充满浓郁民族特色的先进文化，提高人民生活水平，实现社会平等进步；四是确保国防安全和社会治安秩序；五是履行独立自主、和平友好、合作发展和积极主动融入国际社会的对外政策；六是建立社会主义民主制，实现民族大团结，增强及扩大民族统一阵线；七是建立属于人民、人民当家作主、为人民服务的社会主义法权国家；八是建设强大和廉洁的越南共产党。越共十一大确立了经济社会发展新理念，据大会通过的《2011—2020 经济社会发展战略》，新一届越共领导集体将继续坚持以经济建设为中心，坚持五个发展理念；坚持快速发展和可持续发展相结合；坚持经济革新与政治革新相结合；坚持以人为本；坚持发展生产力和完善生产关系相结合；坚持经济独立自主与扩大开放相结合。[③]战略强调："充分发挥人的因素，把人民作

---

① 〔越〕阮维程、杨晓光：《越共十一大与建设越南特色社会主义》，《党政干部学刊》2013 年第 11 期。

② 靳昆萍等：《东南亚社会主义的历史、现状及发展趋势》，社会科学文献出版社 2014 年版，第 31—32 页。

③ 褚浩：《越共十一大：深化革新开放》，《国际资料信息》2011 年第 2 期。

为国家发展的主体、基本力量和目标”，“提高科技水平，发展生产力，完善社会主义市场经济体制中的生产关系”。要特别注意解决好以下八大关系：革新与稳定发展、经济革新与政治革新、市场经济与社会主义定向、发展生产力与逐步完善社会主义生产关系、经济增长与文化发展及社会公平、社会主义建设与保卫社会主义祖国、独立自主与对外开放、党的领导及国家管理与人民当家作主的关系。[①]

2016年1月，越共十二大召开，报告的主要内容包括：对国际局势和时代特征的总体认识和判断；对越共十一大以来过去五年以及自1986年以来革新30年的成就和不足进行总结；确定未来五年越南政治、经济、文化、社会、教育、国防、安全、外交、党的建设等各个领域的发展方向等。报告指出：30年革新取得的成就不可否认，充分证明越南共产党把马克思列宁主义创造性地运用于越南的实践、走社会主义道路是正确的，因此，今后越南将继续沿着社会主义道路发展，继续创造性地运用和发展马克思列宁主义，坚持胡志明思想，推进越南社会主义定向的革新事业。

越共中央明确提出建设和完善社会主义定向的市场经济是越南经济体制改革的目标，即增加了“完善”二字，同时统一了越南对社会主义定向的市场经济的各种组成部分、市场的地位、国家的地位、人民的地位以及在发展过程中实现社会进步和公平目标的认识。报告提出：“越南社会主义定向的市场经济是完全和同步按照市场经济规律运行的经济体制，同时保证社会主义的方向与国家的每个发展阶段相符合。它是现代且融入国际的市场经济体制，在社会主义法权国家的管理下、由越南共产党领导，旨在实现‘民富、国强、民主、公平、文明’的目标；具有与生产力发展水平相符的进步的生产关系；它有多种所有制形式、多种经济成分，其中国家经济占主导地位，私人经济是经济的重要动力；各种经济成分的主体是平等的，按照法律进行合作和竞争；市场在有效调配资源方面发挥主要作用，是解放生产力的主要动力；国家的资源要根据战略、规划和计划并按照市场机制进行分配。国家发挥定向、建设和完善经济体制的作用，创造平等、透明和良好的竞争环境；通过使用国家资源、各种工具和政策来定向调节经济，推动生产经营和环境

① 褚浩:《越共十一大：深化革新开放》,《国际资料信息》2011年第2期。

保护；在发展的每一个过程和每一项政策中，都要落实社会进步和公平，在经济社会发展过程中发挥人民的当家作主的作用。”①

越共十二大报告的主题集中体现了今后五年越南发展的总体目标和方向：加强建设纯洁坚强的党，提高党的领导能力执政能力和战斗力，建设牢固的政治系统；发挥全民族和社会主义民主的力量；全面同步推动革新事业；快速和持续发展经济，为早日把越南建设成为面向现代化的工业国奠定基础。具体来说，政治上，加强党的领导，继续把建设社会主义法权国家作为政治系统革新的中心任务；建设精简廉洁坚固的国家机构；完善法律系统，推动行政和司法改革，提高干部公务员的素质和能力以胜任工作任务的要求，发扬民主，加强责任纪律和纪纲；加大反对贪污腐败和浪费以及反对官僚主义社会弊端和犯罪的斗争力度；完善社会主义民主，发挥人民当家作主的权利，不断巩固和弘扬民族大团结精神，加强社会共识；继续革新祖国阵线和各社会组织的活动内容及方式。经济上，继续完善社会主义定向的市场经济体制，继续革新增长方式，要在保持宏观经济稳定的基础上，使经济增长速度高于前五年；重新调整经济结构，大力推动工业化和现代化；重视农业和农村的工业化和现代化，使之与建设新农村相结合；发展知识经济，提高各行业的科技水平，提高经济的效能、质量、效果和竞争力。文化与社会管理体制上，强调弘扬越南民族文化，扩大社会民主，加强社会监督，落实好民知、民议、民办、人民检查、人民监督的方针，并使之体制化，同时提高人民生活水平。②

越共十二大报告提出，今后需要继续贯彻和处理好九大关系，即：革新稳定与发展的关系；经济革新与政治革新的关系；遵守市场规律与保证社会主义定向的关系；生产力发展与建设和逐步完善社会主义生产关系的关系；政府与市场的关系；经济增长与文化发展实现社会进步和社会公平的关系；建设社会主义与保卫社会主义祖国的关系；独立自主与融入国际的关系；党的领导、国家管理和人民作主之间的关系。与越共十一大相比，这九大关系有两点变化：一是把市场经济与社会主义定向的关系修改为遵守市场规律与保证社会主义定向的关系，即强调了市场规律；二是越共十二大提出的处理

① 潘金娥:《越共十二大提出革新发展“九大关系”》,《中国社会科学报》2016 年 3 月 31 日。

② 潘金娥:《从越共十二大看越南革新的走向》,《当代世界与社会主义》(双月刊)2016 年第 1 期。

好“政府与市场的关系”，是在十一大报告总结的八大关系的基础上多出的一对关系。不难看出，这借鉴了中共十八届三中全会的提法。[①] 从上述九大关系中可见，越南继续把处理好改革和稳定的关系放在首要位置，继续重视经济建设，强调理顺经济改革与政治改革、发展生产力与完善生产关系、市场与政府、对外开放与独立自主的关系。[②]

2020 年 10 月，越共十二届中央委员会第十三次全体会议召开。会议的主要内容有：越共十二届中央委员会讨论提请越共十三大审议的各文件草案，对实施越共十二大的决议 5 年、实施《社会主义过渡时期国家建设纲领》（2011 年补充、发展案）、2011—2020 年经济社会发展战略 10 年所取得的结果和成就、存在的不足和所提出的经验教训进行分析、评价。

越共十三大的文件草案从大会主题、指导观点、总体目标到发展方向、重心任务、战略突破等呈现了新的亮点。越共十三大文件草案强调不仅要“坚持和运用”而且还需要创造性发展马克思列宁和胡志明思想，需把经济社会发展为核心、党建为关键，发展文化为社会的精神基础，国防安全保障的重要和经常的任务；确定了未来一段时期越南发展的总体目标，即全面和同步推进工业化、现代化、牢牢捍卫国家、维护和平和稳定环境的事业，力争到 21 世纪中期，国家发展成为朝着社会主义定向的发达国家。确定了具体目标是到 2025 年发展成为现代工业、超越中等偏下收入水平的发展中国家，2030 年建党 100 周年之际，成为现代工业、中等偏上收入的发展中国家，到 2045 年新中国成立 100 周年之际成为高收入的发达国家。报告草案还明确指出要继续遵守市场规则与确保社会主义定向之间的关系；国家、市场与社会之间的关系；经济增长与文化发展、社会公平与进步、环境保护等问题之间的关系；同时补充一些新关系，如加强法制、发扬民主、维护社会秩序之间的关系等。总的来说，越共十三大文件草案的核心内容。是以到 21 世纪中叶建成社会主义发达国家为目标建设一个繁荣与幸福的越南。

从越共十三大相关文件草案可以看出，越共十三大将会坚持既定方向继续走社会主义革新发展道路，坚持共产党的领导，发展“社会主义方向市场经济”，追求现代化发展目标。越共中央总书记、国家主席阮富仲在十三大文

① 潘金娥:《越共十二大提出革新发展“九大关系”》,《中国社会科学报》2016 年 3 月 31 日。

② 潘金娥:《从越共十二大看越南革新的走向》,《当代世界与社会主义》(双月刊)2016 年第 1 期。

件起草小组第一次会议讲话时强调，越共十三大将为越南指明未来发展方向，动员全党、全军和全民继续全面推进革新开放事业，推动国家快速和可持续发展，保持民族独立，保卫国家安全，力争至2030年建成现代化取向的工业国，至2045年成为社会主义现代化工业化国家，实现把越南建设成为一个民富、国强、民主、公平、文明的社会主义国家的发展目标。[①]

3. 越南的革新开放

为了有别于中国，越南把自己对经济体制的一系列改革称为“革新”。实际上越南的“革新”所做的就是根据中国改革开放的经验，结合越南本国的特色而进行的一系列越南特色的改革。[②]1986年召开的越共六大标志着越南社会主义革新开放的起点。越共六大根据列宁过渡时期理论，结合越南国内情况和国际经验，认为革新开放是适应形势的要求，是社会主义国家的必由之路，也是关系到越南生死存亡的大事。越共六大和随后的七大对“革新开放”进行了科学定位，提出的“革新开放”理论包括：发展经济与加强法制是越共社会主义建设理论的重要革新内容[③]；法律、道德、思想、民智是越南共产党的社会主义建设理论的革新要素，是越南特色社会主义建设稳定发展的基本条件；公平、平等、民主、文明是越南社会主义建设理论的价值坐标，也是越南特色社会主义建设的基本目标。越共七大还提出了社会主义建设的基本方向，即充分实现民主权利，严格社会法纪，不断提高社会劳动生产率并改善人民生活，促其知识、道德、体力和审美水平的日益提高。

在中共改革开放巨大成就的影响下，1996年召开的越共八大和2001年召开的九大主要涉及经济政策。这些政策的制定为活跃越南经济、推动越南的快速可持续发展提供了科学指南。（1）明确提出了“发展社会主义定向的市场经济”的理论。在中共十四大建设社会主义市场经济理论的影响下，越共八大提出了“发展社会主义定向的市场经济”的理论，“发展社会主义定向的

---

① 于向东：《从越共十三大筹备工作看越南政治发展走向》，《当代世界社会主义问题》2020年第2期。

② 陈江生、毛惠青：《越南经济的革新及发展前景》，《中共石家庄市委党校学报》2007年第7期。

③ 越南共产党：《第八次全国代表大会文件》CTQG，1996年。转引自〔越〕阮文泰、沈其新：《越南共产党对社会主义建设道路的探索与革新》，《马克思主义与现实》2010年第4期。

市场经济”是向社会主义过渡历史进程中的重要阶段，其目标是，到2020年“把我国建成具有现代物质技术基础、合理的经济结构、适应生产力发展水平的先进的生产关系、高水平的物质精神生活、国防安全稳定、民富国强、社会公平和文明的工业国家”[①]。届时，生产力将达到相当现代化水平，大部分手工劳动为机械劳动取代，基本实现全国电气化，社会劳动生产率和生产经营效益比现在大大提高，国内生产总值比1990年增加8倍至10倍。在经济结构方面，农业继续大力发展，但工业和服务业将占国内生产总值和社会劳动总量的较大比重。生产关系方面，所有制度、管理制度和分配制度互相结合，国有经济实现主导作用，同合作社经济一起成为经济发展的基础。个体经济、小业主经济等占相当的比例，国家资本主义经济以不同的形式存在。（2）明确“社会主义定向的市场经济”建设时期是一个直接过渡到社会主义的漫长阶段。越共九大指出，越南的前进道路是不经过资本主义而直接过渡到社会主义：“不经过资本主义制度的社会主义建设，使社会各个领域发生质的变化，这是一项十分艰巨和复杂的事业，必然要经过一个漫长的拥有多个路段的具有过渡性的多种经济、社会组织形式的过渡时期。在社会生活的各个领域，新与旧相互渗透、相互斗争。”[②]

越共认为，“革新开放”的重要目标是推进越南社会的全面发展。因此2006年召开的越共十大强调：“要使经济目标跟社会目标相协调，就要在国家范围内，在各个领域和地方实现社会进步和社会公平，逐步实现每个政策的人性化发展，从而达到权利和义务、贡献和享受的对等与统一，推动社会经济的发展。”[③]（1）革新开放是发展社会主义社会和实现社会主义目标的重要动力。越共十届十中全会的报告认为：越共七大通过的《社会主义过渡时期的国家建设纲领》具有重大的理论、政治、思想和实践指导价值。自从七大以来，越共先后对纲领的许多方面进行了补充和发展，在基本问题上逐步形

① 越南共产党:《第八次全国代表大会文件》CTQG，1996年。转引自〔越〕阮文泰、沈其新:《越南共产党对社会主义建设道路的探索与革新》,《马克思主义与现实》2010年第4期。

② 越南共产党:《第九次全国代表大会文件》CTQG，2001年。转引自〔越〕阮文泰、沈其新:《越南共产党对社会主义建设道路的探索与革新》,《马克思主义与现实》2010年第4期。

③ 越南共产党:《第十次全国代表大会文件》CTQG，2006年。转引自〔越〕阮文泰、沈其新:《越南共产党对社会主义建设道路的探索与革新》,《马克思主义与现实》2010年第4期。

成了一个关于社会主义和越南特色社会主义道路的理论体系。当前，世界和国内形势发生了重大而深刻的变化，出现很多新的问题需要作出回答，因此越共十大作出决定，要继续对该纲领进行研究、补充和发展，把它作为党、国家和人民走向社会主义进程的政治思想基础。（2）强调加强社会主义精神文明建设。社会的全面发展是由人实施的，因此社会的全面发展的第一问题就是人的发展。越共八大提出的第一项任务就是建设越南人的爱国精神，实现民族自强，改变国家贫困、落后的局面；同时，与世界人民相互团结，维护和平，争取独立，为民主与社会进步的事业而斗争。（3）强调培养青年的越南人格价值。越共十大报告再次强调："建立与完善越南人格价值，保护和发挥民族本色在工业化现代化和融入世界经济当中的作用。培养青年，特别是学生的文化价值、理想、生活方式、能力知识和美好道德以及越南人的本领"①。

越共十大对社会主义和走社会主义道路的认识更加明确，指出社会主义是一个民富、国强、社会公平、民主、文明的社会，是人民当家作主的社会，是全面发展的社会，是实现越南各族人民平等、团结、相互帮助、共同进步的社会。越共制定的社会全面发展理论将前期的革新开放理论由经济领域推进到了精神文明建设领域，是对越南社会主义革新开放理论的发展。②

越共十一大提出《2011—2020年经济社会发展战略》，要求政治改革和经济改革同步进行，"重点是完善社会主义方向市场经济体制、革新党的领导方式、建设社会主义法制国家、将扩大党内民主、社会民主与加强纪律和纲纪相结合"③。越共十一大对党的革新事业经验进行了总结，即在任何情况下都要坚持党的革新路线和目标，创造性地运用马列主义和胡志明思想以及坚持民族独立和社会主义目标；重视有效增长及可持续发展，提高经济增长质量和效益，保持宏观经济的稳定；关注经济增长与社会进步和公平相配合；在政

① 越南共产党：《第七次全国代表大会文件》CTQG，1987年。转引自〔越〕阮文泰、沈其新：《越南共产党对社会主义建设道路的探索与革新》，《马克思主义与现实》2010年第4期。

② 〔越〕阮文泰、沈其新：《越南共产党对社会主义建设道路的探索与革新》，《马克思主义与现实》2010年第4期。

③ 关巍：《越共十二大理论动态》，《理论月刊》2016年第3期。

治、思想和组织方面注重建设党和巩固党，关注发挥民主与加强纪律相结合，保持民主集中、加强与人民密切关系、尊重和发挥人民的作主权益、依靠人民来建党的原则；领导和指导工作应敏锐、灵活、坚决、创新，符合国家实际情况；加强宣传工作，发挥政治体系和全社会的力量。[①] 经济结构的调整应着力推动经济增长方式从粗放型向集约型转变。政治革新方面，在推进党内民主上有新的尝试，包括推动基层党代会直选，进一步推动领导班子年轻化，扩大差额选举比例。党建方面，提出继续革新、健全党的组织机构和政治系统，提高党员素质；继续下大力气同步革新干部工作；革新和提高党的检查、监督水平；继续革新党的领导方式。[②]

越共十二大报告提出，革新30年来，越南在建设社会主义和保卫社会主义祖国道路上取得了具有重大历史意义的成就。越南已经从经济社会危机和最不发达状态中走出来，成为一个中等收入的发展中国家，并且正在大力推进工业化和现代化，积极融入世界。经济增长较快，社会主义定向的市场经济体制逐步形成；政治和社会稳定，国防和安全得到加强；文化和社会有所发展，国家的面貌和人民的生活发生了很大的变化；社会主义民主得到弘扬并且日益发展；民族大团结得到巩固和加强；党的建设、社会主义法权国家和整个政治系统的建设正在大力推进；国家各个方面的实力都得到提升，独立、主权、统一、领土完整和社会主义制度得到保障；对外关系日益扩大并且向纵深发展，越南的国际地位和威信得以提高。这些成就，为越南今后继续推进革新和发展奠定了重要前提条件，肯定了党的革新路线的正确性和创造性，证明了越南走社会主义道路符合本国的实际和历史发展趋势。

越共十二大报告总结了革新成功的主要经验。主要包括五点：第一，在革新的过程中，始终坚持民族独立和社会主义的目标，创造性地运用马克思列宁主义和胡志明思想，继承和弘扬民族传统，吸收人类文明的精华，根据越南的情况来借鉴国际经验，并在此基础上不断创新。第二，革新必须始终贯彻“以民为本”的观点，为了人民的利益，依靠人民，发挥人民当家作主

① 陈元中、蒙夺、罗虹:《越南共产党十一大的理论创新》,《当代世界与社会主义》(双月刊)2011年第4期。

② 褚浩:《越共十一大：深化革新开放》,《国际资料信息》2011年第2期。

的作用、负责任的精神、创造力和全部力量，发挥全民族团结力量。第三，革新必须全面、协调、有步骤；要尊重客观规律，从实践出发、紧跟实践、重视实践总结和理论研究工作，集中、及时、有效地解决在实践中出现的各种问题。第四，必须把国家利益和民族利益置于最高位置；坚持独立自主，同时在平等互利的基础上主动而积极地融入国际；把弘扬民族力量和时代力量相结合，把建设和保卫越南社会主义祖国相结合。第五，党必须经常自我革新，自我整顿，旨在提高党的领导能力和战斗力；要培养干部队伍，尤其是战略干部队伍，使之具有胜任工作的足够的能力和品质；要提高国家机构、祖国阵线、各政治社会组织及整个政治系统运作的效力和效果；增强与人民的密切联系。①

越共十三大文件草案肯定了越南 2011—2020 年经济社会发展战略 10 年所取得的成就是全党、全民和全军在多个任期内的不断努力过程中取得的结果和创造力的结晶产品；这些巨大成就对越南 35 年革新开放具有重要历史意义。越共十三大在越南已实施革新事业 35 年，落实 1991 年颁布的《社会主义过渡时期的国家建设纲领》30 年，实施 2011—2020 年经济社会发展战略 10 年，面向 2030 年越南共产党建党 100 周年、2045 年越南成立 100 周年的背景下举行，将成为一个重要的里程碑，鼓励和动员全党、全民、全军继续全面推进革新事业，带动国家快速可持续发展，实现民富、国强、民主、公平、文明目标，坚定不移地走向社会主义。②

二、老挝马克思主义理论的发展与成果

（一）老挝人民革命党的革命历程

老挝人民革命党成立于 1955 年 3 月 22 日，原名老挝人民党。1972 年 2 月老挝党二大时，改称现名。1975 年 9 月公开，同年 12 月执政。

老挝人民革命党前身是 1934 年 9 月建立的印度支那共产党老挝地方委员

① 潘金娥:《从越共十二大看越南革新的走向》,《当代世界与社会主义》(双月刊)2016 年第 1 期。

② 越共中央总书记、国家主席阮富仲 2020 年 4 月 26 日发表有关越共十三大人事准备工作的署名文章《越共十三大人事准备工作中极为重要的若干问题》,《越南共产党电子报》2020 年 4 月 27 日。

会。1940年开始领导老挝的抗日斗争。1945年8月，领导老挝人民起义，同年10月12日老挝宣布独立。1946年起领导老挝抗法战争。1955年3月22日，老挝人民党成立，领导老挝军民进行抗美救国战争。20世纪60年代至70年代中期，老挝进入全面内战状态。①1975年5月，老挝人民革命党利用有利时机，开展群众性夺权斗争，相继建立了各级革命政权，并于1975年12月2日召开第一届全国人民代表大会，宣告废除君主制，建立老挝人民民主共和国。老挝人民革命党开始公开执政。②

（二）老挝的社会主义建设实践

老挝人民革命党自觉运用马克思主义国家学说和政党学说，对社会主义建设规律进行了艰苦卓绝的探索，对社会主义的认识不断深化。老挝党二大提出要“为老挝不经过资本主义发展阶段而直接进入社会主义准备一切必要的条件”，但在二届三中全会之后的社会主义的改造时期犯了急躁、冒进的错误，实施了一系列过左的政策，使老挝的经济陷入困境。③

1982年4月召开的老挝党三大和1984年8月召开的三届六中全会都对老挝的国情有了新的认识。认为老挝的经济总的来讲是“自然性质的、自给自足的小农经济”，“从小农经济过渡到社会主义的道路是漫长的、极其复杂和极其艰苦的”。“政府要发挥资本家私有经济积极的一面”，“利用他们的资金、技术和管理经验，为社会主义建设服务。”同时再次强调要巩固和发展社会主义经济成分。凯山·丰威汉首次提出：“通过国家资本主义形式，将自然、半自然经济转变为商品经济。”自二届七中全会以后，老挝人民革命党推出一系列的调整措施，如进行价格、工资、货币等改革，放宽私商经营范围等。自1984年起，逐步解散农业合作社，开始进行家庭承包试点。④1986年11月，在总结正反两方面经验教训之后，老挝党四大对建国以来社会主义建设中出现的问题进行了深刻反思，在理论和实践上对社会主义本质和基本国情做出

① 靳昆萍等：《东南亚社会主义的历史、现状及发展趋势》，社会科学文献出版社2014年版，第56页。

② 中共中央对外联络部《各国共产党总览》编辑委员会：《各国共产党总览》，当代世界出版社2000年版，第74—76页。

③ 陶红：《老挝人民革命党对社会主义的认识与实践》，《当代世界社会主义问题》1999年第1期。

④ 陶红：《老挝人民革命党对社会主义的认识与实践》，《当代世界社会主义问题》1999年第1期。

了重新分析，并顺应新的历史潮流，提出实行革新开放政策。1991 年召开的五大实事求是地评价了纠正“左”的错误五年来的成就与不足，重申坚持有原则的全面革新开放路线，并把全面革新开放写入党章。五大强调的“有原则”，就是要以马列主义为思想理论基础，充分认识基本国情，不偏离社会主义道路；“全面”就是革新不仅进行经济革新、也要进行政治革新、社会文化革新，还要扩大对外交流与合作。①1996 年 3 月，老挝党六大提出党在新时期的主要任务是加强党的领导，团结人民，坚持革新开放，鼓励多种经济成分在市场经济体制下全面发展。②

2001 年 3 月，老挝党七大再次明确在经济上坚定不移地发展社会主义市场经济。七大决议向全党和全国人民提出了新任务：加强党内和全国人民的团结一致，发扬爱国主义、独立自主、自立和自强的精神，继续有力地推动革新开放，促进发展；全党全国人民要把发展经济建设作为中心任务。强调在政治上、组织上、思想上、领导作风上加强党的建设，提出要建设思想政治成熟稳定的党，提出要加强党的建设，巩固党的领导地位。③

2006 年 3 月，老挝党八大提出了实现 2010 年奋斗目标的总方针总任务：加强党内团结统一和全国凝聚力，积极争取外部合作，巩固和建设国有经济和集体经济，积极发展家庭经济，发展教育、卫生和文化事业，继续巩固政治体制，建设廉洁和坚强的党，抓好基层建设。④

2011 年 3 月，老挝党九大提出，过去的五年中，虽然国际环境风云变幻、困难重重，但在多方面取得了成功，国民经济基础稳定，完成了八大制定的目标。老挝人民革命党中央在继续坚持政治体制上革新创新、外交上执行多元化的扩大开放政策外，根据国际地区形势发展趋势，结合老挝本国国情，制定出了老挝七五社会经济发展规划及措施，以此确保老挝社会经济的健康快速发展。⑤

2016 年 1 月，老挝党十大顺利实现新老交替，组建了“老中青相结合”

---

① 方文:《老挝人民革命党第十次全国代表大会评述》,《学术探索》2016 年第 3 期。

② 郑国材:《老挝人民革命党六大纪实》,《当代世界》1996 年第 6 期。

③ 王蓉霞:《国际关系视角下老挝选择社会主义制度的必然性》,《中北大学学报》2010 年第 3 期。

④ 靳昆萍等:《东南亚社会主义的历史、现状及发展趋势》，社会科学文献出版社 2014 年版。

⑤〔老〕坎鲁翁:《老挝革新开放以来取得的成就及发展前景》,《东南亚南亚研究》2011 年第 3 期。

的领导班子，新一届中央委员新老交替力度大，体现了知识化、年轻化的特点，体现了老挝党对加强后备力量的高度重视，有利于稳步推进老挝党现有各项路线方针政策。大会强调继续坚持有原则的全面革新路线，提出七条任务：一是根据可持续方针发展国民经济。二是视人力资源开发为国家发展的决定性因素，推动社会治理和发展创新，建设文明、公正社会。三是建设稳固的人民民主法治国家，确保行政管理公平有效，继续执行关于把省建成战略单位，把县建成全面坚强单位，把村建成发展单位的战略指导方针。四是加强各族人民团结和睦。五是坚持深入彻底执行全民全面国防治安路线，积极建设稳固、坚强、现代化的人民革命武装力量。六是始终坚持和平、独立、友好、合作的外交路线，主动融入国际和地区一体化进程，为建设东盟共同体作出积极贡献。七是加强党的领导能力、战斗力和先进性。大会分析了国内外形势，明确提出了中长期奋斗目标，进一步明确了发展思路，强调今后几年要加强可持续发展：一是继续完善社会主义方向的市场经济体制，发挥各种经济成分以及多种所有制和分配方式的作用，强调发挥市场在资源配置中的主要作用。二是大力推动国民经济发展，实现经济、社会、环境协调可持续发展，确保宏观经济稳健。三是推动绿色农业与加工业相结合，重点发展集约农业，出台合理政策保护和鼓励农业生产。四是全面解决群众贫困问题，继续根据新农村发展方针，积极落实基层政权建设和农村全面发展战略举措。五是加强优势产业发展，确保发展有重点、有效益，符合现代化、环保要求。六是大力推动区域发展和城镇化，确保区域间、城乡间发展平衡。七是推动服务业和旅游业发展。八是鼓励创新和科技应用。九是加强自然资源管理和环境保护。十是积极参与国际一体化进程和地区分工，发挥地缘优势，成为次区域中心，建成国际标准铁路，发展运输业和物流业等。大会重申将继承一贯的对外政策，积极主动融入地区和国际一体化进程：强调继续坚持和平、独立、友好、合作的外交路线，在相互尊重独立、主权和互利共赢原则基础上，开展全方位、宽领域、多层次的对外合作。强调与中、越等社会主义战略伙伴国家发展传统友好、团结合作的关系，发展与周边各国、东盟各国、其他友好国家和国际组织的友好关系，并根据不同交往对象，出台各自专门战略。继续加强与世界进步政党的团结、合作与相互支持。加强在东盟共同体和其他次区域合作机制下的合作，提高竞争力，在东盟经济共同体和世界贸易组织框架下大力推动与国际经济接轨。大会强调今后将重点加强党建工作，首次将凯山·丰威汉思想作为党的指导思想。大会坦率指出党的领导工作中存在的问题，敦促出台合理举措，认真解决有关问题，确保今后更好地贯彻落实党的路线。大会强调要加强党的领导力、战斗力和先进性，建设政治上、思想上、组织上坚强的党，建设立场坚定、有革命道德和创新意识的党，建设领导作风科学、密切联系群众的党。大会明确了今后五年党建工作的重点：一是坚持建设政治稳固的党；二是不断提高党的思想理论工作的质量和成效；三是加强政治素养和革命道德修养，反对各种形式的个人主义和机会主义，坚决抵御“和平演变”，主动遏制内部“自我演变”；四是在正确和严格执行民主集中制原则基础上，确保各级党组织廉洁坚强；五是改进干部工作，力争实现人力资源开发新突破，把干部培养作为重点工作；六是改进党的领导作风，提倡科学、务实和民主的领导作风。研究建立形式多样的民主制度，包括党内民意测评、信任投票等；七是提高纪检工作效率和权威，把预防和打击腐败作为各级党组织的主要职责。①

（三）老挝的马克思主义理论的研究与发展

老挝人民革命党把马克思主义的基本原理和本国具体实际相结合，走上符合本国国情的革命建设和改革道路，对马克思主义本土化进行了理论探索，形成了丰富的本土化理论成果，为老挝建设具有本国特色社会主义、实行社会主义革新开放提供了科学的理论指导。

1. 坚持并发展马列主义，创立凯山·丰威汉主席的科学思想

老挝人民革命党在领导老挝革命和建设过程中，坚持把马列主义基本原理同老挝基本国情相结合，创立了凯山·丰威汉思想，实现了马列主义老挝化②。

老挝人民革命党一向重视强调坚持马列主义、走社会主义道路。凯山·丰威汉在一大的政治报告中强调，党必须把马列主义和老挝革命实践作为思想

① 王璐瑶:《老挝人民革命党十大规划党和国家未来发展》,《当代世界》2016 年第 3 期。

② 方文:《老挝人民革命党对社会主义的新探索》,《东南亚纵横》2017 年第 2 期。

基础和行动指南。[①]老挝党的三大在报告中指出："任何时候都要忠于马列主义，要把马列主义作为自己的思想基础和一切行动的指南。"[②]老挝人民革命党在四届八中全会上提出，仍要坚持马列主义是党的思想基础、坚持党的领导是一切胜利的决定因素、坚持在集中原则的基础上发扬民主、坚持增强人民民主专政的力量和效力、坚持真正的爱国主义和国际主义、强调社会主义是老挝始终坚持不渝的目标这"六项原则"。

后来召开的老挝党五大、六大、七大、八大都重申了"六项原则"，强调继续把马列主义普遍原理作为党的指导思想，吸收人类智慧的精华，按照本国实际运用各国的理论和经验，要加强党的组织、思想建设，维护革新路线，确保前进方向。九大继续强调要"坚持党的马列主义政党本质……继续坚持马列主义和社会主义理想，重视研究、把握马列主义基本原理"[③]。

1989年，老挝人民革命党专门批准成立了老挝社会科学委员会，其总任务是全面开展马列主义和哲学社会科学理论与实践研究，为党和国家制定路线方针政策提供科学依据。马列主义理论研究所主要负责研究马列主义理论方面的重大理论与现实问题。同时，老挝人民革命党积极发挥党报、党刊作为马列主义理论教育宣传的主阵地作用，对全党全社会进行正确的思想引导。老挝人民革命党还以民主生活会的形式自上而下进行全国性的整党，把马列主义理论学习研究落到实处。[④]

老挝人民革命党在坚持马列主义、走社会主义道路的同时，积极探索把马列主义的普遍原理运用于老挝的实践，创立了凯山·丰威汉思想。[⑤]老挝在社会主义改造时期，脱离本国实际、照搬照抄外国的做法着重变革生产关系、大抓社会主义改造，导致经济陷入困境。凯山·丰威汉意识到这一点后，在老挝党的三大政治报告中指出：要"有选择地吸收各兄弟党的经验，把革命理论运用于我国的具体情况，并据此确定正确的路线和富于创造性的革命方

① 方文:《老挝人民革命党的思想理论建设》,《社会主义论坛》2016年第12期。

② 吴彬康等主编:《八十年代世界共产党代表大会重要文件选编》，中国广播电视出版社1989年版，第289—290页。

③ 于洪君主编:《当代世界政党文献（2011）》，党建读物出版社2012年版。

④ 方文:《老挝人民革命党的思想理论建设》,《社会主义论坛》2016年第12期。

⑤ 莫放春:《老挝人民革命党意识形态建设的基本经验》,《当代世界与社会主义》（双月刊）2017年第6期。

法”[①]，三大同时提出“以马列主义为指导，建设思想、政治和组织三个方面坚强稳固的党”的党建方针。[②]凯山·丰威汉在党的四大政治报告总结十年以来的经验教训时指出：“目前，我国正处于过渡时期的初级阶段，为此，在各项经济活动中必须根据这个国情，善于运用客观规律，防止主观主义。”[③]四大提出了“有原则的全面革新”路线，凯山·丰威汉从理论上对此进行了论述：“党的路线不是从书本上抄下来的，而是要下功夫花力气，在掌握我国的国情、民情和社会历史等实际情况和基本特点后，经过研究、探索和思考制定出来的。只有这样，我们党才能正确地和创造性地运用马列主义的基本原理和兄弟国家的经验制定出路线，才不至于陷入教条主义。”[④]他还提出，在社会主义改造方面，老挝人民革命党最主要的缺点是“主观、急躁”，“企图一下子消灭各种非社会主义经济成分”。要客观地、清醒地估计本国的经济发展水平，了解当前社会的真实情况和基本点，要经常调查研究本国正处于进入社会主义的漫长道路上的“哪个阶段”。老挝正处于社会主义过渡时期，主要任务是为将来奠定社会主义基础，使社会主义能够健康发展。这个过渡时期将是长期的、复杂的和困难的，与其他社会主义兄弟国家相比，老挝的过渡时期会更长、更困难和更复杂。就党员队伍阶级斗争、觉悟先进性和各个方面的水平，尤其是管理水平还有一定的局限性，还存在小生产者的意识和受生产水平制约的思想作风的影响，凯山·丰威汉在四大政治报告中指出，党要特别重视对群众、党员和领导干部队伍的思想政治教育，开展理论学习是一个重要的举措。[⑤]凯山·丰威汉在五大政治报告中指出：“我国现阶段的生产力水平还很低，生产方式还很落后，要达到繁荣昌盛还需要经过漫长的阶段，从我国的实际情况和我们建立新制度的实践出发，并借鉴各国的经验，我们党确

① 吴彬康等主编：《八十年代世界共产党代表大会重要文件选编》，中国广播电视出版社1989年版，第280页。

② 方文：《老挝人民革命党的思想理论建设》，《社会主义论坛》2016年第12期。

③ 潘征峰、陈定辉、李韬译：《老挝人民革命党中央执行委员会向党的四大作的政治报告》1986年11月13日，《老挝人民报》，载于成都军区政治部联络部，云南省社会科学院东南亚研究所：《老挝问题资料选编1975—1986上》，云南省社会科学院东南亚研究所1987年版，第391页。

④ 吴彬康等：《八十年代世界共产党代表大会重要文件选编》，中国广播电视出版社1989年版，第296页。

⑤ 方文：《老挝人民革命党的思想理论建设》，《社会主义论坛》2016年第12期。

认，现阶段我国正处于继续建立和健全人民民主制度，为逐步进入社会主义创造各种条件的时期。”1995 年，时任党主席坎代·西潘敦在老挝人民革命党 40 周年庆典大会上指出：“1979 年老党二届七中全会从实践出发，通过摸索和学习、借鉴兄弟党及别国经验，开始产生了革新的想法，最终，这种想法演变成为指导革新事业的新思维体系、观点和原则。”[①]针对这种“新思维体系”，朱马里·赛雅颂总书记于 2015 年 3 月在人民革命党 60 周年庆典大会上称之为“凯山·丰威汉主席的科学思想”，并对其基本内容进行了界定：“1986 年以来，出于对形势的敏锐观察和对国情的了解，以及有选择地研究借鉴外国经验，以敬爱的凯山·丰威汉主席为首的老挝人民革命党，积极主动制定了有原则的全面革新路线。其中最根本的，就是重新确立国家发展道路，由直接进入社会主义转向继续建设和完善人民民主制度，为逐步向社会主义迈进创造各种条件。”[②]这条“全面革新路线”，最根本的就是确立了国家发展道路，由不顾本国国情照搬照抄苏联做法的“直接进入社会主义”转向根据本国历史发展特点“继续建设和完善人民民主制度”的路线。朱马里总书记提出，老挝人民革命党要积极主动和富于创新地运用马列主义理论，使之符合国家各时期实际情况和特点。他强调要坚持并忠于马列主义和凯山·丰威汉主席科学思想，坚定社会主义目标。[③]

2016 年 3 月召开的老挝人民革命党的十大首次把凯山·丰威汉思想与马列主义并列作为党的思想理论基础。老挝人民革命党的十大分析说，30 年来，老挝面临过诸如东欧剧变、经济全球化、新技术革命等巨大挑战，对老挝来说不啻是一次次濒临深渊的重大危机。每一次，老挝人民革命党在向何处去的重大历史关头，都灵活运用马列主义和凯山·丰威汉思想指导实践，坚持走革新开放路线，顺利渡过一个个难关。十大强调，党的思想理论建设始终是带动其他方面建设的根本，各级党员干部要不断加强马列主义特别是凯山·丰威汉思想的学习，广泛开展党史教育，坚持理论创新与联系实际相统一，保持全党在思想上、政治上、行动上的高度一致和党的先进性，反对思想意识多元化，坚定社会主义理想信念和发展方向不动摇。

---

① 张焕摘译:《坎代主席谈老挝人民革命党 40 年》,《当代世界》1995 年第 10 期。

② 郭亚洲:《当代世界政党文献（2015）》，党建读物出版社 2016 年版，第 257 页。

③ 王璐瑶:《老挝人民革命党对社会主义的认识与实践》,《当代世界》2015 年第 8 期。

2017 年 8 月，越南胡志明国家政治学院、越南社会科学翰林院、老挝国家政治行政学院及老挝国家社会科学院在老挝首都万象联合举行题为“胡志明思想与越南革命，凯山・丰威汉思想与老挝革命”的研讨会。会上越老两国 100 多名理论家、科学家及实践家作了 40 多个报告并提出许多意见，具体深入评价并分析了两国杰出领导人的思想，肯定了胡志明思想对越南革命以及凯山・丰威汉思想对老挝革命所作出的巨大贡献及其作用和意义。与会代表一致同意，上述四个机关乃至越老两国应在研究、宣传及教育胡志明思想与越南革命、凯山・丰威汉思想与老挝革命中加强学术分享与交流，旨在为当前新阶段革命事业提供服务。①

2018 年 12 月，老挝人民革命党中央政治局出台了《关于凯山・丰威汉思想研究工作的决议》(以下简称《决议》)。《决议》高度赞扬了凯山・丰威汉的丰功伟绩和历史地位，指出必须以马列主义为基础，全面、客观、有重点、持续地开展凯山・丰威汉思想研究，使党的指导思想理论体系不断丰富和完善。2020 年，在老挝人民革命党建党 65 周年和凯山・丰威汉诞辰 100 周年之际，老挝人民革命党中央总书记本杨・沃拉吉在不同场合多次强调，要进一步加强对凯山・丰威汉关于革命斗争、革新开放、人民群众路线思想及其政治品质的整体研究。十大以来，老挝人民革命党按照十大作出的“进一步推动马列主义、凯山・丰威汉思想成为全体人民的思想和行动基础”和“总结提炼凯山・丰威汉主席和其他领导同志思想观点”的部署要求，更加重视对凯山・丰威汉思想的研究，采取了一系列有效措施强力推进具体研究工作，把凯山・丰威汉思想研究推向了从未有过的历史高度。②

2. 老挝的革新开放

受中国和越南经济体制改革和对外开放政策的影响，老挝选择了渐进式经济转型模式。③ 由于紧邻有着良好关系的中国，其发展阶段又刚好比中国

① 越南人民军队报网:《题为“胡志明思想与越南革命，凯山・丰威汉思想与老挝革命”的研讨会在万象举行》2017 年 8 月 31 日，http://cn.qdnd.vn/cid-6153/7224/nid-542202.html.

② 方文、方素清:《老挝人民革命党十大以来社会主义发展的新态势》,《当代世界社会主义问题》2020 年第 2 期。

③ 保建云:《革新开放以来老挝经济增长特点及与中国和越南的比较分析》,《经济问题探索》2007 年第 10 期。

晚一个时期，中国经济改革的几乎所有经验和教训老挝都可以借鉴。[①] 老挝认为，改革开放是新时期发展社会主义、提高人民生活水平的必然选择[②]，老挝要以解除人民贫困为首要任务，通过革新开放“领导国家走出不发达国家的行列”，“改变落后的生活方式”[③]。

1986 年 11 月，老挝党四大提出：政府将进行一系列的政治经济改革，探索一条新的社会经济发展道路，由此拉开了老挝革新开放的序幕。1991 年 3 月，老挝党五大第一次完整地提出了国家建设的总方针、总任务，重申在党的领导下进行政治体制改革，提出了深化经济改革扩大对外开放发展商品经济的方针，强调要继续进行全面革新并制定了相应的政策。1996 年 3 月，老挝党六大总结了实施革新开放政策以来的经验教训，进一步修改和完善了政府实施全方位对外开放的方针政策和具体措施，重申继续贯彻执行五大确定的、有原则的全面革新路线，加强党的领导，继续坚持六项基本原则。[④]2001 年 3 月，老挝党七大肯定了执行革新开放政策以来老挝在各方面所取得的成就，同时也指出了存在的问题，再次明确在政治上老挝将继续坚持党的领导和社会主义方向，经济上实行社会主义市场经济、坚定不移地实施革新开放政策，提出了老挝人民革命党追求的目标，即：使老挝摆脱不发达的状况，将老挝发展为一个政治稳定、社会安定有序的国家，一个经济上保持快速持续稳步发展的国家。[⑤]

2006 年 3 月，老挝党八大回顾了 20 年来老挝实行的革新路线，并为革新政策注入了新的内容：以经济建设为中心，大力提高人民的物质和文化生活水平，争取实现年均 7.5% 的经济增长目标，基本解决贫困问题，争取到 2020 年脱离世界最不发达国家行列；加强党与人民团体的联系与合

---

① 陈江生、毛惠青：《老挝的经济改革与发展》，《中共石家庄市委党校学报》2007 年第 10 期。

② 齐英艳：《马克思主义在老挝发展的经验启示》，《思想战线》2015 年第 5 期。

③ 许梅：《柬埔寨老挝政治经济发展现状》，《东南亚研究》2002 年第 1 期。

④ 老挝人民革命党中央宣传部：《老挝人民革命党第六次代表大会政治报告》（老文版）1996 年 7 月，转引自〔老〕坎鲁翁：《老挝革新开放以来取得的成就及发展前景》，《东南亚南亚研究》2011 年第 3 期。

⑤ 老挝人民革命党中央宣传部：《老挝人民革命党第七次代表大会政治报告》（老文版）2001 年 6 月，转引自〔老〕坎鲁翁：《老挝革新开放以来取得的成就及发展前景》，《东南亚南亚研究》2011 年第 3 期。

作，遵循社会主义发展目标和世界发展趋势，抵制官僚腐败现象，防止敌对势力和平演变的企图，努力将老挝人民革命党建成一个纯洁强大和稳健的执政党。[①]

2011 年 3 月，老挝党九大顺利召开，九大政治报告指出：过去的五年在多方面取得了成功。国民经济基础稳定，党继续保持了自己的传统，仍然是领导全社会的唯一力量。老挝将继续进行革新事业，必须加强对国际形势发展趋势的预测和判断，主动抓住机遇应对挑战，真实掌握老挝国情，必须继续落实保卫国家和建设国家的两大战略目标，带领全国完成社会主义发展目标，着重发展社会主义市场经济，解决贫困问题，推进现代化和工业化进程，继续巩固农村基层发展建设，重视加强人才的培养，发展文化教育事业，在新时期为老挝社会创建新的精神物质文明，继续巩固执政能力，使之更加高效实用透明，提高服务人民的意识，继续落实全民国防治安路线，保证基层政治稳定，继续落实党的外交路线，在互利共赢的基础上扩大对外合作，发展多层次多方位的外交。[②]

2016 年 1 月老挝党十大召开，重申老挝人民革命党要以凯山·丰威汉思想为理论武装，进一步提升党的领导能力，发挥党的先锋模范作用，加强全民大团结，坚持革新开放的社会主义方向而不改向变道，捍卫社会主义制度而不改弦更张。[③] 大会认真回顾老挝革新 30 年历程，强调坚持“七条经验”：一是必须坚持党的有原则的全面革新路线，继续在坚持社会主义目标和国家独立的基础上，创造性地运用和发展马列主义理论、凯山·丰威汉思想；二是必须坚持以经济发展为中心，与社会发展、保护民族优秀文化和保护环境可持续发展相结合；三是持续大力推动基层政权建设和农村全面发展；四是坚持在党的领导下团结全国各族人民；五是提高各级党委领导贯彻落实党的路线方针政策的能力；六是提升党的领导作用和领导能力，发挥党员干部先锋模范作用和加强战斗力，坚决抵制党政机关和党员干

① 老挝人民革命党中央宣传部：《老挝人民革命党第八次代表大会政治报告》（老文版）2006 年 5 月，转引自〔老〕坎鲁翁：《老挝革新开放以来取得的成就及发展前景》，《东南亚南亚研究》2011 年第 3 期。

② 〔老〕坎鲁翁：《老挝革新开放以来取得的成就及发展前景》，《东南亚南亚研究》2011 年第 3 期。

③ 方文：《老挝人民革命党第十次全国代表大会评述》，《学术探索》2016 年第 3 期。

部队伍中出现的消极现象，确保党始终廉洁、坚强、稳固；七是始终坚持和平、独立、友好、合作的外交路线，积极主动融入地区和国际一体化进程。[①] 实践证明，“革新开放路线符合老挝经济社会的客观实际，符合老挝各族人民的愿望，成为坚持和巩固老挝人民革命党的领导和人民民主制度的重要因素”[②]。

三、马克思主义在泰国与菲律宾的影响与发展

1927 年，马克思列宁主义在泰国开始萌芽，1942 年 12 月 1 日，泰国共产党成立。20 世纪 60 年代，泰国共产党不断扩张。1965 年，泰国共产党开始对泰国政府发动武装斗争，20 世纪 70 年代，泰国成为东南亚继越南之后第二大的左派人士活动区域。但泰共内部的矛盾、国内政治经济局势、国际环境的变化让形势逐渐不利，泰国政府打击和安抚并行的政策对泰国共产党造成很大冲击。20 世纪 80 年代，泰国激进知识分子与泰共彻底决裂，泰共由此走向衰落。20 世纪 90 年代初期，随着冷战的结束和泰共不复存在，马克思主义在泰国鲜被提及。

20 世纪 50 年代，泰国主流马克思主义者掀起了“文艺为人民，文艺为人生”的进步文学运动，20 世纪 70 年代，“十月青年”掀起了泰国共产主义运动的最高潮。随后，泰国左翼知识分子在 20 世纪 80 年代后摒弃马克思主义，淡化意识形态立场，走上实用主义道路，但是以介尔兹为代表的知识精英开始重新反思马克思主义，甚至回到马克思主义阶级立场观点并自觉地运用其阶级分析方法。尽管他们为数不多，并非主流，甚至还遭到泰国传统政治势力的压制，但他们的存在不可忽视。介尔兹的重大突破和卓越贡献在于，他是自泰国共产主义运动消解以来第一个将马克思主义阶级斗争观点自觉运用于泰国当代社会矛盾分析的本土学者。在当代泰国面临重大的政

① 王璐瑶:《老挝人民革命党十大规划党和国家未来发展》,《当代世界》2016 年 3 月。

② 〔老〕朱马里・赛雅颂:《在庆祝老挝人民民主共和国成立 40 周年大会上的讲话》,《人民报》2015 年 12 月 3 日，转引自方文:《老挝人民革命党第十次全国代表大会评述》,《学术探索》2016 年第 3 期。

治危机与民主困境之际，以介尔兹为代表的泰国知识精英下意识地重新拾起马克思暹罗化留下的珍贵思想遗产，并对马克思主义进行审慎的反思和娴熟的运用。介尔兹在2007年著作《富人的政变：泰国政治危机》中，运用马克思主义阶级斗争学说和阶级分析方法，深刻揭露泰国社会矛盾的根源和本质，指出当代泰国各种政变本质上是一场又一场“对抗穷人的富人的政变”[①]。

菲律宾共产党于1930年11月7日正式宣布成立，曾在日本侵略时期带领本国人民为民族和国家独立作出过卓越贡献，之后由于美国支持的政府军打击以及本身的决策失误使得共产主义运动陷入低潮，1967年分为两派，其中一派于1968年12月宣布重建菲共（改用英文名：Communist Party of the Philippines），1969年3月在中吕宋建立了菲共武装——新人民军[②]，试图以武力推翻政府，冲突持续50余年。虽然菲律宾政府试图与菲共达成和解，但因种种原因未能成功。菲律宾总统杜特尔特于2017年2月4日宣布，政府将终止同菲共的和谈。[③]另一派沿用原菲共名称，该党自1974年同政府达成“和解”协议后，已没有什么实际活动。[④]

---

① 杜洁:《马克思主义在泰国的传播与影响研究》，中国社会科学出版社2017年版，第236页。

② 中共中央对外联络部《各国共产党总览》编辑委员会:《各国共产党总览》，当代世界出版社2000年版，第91页。

③ 新华社:《菲律宾总统杜特尔特宣布终止与菲共的和谈》，新华网2017年2月5日，http://news.xinhuanet.com/world/2017-02/05/c_1120411492.htm.

④ 中共中央对外联络部《各国共产党总览》编辑委员会:《各国共产党总览》，当代世界出版社2000年版，第813页。

第五章

南亚的马克思主义研究与实践

南亚地区地处亚洲南部，喜马拉雅山脉中、西段以南，自北向南包括七个国家，分别是：巴基斯坦、印度、尼泊尔、不丹、孟加拉、斯里兰卡、马尔代夫。国内关于这一地区的马克思主义研究主要集中于政党和运动领域，马克思主义理论研究涉及的比较少。在关于政党和运动领域的研究中，又集中于部分国家，如印度、尼泊尔等，其他国家涉及的也比较少。但这一地区马克思主义传播比较广泛，除马尔代夫外，其他六国均有共产党，但发展状况参差不齐，有些国家共产党执政或参政，有些国家共产党还未合法化。

一、南亚马克思主义研究与实践现状概述

（一）南亚马克思主义政党的理论主张

在南亚地区，各国共产党都有自己坚持的理论主张，如党的性质、政治目标、斗争道路等。随着理论研究的推进和各国共产党的发展，在关于如何坚持和发展马克思主义、科学社会主义，通过什么途径走向和建设社会主义等重大理论问题上，一些共产党内部产生分歧，最终导致南亚许多共产党不断分裂，力量涣散，也使这些国家难以应对形势突变的局面。南亚各国马克思主义政党在党的性质和政治目标上基本保持一致，大多是以实现共产主义为目标的工人阶级政党，但在指导思想和斗争道路上存在分歧。有些以马克思列宁主义为指导思想，如印度共产党、印度共产党（马克思主义）、尼泊尔共产党、孟加拉国共产党、斯里兰卡共产党；有些政党则以马克思列宁主义、毛泽东思想为指导思想，如印度共产党（毛泽东主义）、不丹共产党（毛主义）、不丹共产党（马列毛主义）。在革命道路上，有些政党选择议会斗争道

路，如印度共产党、印度共产党（马克思主义）、尼泊尔共产党、尼泊尔共产党（联合马列）、孟加拉国共产党、斯里兰卡共产党；而有些政党依旧坚持武装斗争，如印度共产党（毛泽东主义）、不丹共产党（毛主义）。

（二）马克思主义在南亚的实践概况

马克思主义在南亚得到了广泛传播和发展，各国共产党相继成立，在马克思主义的指导下，当地各国共产党领导人民反抗压迫，开展共产主义运动，成效显著，但各国实践状况也存在差别。印度共产主义运动历经曲折，先后成立四个共产党，迄今并肩共存，各自战斗。[①] 这四个共产党分别是印度共产党、印度共产党（马克思主义）、印度共产党（马克思列宁主义）、印度共产党（毛泽东主义）。1920 年 10 月 17 日印度共产党在苏联塔什干成立，选举穆罕默德·沙菲克·希迪奇为总书记。1925 年 12 月 26 日，在共产国际的推动下，分散于印度国内的各共产主义小组代表开会，成立了印共中央委员会。印共成立后，在争取民族独立，发动工人、农民争取自身解放的斗争中做了不少工作，1946—1951 年领导了特伦甘纳农民武装斗争，震惊了世界。1964 年 5 月，印度共产党分裂为以普查拉帕利·孙达拉雅为首的党和什里帕特·阿姆里特·丹吉为首的党，以孙达拉雅为首的党，1966 年 11 月改称印度共产党（马克思主义）。1965 年，印共（马克思主义）党内以西孟加拉邦邦委委员查鲁·马宗达为首的一些干部和党员在印度社会性质、革命形势和革命道路等问题上与该党中央发生分歧。1969 年 4 月 22 日，成立印度共产党（马克思列宁主义），推选马宗达为书记。在印共（马克思列宁主义）内部，毛泽东主义影响愈益增强，印度毛派组织纷纷涌现，先后多达几十个。其中，2004 年 9 月 21 日成立的印度共产党（毛泽东主义）是目前印度最大的毛派政党，影响深远。

1947 年 8 月，印度和巴基斯坦分治，1948 年 2 月 28 日召开的印共“二大”决定新独立的巴基斯坦另建巴基斯坦共产党。1948 年 3 月，加入巴基斯坦国际的原印度共产党员在加尔各答召开巴基斯坦第一次代表大会，选举萨贾德·查希尔为总书记。1959 年，东巴的党组织首先单独组建了东巴基斯坦共产党，1966 年 8 月西巴党组织在拉合尔成立了西巴基斯坦共产党，自此，巴

① 韩冰:《印度共产党（毛）的历史发展与现状》,《当代世界与社会主义》(双月刊)2007 年第 6 期。

共在东巴（现孟加拉国）和西巴分别建立了党中央。巴共由于屡遭镇压，一直处于非法状态，近年来未见其公开活动。

孟加拉国共产党原是巴共的东巴地区组织，成立于1948年3月6日，在1971年孟加拉国独立后改名为孟加拉国共产党。20世纪60年代，国际共产主义运动大论战中，东巴基斯坦共产党内部发生严重分歧，导致组织上分裂为东巴基斯坦共产党（马列）和东巴基斯坦共产党。孟加拉国独立后，东巴基斯坦共产党获得合法地位，更名为孟加拉国共产党。1993年6月，孟加拉国共产党又分裂为孟加拉国共产党和孟加拉人民论坛，其中孟加拉国共产党坚持马列主义和共产主义。

斯里兰卡共产党原名锡兰共产党，成立于1943年7月3日，克尼曼担任总书记，成立初期，积极开展反对英国殖民统治和争取民族独立的斗争。1952年锡兰独立后，锡共继续为劳动人民的权利而斗争，经过曲折的发展历程，1972年因国家改名而改称斯里兰卡共产党。

尼泊尔共产党是由参加印度共产党的尼泊尔人返回本国后于1949年9月15日成立的，创始人为普什帕·卡尔·施瑞斯塔。尼泊尔共产党成立后，1951年1月15日即发动群众运动反对印尼签订“得里协定”，在运动中相继成立党领导下的工人、农民、学生、妇女等群众组织。“由于受内部及外部因素的影响，尼共几经分裂合并，在高峰时期甚至一度分裂为数十个派别。当前尼泊尔政坛仍然存在大大小小十多个尼共派别，它们派别众多、山头各异，不论在组织规模还是实力上都能与尼其他政党一较高低，且数度上台执政。”① 当前尼泊尔政坛上有较大影响的主要是两个派别的共产党，“激进派”的尼泊尔联合共产党（毛主义）和“温和派”的尼泊尔共产党（联合马列）。

20世纪50年代，独立后的南亚各国，除巴基斯坦共产党处于非法地位外，其他共产党陆续进入公开合法的斗争状态。20世纪60年代，国际共产运动争论公开后，一直到20世纪70年代末80年代初，南亚各国共产党普遍发生分裂，甚至到20世纪90年代，个别共产党仍发生分裂。20世纪70年代末至80年代初，南亚共产主义运动进入新阶段。搞武装斗争的派别和政党由于受到政府的镇压和内部争论，一再发生分裂，武装斗争逐渐停止，个别派别

① 涂华忠:《发展中国家共产党派别研究——以尼泊尔共产党为例》,《亚非纵横》2010年第4期。

转入公开合法斗争。苏东剧变后，除孟加拉国共产党发生分裂外，南亚各国共产党普遍调整了政策，利用议会选举，进行公开合法的斗争，力量有所发展。下面分别介绍近代印度、尼泊尔、斯里兰卡、孟加拉国、不丹五国共产党成立与发展状况。

二、南亚地区主要国家的马克思主义研究与实践状况

（一）印度

1. 马克思主义政党

印度历史上建立的比较有影响力的共产主义政党主要有四个：印度共产党、印度共产党（马克思主义）、印度共产党（马克思列宁主义）、印度共产党（毛泽东主义），分别简称印共、印共（马）、印共（马列）、印共（毛）。20 世纪 70 年代，印共（马列）由于领导的农民反抗斗争相继遭到挫折，与此同时，党内在党的路线、政策等问题上发生意见分歧，印共（马列）发生分裂，在此之后，又多次发生分裂，导致有些派别多已销声匿迹。因此，目前印度国内比较有影响力的共产主义政党主要有三个：印度共产党、印共（马）和印共（毛）。

（1）印度共产党。

现存的印度共产党是由 1920 年成立的印度共产党分化而来的，也被称为印共（老党）。印度共产党在 20 世纪 80 年代初新形势下，调整内外政策，改变一贯支持、追随国大党的方针。但以丹吉为首的少数派则主张继续同国大党合作，随后印共委员会以“进行分裂和其他反党活动”为由，将丹吉开除出党。2012 年召开的二十一大上通过了新的党纲草案；2015 年召开的二十二大上讨论了党纲计划；2018 年召开的二十三大上通过了反对国防生产私有化等。现今是印度国内仅次于印共（马）的第二大共产党组织。

对内政策。在政治方面，印共要求扩大民主，主张各宗教一律平等，和睦相处，倡导世俗主义，反对教派主义；主张各种姓一律平等，反对种姓主义；主张妇女应该在政治、经济、文化及接受教育等方面享有与男人平等的权利。在经济方面，主张推行土地改革，把多余和废弃的土地分给无地农民，

通过综合性立法确保农业工人和贫苦农民的最低工资和社会安全；鼓励农业生产，增加对农业的投入和预算，建立农业补贴制度，减少农民的生产费用，增强印度农产品的国际竞争力；实行进口数额限制和高额进口关税；遏制“非工业化”即“失业增长”的进程；增加贫苦农民的购买力；改革和巩固公营企业；保持和发展印度在信息产业及相关领域的领先地位；充分调动国内各种资源发展经济，国家参与发展基础设施建设，加大吸引外资的力度；强化对财政的控制和管理；推动反国际货币基金组织和世界银行运动。在文化教育方面，倡导基础教育以及广泛的科学和技术教育，主张实行国家和社会的世俗化、民主化和多元化。在新冠疫情的巨大压力下，印共认为拥有社会化或社会主义公共保健体系的国家具有优势，要把国内资源用于公共卫生和教育，而非贸易战或不人道的制裁上。

对外政策。在对外政策方面，坚决反对恐怖主义，同时也反对美国的霸权主义政策，认为中、俄的发展有利于抵制美国的霸权；主张印度应积极发展同第三世界国家的关系，共同反对帝国主义的进攻，积极发展同各兄弟政党的关系，加强相互间的交流。在统战方面，主张加强对左翼政党特别是印共（马）的联合，也强调实现统一的印度共产主义运动的重要性和必要性。在当前的世界格局下，主张印度应停止追随美国，执行独立的外交政策，为建立更加包容、多极和公正的世界秩序发挥建设性作用。

同中国共产党的关系。自 1985 年起，印度共产党开始同中国共产党接触，1988 年 3 月，该党总书记拉奥率团访华，实现了两党关系正常化。1991 年 11 月该党总书记英德拉吉特古普塔在访问朝鲜前顺访北京，1992 年 10 月又率印共中央代表团访华。1997 年 9 月中旬我党召开十五大之际，巴尔丹总书记向我党中央发来贺电，下旬又率印共中央代表团访华。自 1989 年 3 月印共十四大开始，除了印共二十一大，中国共产党对其发出贺函之外，其他每届印共的全国性代表大会，中共均派专人出席祝贺。甚至在中印关系因印度核试验出现波折的 1998 年，中共依然派遣特使出席祝贺印共十七大的召开。印共对华访问也很频繁，1991—2015 年，印共来华政党交流达 21 次。[①] 新冠

① 王娟娟:《冷战后中国共产党对印度政党外交的特点、问题及建议》,《南亚研究季刊》2017 年第 1 期。

疫情暴发后，印度共产党总书记拉贾在来电来函中表示愿与中国共产党加强合作，携手抗击疫情。

（2）印度共产党（马克思主义）。

印度共产党（马克思主义）是由印度共产党分裂而来的，于 1966 年 11 月正式改称印度共产党（马克思主义），现为印度最大的左翼政党。1967 年 3 月，印共（马）同印度共产党组成联合阵线参加选举，在西孟加拉邦和喀拉拉邦获多数席位，并分别组成联合政府。同年 11 月，联邦政府借口纳萨尔巴里运动解散了西孟加拉邦政府。1969 年 2 月，印共（马）等组成的联合阵线再度在西孟加拉邦执政。1977 年以来，在西孟加拉邦地方选举中，印共（马）连续七次获胜，执政长达 30 年之久。在 20 世纪 70 年代后期，鉴于印度共产党推行过于亲国大党的路线而声誉下降，印共（马）逐渐成为印度最大的左翼政党，最让其受到国际社会关注的是其多次在西孟加拉、特里普拉邦、喀拉拉邦等地区单独或联合执政。但在 2011 年和 2018 年，印共（马）分别丢掉了西孟加拉邦和特里普拉邦的执政地位，在印度传统的“红色地带”中，目前印共（马）仅在喀拉拉邦拥有执政权。

对内政策。2012 年 4 月，印共（马）第二十次党代会上，政治局委员亚秋里认为，“印度需要发展自己的社会主义模式，而不是进口中国、古巴或俄罗斯模式。我们不评论他们的道路是对还是错，我们学习他们的经验，采纳适合印度条件的做法”。政治上，印共（马）认为国大党是印度大资产阶级大地主的代表，由它一统天下，不利于进步力量的发展；主张左翼和世俗资产阶级反对党联合，在各邦以至中央建立替代国大党的政府；认为 1998 年 3 月印度人民党领导的政府执政是国内政治右转趋势的表现；教派主义势力的扩张威胁了世俗和民主政治的基础及国家的统一；教派和右翼势力的发展利用了人民对资产阶级和地主阶级的不满，也是左翼和民主力量薄弱的产物。经济上，反对印度人民党实行的经济自由化政策，提出全面不同的经济政策，通过扩大税收网和对富裕阶层增加直接税收，增加国内资源；削减基本支出，增加公共投资；工业政策应精简并加强战略与核心领域内的公有部门，鼓励本国工业和技术的发展；应根据国家优先领域和技术需要引进外国资本；2018 年召开的印共（马）二十二大认为莫迪政府已经将印度经济推向了崩溃的边缘，反对其“通过对新自由主义政策的积极追求和强调，在经济的各个领域增加外资；增加私有化”。[①] 文化上，主张保卫世俗价值观念和科学精神，鼓励艺术家和作家为反对教条主义、宗教冲突和为保卫民主价值而斗争；反对西方资本主义和西方反动思想的宣传。新冠疫情防控期间，认为不能把抗疫战争停留在社群间相互攻击层面，必须加强共同努力。

对外政策。印共（马）呼吁坚持印度不结盟、维护南南合作与世界和平的方向，加强与邻国的关系，坚决反对帝国主义对第三世界国家的进攻。对于一些重大国家问题，印共（马）主张和平，要求美国及其盟友应撤走军事基地、停止生产新武器、大规模削减军事开支等；不发展和部署核武器；认为苏东剧变是世纪社会主义力量的大倒退。印共（马）总书记亚秋里强调，美国对贸易伙伴加征关税违反国际准则，经济体之间的经贸摩擦应通过专门的国际机构协调解决，而不是采取贸易战的方式。

同中国共产党的关系。印共（马）在成立时就与中国共产党建立了联系，“文化大革命”期间两党关系中断。1983 年 4 月，南布迪里巴德率团访华，两党恢复关系。印共（马）主张各国共产党根据“平等、独立、互不干涉”的原则发展关系。除了印共（马）二十大，中国共产党对其发出贺函之外，其他每次印共的全国性代表大会，中共均派专人出席祝贺。甚至在中印关系因印核试出现波折的 1998 年，中共依然派遣特使出席祝贺印共（马）十六大的召开。印共（马）对华访问也很频繁，1991—2015 年期间，印共（马）来华政党交流高达 38 次。[②]2017 年 11 月 30 日至 12 月 3 日，中国共产党与世界政党高层对话会在北京举行，亚秋里在接受采访时指出，中共十九大不仅为中国的发展指明了方向，也为全人类未来的发展提供了不容忽视的战略方针，必须与中国共产党继续加强合作，为让两国关系变得更好、更融洽而努力。2019 年 10 月 18 日至 20 日，第 21 届世界共产党与工人党国际会议在土耳其伊兹密尔举行，印共（马）中央政治局委员巴比称赞中国在各领域取得

① “Draft Political Resolution for 22nd Congress (Adopted at the Central Committee Meeting held on January 19-21, 2018 at Kolkata)”, http://www.cpim.org/sites/default/files/documents/22-cong-draft-pol-res.pdf.

② 王娟娟:《冷战后中国共产党对印度政党外交的特点、问题及建议》,《南亚研究季刊》2017 年第 1 期。

杰出成就，“一带一路”倡议有助于让各方团结在一起，为人类的全面发展作出贡献。

（3）印度共产党（毛泽东主义）。

2004年9月21日，印度共产党（毛泽东主义）成立，由“印度毛主义共产主义者中心”与印共（马列）（人民战争集团）合并成立。两派的武装力量也合并，并建立为统一的“人民解放军游击军”。统一的全国性政党的成立，使印度南北分离的毛主义运动发展为全国性的斗争，标志着印度国内毛主义力量完成了重要的组织和力量整合。成立后的印共（毛）随即在印度全国各地掀起了新一轮的武装袭击和革命斗争高潮。2007年2月召开的印共（毛）第九次代表大会标志着印共（毛）初步完成了思想整合而逐渐走向成熟，开启了组织建设和运动发展的新时期。这次会议讨论通过了一系列文件，包括《党章》《党纲》《高举马列毛主义鲜红旗帜》《印度革命的战略与策略》《政治决议》以及多个团结申明，这些纲领性文件及政治决议，详细阐明了党的指导思想、政治目标、革命道路以及战略规划，确定了党的基本路线和具体战略①。印共（毛）一成立，就展现出巨大的实力和潜力，对印度资产阶级政权造成冲击，并逐渐替代尼泊尔共产党（毛主义）成为南亚毛主义运动的中心和领导者。②

目前，印共（毛）主要是通过不断的武装袭击和游击战争对印度政府进行挑战，在印度底层民众中颇有影响力，但还远远达不到颠覆国家政权的地步。2014年印度人民党莫迪政府上台后，加大了对印共（毛）的剿灭攻势，“新政府要求中央和邦政府、各邦政府之间、中央军事力量和各邦军事力量、情报部门和警察力量之间、警察和政府部门之间，加大协调力度。施加于人民的战争以密集度更高、协调性更强的凌厉态势在全国范围内展开”。印共（毛）遭受重创，生存挑战大增。③2019年1月10日，由于印度爆发了有史以来最大规模的2亿工人罢工行动，给一直代表底层民众呼声的印共（毛）带来了前所未有的新时机。由于新冠疫情在全国蔓延，印共（毛）宣布单方面停火，并表示他们不会攻击安全部队。

① 吴国富：《南亚地区毛主义研究》，华东师范大学博士学位论文，2014年5月。

② 王静：《印度共产党（毛主义者）的理论与实践研究》，社会科学文献出版社2016年版。

③ 李熠煜：《印共（毛主义）发展的现实困境及未来趋势》，《毛泽东研究》2015年第6期。

2. 基本理论

（1）印度共产党。

印共党章规定了党的性质，是工人阶级政党，是由自愿献身于社会主义和共产主义事业的工人、农民和普通劳动人民组成的组织。该党还强调马列主义的科学性，指出马列主义是进行革命变革的指南，共产主义是党的最终目标。在基本路线上，长期以来，印共一直把“现阶段的斗争是联合反帝、反封建、反垄断资本的力量，建立民族民主阵线，进行民族民主革命，以便成立由工人阶级和民族资产阶级‘共同行使权利的’民族民主国家，走‘非资本主义道路’”。现今，在基本路线上，除了放弃“走非资本主义道路”这个提法以外，基本上仍执行这条路线。印共坚持民主集中制，认为民主集中制是共产党组织机构及其活动的基本原则，党是按民主集中制原则组织起来并进行工作的。

对于国家性质的认定，有新的说法，印共过去一直认为执掌政权的印度国大党是民族资产阶级的代表，因而印度政府具有一定的革命性和进步性，在2012年4月召开的二十一大上通过新的党纲草案中，印共认为：“印度国家是以大财团和垄断组织为首的资产阶级的阶级统治工具……同时与以美国为首的国际金融资本相勾结。”[①]

印共支持无产阶级国际主义，该党认为争取和平，反对新殖民主义以及为建立公正社会而进行的斗争是世界上一切进步力量的共同事业，需要相互支持；同时认为世界人民的基本利益是相同的，与世界上维护正义和进步事业的力量团结在一起将有助于印度自己的斗争。[②]

（2）印度共产党（马克思主义）。

印共（马）党章规定了该政党的政治性质是“印度工人阶级的革命先锋队”，政治目标是“通过建立无产阶级专政实现社会主义和共产主义”。2000年10月在党的特别会议上新修订的印共（马）纲领明确写明，它“坚持以马克思列宁主义为行动指南”，为“争取实现社会主义并朝着共产主义的最终目标前进”，宣告“党的一切活动均以马克思列宁主义的哲学和原则为指导”。印共（马）历来重视坚持马克思主义的无神论原则和宗教平等原则，倡导世

① 中共中央对外联络部：《各国共产党总览》，当代世界出版社2000年版。

② 中共中央对外联络部：《各国共产党总览》，当代世界出版社2000年版。

俗主义，主张各宗教团体一律平等，反对宗派主义，反对像印度人民党、国民志愿团等教派主义组织和政党。在独立探索社会主义道路的过程中一直坚持民主集中制原则，社会主义政治建设已由工人阶级领导的“人民民主统一战线”政策转变为“人民民主阵线”灵活的革命统战策略。

对于印度革命的认识，该党指出印度革命的基本任务是消灭帝国主义、封建主义和买办官僚资本主义，并且只有工人阶级才能成功地领导这一革命，城市小资产阶级和革命知识分子是革命可靠盟友。印度革命道路的本质将是中国式革命道路，主要策略是通过工人阶级领导下的人民民主革命，建立起由印度广大劳动人民当家做主的工人阶级、农民、城市小资产阶级和民族资产阶级的民主专政。①

（3）印度共产党（毛泽东主义）。

印共（毛）党纲规定其“以马克思主义、列宁主义、毛泽东思想为行动指南，坚持持久人民战争和夺取政权为中心任务，走农村包围城市，最后夺取城市的道路”。印共（毛）认为毛泽东主义在国际共产主义阶级革命理论的形成过程中，是继马克思主义、列宁主义之后世界进入第三阶段的产物，是马列主义发展到新的更高阶段的标志，是当代世界的马克思列宁主义。该党认为马列毛主义是当今国际无产阶级需要掌握的具有普遍意义的完整的思想体系。该党主张扩大人民战争并在各条战线展开战斗，在游击战发展比较先进的地区，要把游击战提高到运动战的高度，并把武装斗争尽量扩展到其他邦。②其短期目标或最低纲领是推翻新殖民主义间接统治和剥削下的印度半殖民地半封建体系，完成属于世界无产阶级革命一部分的印度新民主主义革命。革命的三大目标是：打倒帝国主义、封建主义和大官僚买办资产阶级，这一革命应该建立在土地革命战争的基础上，农民和人民战线是当前党的工作重心。最终目标和最高纲领是实现共产主义。

3. 共产主义运动

印度共产主义运动史上有三次武装斗争高潮，分别是：1946—1951年特伦甘纳农民武装斗争；1967—1971年纳萨尔巴里运动；2004年至今，印共（毛）领导的席卷半个印度的“毛主义运动”。印共（毛）从成立之初就坚持

---

① 禚明亮、赵金山、刘蕾：《印度共产党（马克思列宁主义）的基本观点、政治立场和政策主张》，《上海党史与党建》2019年第5期。

② 韩冰：《印度共产党（毛）的历史发展与现状》，《当代世界与社会主义》（双月刊）2007年第6期。

武装斗争的道路，认为印度共产党和印度共产党（马克思主义）违背了共产主义的理念，是“革命的叛徒”。而印共（毛）也是现今世界上仅存的仍旧希望通过武装斗争（游击战争）来推翻国家政权的社会主义政党。①

印共（毛）是印度共产主义运动不断分裂的产物，其形成最早可以追溯到1946年爆发的特仑甘纳农民起义，这次起义自发程度高，影响范围大，具有反封建的性质。在这次起义的全盛时期，安得拉共产党（印共在安得拉邦的组织）对印共中央的路线发起挑战，首次提出以毛泽东的武装斗争道路作为开展印度革命的指导思想。因此，可以说安得拉共产党“在毛主义正式形成一种战略之前，就已经是毛的学说在印度的监护人”。1966年，印共（马）内部以查鲁·马宗达为首的一派，秘密成立了以毛泽东思想为指导的“印度共产党毛泽东主义中心”，此即是印共（毛）的组织源头，这同时也标志着毛泽东思想首次在印度共产党内部核心集团被提升到了指导思想的高度。印共（毛）的形成原因，一方面是由于当时印度共产党内的路线斗争以及意识形态的分歧，毛主义路线成为主流路线，且在20世纪60年代的中苏论战更是加剧了这种党内对立的态势，直到彻底分裂；另一方面则是由于印度国内普遍的贫困问题，土地改革的不彻底和森严的等级制度又加剧了贫困问题的凸显，而印共（毛）所提出的口号是彻底进行土地革命、废除种姓制度、消除贫富差距，这些口号无疑得到了广大群众的支持，使得印共（毛）的发展拥有良好的群众基础。

印共（毛）在成立后的两年中，势力范围迅速扩展，在印度乃至南亚地区建立起了两条红色走廊：一条在印度境内，印度28个邦中有16个邦多达160多个地区在其势力范围之内，包括安得拉邦、恰蒂斯加尔邦、比哈尔邦、奥里萨邦、西孟加拉邦等。其中，北起尼泊尔边境，南至安得拉邦南部山区一线势力最为强大，活动最为频繁，被称为“红色走廊”；另一条几乎覆盖整个南亚地区，早在2001年7月，尼泊尔、印度、孟加拉国、斯里兰卡和不丹等国的十几个毛主义政党成立了“南亚毛派协调委员会”，这几个国家中活跃的毛派武装力量会定期召开大会，协调行动、相互支援，在整个南亚建立起一条“红色通道”。印度自独立伊始就深受教派主义、分离主义、（左派）极

① 李熠煜：《印共（毛主义）发展的现实困境及未来趋势》，《毛泽东研究》2015年第6期。

端主义等势力的困扰，然而在20世纪的后半叶，威胁印度国家安全的首先是分离主义和宗派主义势力。但随着印度政府的有效打击，教派主义及分离主义遭受重创，活跃度大幅下降。到2004年印共（毛）合并成立之后，其活动愈加频繁，发动的针对政府的武装活动也逐年增加。一方面，由于印共（毛）经过整合之后，其军事力量和政治实力都得到了相应的加强，能够有条件发动更多、规模更大的“武装斗争”；另一方面，“武装斗争”一直是印共（毛）的主要活动方式，不断地对印度政府进行袭扰式攻击亦是其进行“革命”的方式。根据印度内政部的估计，印度全国发生的91%的暴力事件和89%因暴力事件而导致的死亡都是由印共（毛）引起的。自2004年以来，印共（毛）已发动了至少10000余次暴力事件。

2006年6月，印度总理曼莫汗·辛格宣称：“纳萨尔主义是我们国家面临的最大的内部安全问题”①，并对印共（毛）加强了围剿。虽然，也有像2010年4月6日，印度中央后备警察部队和恰蒂斯加尔邦警察围剿毛派不成反遭伏击的情况，但面对印度政府的猛烈进攻，印共（毛）损失严重。2011年11月24日，印共（毛）中央委员会委员和常委会委员金尚吉同志遇害；据《印度快报》2012年4月7日报道，继印度先前抛出超级大订单采购126架中型多用途战斗机之后，印度计划再次招标采购超过75架多用途直升机，以上大规模军购主要针对印共（毛）武装力量；2018年1月底，《印度时报》援引印军警统计资料称，印共（毛）的游击区已被压缩，从2015年的75个区降低到2017年的58个区，其政权根据地也被压缩在总面积不超过8000平方公里的三处森林地带。

（二）尼泊尔

1. 马克思主义政党

（1）尼泊尔共产党（联合马列）

1991年1月6日，由尼共（马列）与尼共（马）合并组成尼泊尔共产党（联合马列），简称尼共（联），曼·摩汉·阿迪卡利为主席，马·库·班达里为书记。1991年5月12日，在尼泊尔举行的第二次全国大选中，总席位

① 李熠煜：《印共（毛主义）发展的现实困境及未来趋势》，《毛泽东研究》2015年第6期。

205个，尼共（联）获69席，成为尼泊尔第一大反对党。1993年12月，尼共（阿玛蒂亚）又并入尼共（联），使其更加强大，该党人数由37000人增至40000人。[①]1994年7月10日，尼政府垮台，在11月15日举行的中期选举中，尼共（联）获88席，成为尼泊尔第一大党。1994年11月29日，由其组建政府，该党派主要领袖担任政府若干重要职位，推行一系列经济外交政策。1995年，因反对党的反对，该党主席阿迪卡利辞去首相职务。1997年10月，由该党与民族民主党、亲善党组成的联合政府在不信任案投票中失利下台。1998年1月25日至31日尼共（联）召开六大期间，该党派内部发生分歧，最终导致分裂，少数派在3月5日登记成立新党，名称定为尼泊尔共产党（马克思列宁主义），多数派继续沿用尼泊尔共产党（联合马列）的名称。这次分裂导致尼共（马列）在1999年5月参加的新一届议会选举未获一席，而尼共（联）也仅获68席，成为议会第二大党。意识到分裂带来的严重后果，2002年2月，两党合并，尼共（联）再次走向统一。2008年4月10日，尼泊尔举行首届制宪议会选举，尼共（联）获得103席，成为第三大党。2008年5月28日，在尼共（联）与尼联共（毛）的推动下，尼泊尔制宪会议第一次会议宣布终结近240年历史的沙阿王朝，废除君主制，建立尼泊尔联邦民主共和国。2013年11月19日，尼举行第二届制宪会议选举，尼共（联）位居第二，与大会党组建了联合政府。2015年9月20日，尼泊尔新宪法颁布实施；10月11日，尼共（联）主席奥利当选为新宪法实施后的首任总理；10月28日，尼共（联）副主席班达里当选为总统，成为尼历史上的首位女总统。2016年7月24日，由于尼大会党与尼共（毛）联手对其提出不信任案，奥利政府下台。[②]2018年2月15日，尼泊尔总统班达里任命尼共（联）主席奥利为尼第41任总理。

对外政策。主张实行不结盟、独立、进步的对外政策。在平等、互利基础上发展同世界各国政治、经济、文化、技术、贸易关系，废除所有同外国和国际组织签订的秘密条约或协定。该党还主张发展同中国的睦邻友好关系，坚决反对达赖集团在尼泊尔从事西藏独立的反华活动；扩大同中国西藏

① 张光平：《冷战后尼泊尔共产党（联合马列）的新变化》，《当代世界与社会主义》（双月刊）2006年第2期。

② 张树彬：《新宪法颁行后政局演变中的尼泊尔共产党》，《当代世界社会主义问题》2017年第1期。

地区的贸易。

（2）尼泊尔共产党（毛主义中心）

1995 年 3 月，普拉昌达领导的团结中心召开中央委员会第三次扩大会议，将党名改为尼泊尔共产党（毛泽东主义）。2009 年 1 月 11 日，尼泊尔共产党（毛泽东主义）与尼泊尔共产党（团结中心——火炬）合并，改名为尼泊尔联合共产党（毛泽东主义），简称尼联共（毛）。2016 年 5 月 19 日，在普拉昌达主导下，十个毛派政党合并为尼泊尔共产党（毛主义中心）。随后，尼共（毛主义中心）和尼泊尔大会党联合发起不信任案，尼泊尔前总理、尼共（联）主席奥利被迫于 2016 年 7 月 24 日宣布辞去总理职务，尼共（毛主义中心）主席普拉昌达当选为尼泊尔新一任总理。根据规定，由普拉昌达和大会党主席谢尔·巴哈杜尔·德乌帕各担任总理九个月，直至 2018 年 1 月 21 日联邦议会选举举行。[①]

同中国共产党的关系。2013 年 4 月 18 日下午，习近平主席在人民大会堂会见了尼泊尔联合尼共（毛）主席普拉昌达时表示，中国共产党愿继续与联合尼共（毛）等尼泊尔主要政党加强交流合作，为促进中尼友好发挥积极作用。2016 年 8 月 4 日，中方对普拉昌达当选尼泊尔新任总理表示祝贺。2017 年 3 月 27 日，习近平主席在人民大会堂会见尼泊尔总理普拉昌达时指出，两国保持了政府、政党等各层级密切往来，稳步推进互联互通、灾后重建、基础设施、人文交流等领域合作。

（3）尼泊尔共产党

2018 年 2 月 19 日，尼泊尔共产党（联合马列）和尼泊尔共产党（毛主义中心）领导人签署协议，两党将统一为新的“尼泊尔共产党”，并确立“马克思列宁主义”为统一后尼泊尔共产党的指导原则等内容。2018 年 5 月 17 日，尼泊尔共产党（联合马列）和尼泊尔共产党（毛主义中心）宣布正式合并，成立尼泊尔共产党。新的尼泊尔共产党成立了秘书处（共 9 人），由两党重要领导人组成，包括原尼共（联）主席奥利、原尼共（毛主义中心）主席普拉昌达；尼共（联）的波卡雷尔出任总书记一职，尼共（毛主义中心）的什雷斯塔担任党的新闻发言人；党的常务委员会共有 43 人，党的中央委员会共 441 人。

① 张树彬:《尼泊尔政局生变，尼印关系升温》,《世界知识》2016 年第 23 期。

同中国共产党的关系。2019 年 9 月 23 日，中国共产党与尼泊尔共产党在加德满都共同举办习近平新时代中国特色社会主义思想宣介会暨两党理论研讨会。尼泊尔共产党中央委员比什努・里贾尔在第 21 届世界共产党与工人党国际会议表示，愿借鉴中国的发展经验，加强与中国共产党的交流合作。新冠肺炎疫情期间，中国同尼泊尔两国执政党和医疗专家举行抗疫经验视频交流会，双方围绕新冠肺炎诊疗方案和防控举措进行了深入交流，此次交流有利于促进两党合作，推动两国关系不断发展。

2. 基本理论

（1）尼泊尔共产党（联合马列）

五大党章规定尼共（联合马列）是尼泊尔最革命的阶级——无产阶级的政治代表。党的最终政治目标是实现科学社会主义和共产主义；党的最低目标是进行彻底的社会变革，建立新民主主义社会。通过的纲领在总结世界革命的经验、过去民主运动的经验以及本国运动的经验的基础上，提出了“人民多党民主”的理论。该理论主张接受多党政治，通过和平斗争的方式消灭封建主义、官僚买办资本主义和帝国主义的剥削和压迫，逐步向社会主义过渡，为接受多党民主和议会道路做了理论铺垫。[①]2014 年 7 月，尼共（联合马列）在九大报告中再次明确了“人民多党民主”的指导地位，报告指出：“‘人民多党民主’作为尼泊尔革命的指导原则，是马克思主义普遍真理与尼泊尔革命的具体环境相结合的产物。有三个基本因素在‘人民多党民主’理论的发展中扮演重要角色。一是尼泊尔共产党在尼泊尔民主化运动中所扮演的重要角色；二是在马克思主义的指导下，党在革命和党的建设的实践中发展了独具特色的理论；三是苏联社会主义模式失败所形成的新形势。正是如此，‘人民多党民主’将继续指导党完成资产阶级民主革命，向社会主义过渡，然后向繁荣的社会主义迈进。”[②]

该党主张马列主义是党指导一切工作的理论基础，表示坚持马克思主义辩证法和历史唯物主义世界观，把马列主义最高真理同尼泊尔的历史和民族

① 袁群、张立锋：《尼泊尔共产主义运动的历史演进探析》，《社会主义研究》2015 年第 2 期。

② 《尼共（联合马列）第九次代表大会政治报告草案》，尼共（联合马列）网站，http://www.cpnuml.org/assets/upload/files/political report eng.pdf.

特点、尼泊尔人民的优良传统以及本国具体情况结合起来，独立制定自己的政策。

（2）尼泊尔共产党（毛主义中心）

尼共（毛主义）独立出来后，就号召首先通过武装革命夺取政权，推翻君主立宪制，建立尼泊尔新民主主义国家，随后建设社会主义国家，最终实现共产主义目标。但是尼共（毛主义）领导人经历5年的武装斗争之后，由于当时国际和国内环境的影响，在2001年第二次尼泊尔全国代表大会上，该党的政治理念就发生了改变，并提出具有尼泊尔特色的思想体系和革命策略。

在指导思想上提出了“普拉昌达路线”，重置了尼共（毛主义）的理论指导思想，即从简单地坚持马列毛主义到自己创立具有尼泊尔本国特色的“普拉昌达路线”。“普拉昌达路线”否定了死板地坚持暴力革命的后果，肯定了依靠团结力量可以提前完成其建立新民主主义国家的目标的设想。这是根据尼泊尔半殖民地半封建社会性质和革命尚处于新民主主义阶段的具体实际国情，灵活使用和发展马列毛主义理论的结果，这一理论创造性地解决了尼泊尔革命的很多难题，为尼泊尔反帝、反封建和反官僚资本主义的新民主主义革命取得胜利，提供了科学的理论指导。

在革命道路选择上，从主张暴力革命到认同并参与议会斗争。革命道路问题是关系党的事业兴衰成败的首要问题，根据尼泊尔的特殊国情而提出的“普拉昌达路线”，最突出的特点是改变暴力革命，走议会斗争道路，其本质就是要通过“和平民主”的方式来实现其政治目标。尼共（毛主义）提出的走武装斗争路线并不意味着与议会道路相对立，可以通过武装斗争取得在尼的政治地位和发言权，然后通过议会方式参政议政，最终实现人民民主，且这一思想在2005年8月尼泊尔中央全会上得到了再次肯定。尼共（毛主义）强调并指出走议会道路并不意味着退出政治舞台，而是为了避免权力集中在任何个人或团体手中的极端局面，也是为了避免暴力革命造成国家生灵涂炭、人民流离失所的惨痛后果。

在执政理念上，尼共（毛主义）实行分权制并接受“人民解放军”的部队整编。2008年5月28日，尼泊尔制宪大会表决决定废除君主立宪制，实行共和制，成立尼泊尔联邦民主共和国，尼泊尔总理成为国家政府首脑，这是继1990年尼泊尔确立君主立宪制后又一伟大创举。为了团结其他党派，尼共（毛主义）在党的领导权上，从集权制调整为分权制，放弃了该党的绝对领导权，在军队问题上接受“人民解放军”的整编，放弃了继续壮大其武装力量的机会。2008 年 8 月 18 日，普拉昌达当选尼泊尔首任总理。然而，从 2008 年 8 月 18 日到 2009 年 5 月 4 日不到一年的时间，尼共（毛主义）主席普拉昌达就主动提出辞职，并说明“我并不是出于情绪而辞职，我辞职是因为我完全相信人民和人民的民族自尊心。”这也预示着尼泊尔即将进入新一轮的政治动荡。2009 年 7 月 30 日，在尼共（毛主义）召开的中央委员会上提出改组集权制，实行集体领导分权制。2011 年 11 月 19 日，尼共（毛主义）武装战士在尼泊尔辛图利县山区接受整编检查，根据尼共（毛主义）武装人员的自身条件和个人意向，他们可以编入尼军、重新安置和自愿退伍三种去向。

（3）尼泊尔共产党

执政后，尼泊尔共产党对原尼共（联合马列）和原尼共（毛主义中心）的理论进行了融合与完善，初步形成了社会主义导向的理论纲领。就党的性质而言，该党是以广大人民为基础的无产阶级和工人阶级的政治代表。就党的指导思想而言，该党是以马克思、列宁主义作为党的指导思想。就党的组织而言，党的组织原则是民主集中制。就党的战略和策略而言，党的战略目标是社会主义，党的总体战略是建立社会主义制度。就国家发展纲领而言，经济上消灭封建残余和官僚买办阶级的剥削，大力发展私营阶级和公私合作经济；社会上加强不同民族、族群的合作、共存，建设一个文明的、良善的社会；外交上根据联合国宪章、不结盟与和平共处五项原则来发展对外关系。①

3. 共产主义运动

（1）尼泊尔共产党（联合马列）

20 世纪 80 年代以来，尼共（马列）已经逐渐转变了共产主义运动的形式，一方面，面对的是国内政府对其武装暴动的残酷镇压；另一方面，从国际形势来看，印度西孟加拉邦的“纳萨尔巴里运动”遭到印度政府的残酷镇压；中国在改革开放后，国家利益成为中国处理党际关系的重要考量。综合面对的国际国内形势，尼共（马列）开始调整自己的激进政策，将合法斗争

① 袁群、姬广礼：《执政后尼泊尔共产党的新动向》，《党政研究》2020 年第 3 期。

和非合法斗争相结合，采取公开、和平的斗争方式，抵制无党派评议会制度。1990 年 2 月 18 日，由包括尼共（马列）、尼共（马）在内的七个尼共派别组成的尼共左翼联合阵线与大会党共同发起人民运动，迫使国王解散无党派评议会，组建由大会党、尼共左翼联合阵线和民主人士参加的联合政府。这更加坚定了尼共（马列）走议会道路的信心。

（2）尼泊尔共产党（毛主义中心）

在 1995 年 3 月成立时也将发动“人民战争”作为夺取政权的唯一选择，认为热衷搞议会斗争是机会主义、修正主义的表现。自 1996 年尼联共（毛）发动“人民战争”到 2001 年尼联共（毛）控制了尼泊尔 80% 的农村地区，并在 21 个县建立了人民政府。2001 年 2 月，在“人民战争”发动五周年之际，尼联共（毛）召开了第二次全国代表大会，大会对“人民战争”所取得的成就进行了评估，认为“人民战争”在农村地区取得了巨大成功，但对作为尼泊尔政治文化中心的城市地区却影响甚微。为此，尼联共（毛）将中国的“人民战争”模式和苏联的城市暴动模式相结合，提出了“普拉昌达路线”。在 2003 年 5 月召开的中央全会上，党主席普拉昌达作了《目前的形势和我们的历史任务》的政治报告，报告分析了尼联共（毛）所面临的国际国内形势，指出，第二次全国代表大会召开至今的尼泊尔阶级斗争，以及自“9・11”事件到伊拉克战争的爆发，世界形势的发展使得改进和发展民族革命的战略变得十分必要。鉴于此，尼联共（毛）又提出了“发展 21 世纪民主”的思想，即保证在反帝反封建民主国家的宪法框架下，通过组织政治竞争实现共产党的无产阶级化和革命化。在 2005 年 10 月举行的中央全会上，尼联共（毛）再次肯定了 2003 年的上述决定，指出，“我们发动‘人民战争’，不反对或者说大体上是不反对多党民主的。它主要的是反对封建独裁统治、反对封建制度”。同时，尼联共（毛）还强调这种多党民主的反帝反封建的性质，指出：“我们是在特定意义上，在特定的宪法框架之下讨论多党民主的。我们讲的不是资产阶级和议会民主。这个多党民主将是反帝反封建的。换句话说，只有在反帝反封的宪法框架之下多党民主才是可能的。”至此，尼联共（毛）也完全接受了多党民主的理念。[①]

① 袁群、张立锋:《尼泊尔共产主义运动的历史演进探析》,《社会主义研究》2015 年第 2 期。

（三）斯里兰卡

1. 马克思主义政党

斯里兰卡共产党，简称斯共，目前在斯里兰卡议会中拥有一定的议席数，通过执政联盟参与执政。斯共成立于 1943 年 7 月 3 日，为斯里兰卡的合法政党，原称为锡兰共产党。锡兰共产党成立初期，积极开展反对英国殖民统治和争取民族独立的斗争。1944 年该党召开年会，制定了以民主集中制为原则的党的章程，规定党的基本目标是实现社会主义。当前任务是建立民族统一战线，抗击帝国主义和解放祖国。1972 年 8 月，在锡兰共产党的第八次全国代表大会上，改名为斯里兰卡共产党。1994 年 8 月，斯共参加大选，获得了 4 个议席，参加了人民联盟政府。1997 年，斯共的参选党员递补了 1 名议员。2004 年 4 月，斯共加入了人民自由联盟参加大选，民盟获 105 席，斯共总书记维拉辛哈·古纳塞克拉担任宪法事务部长。

对内政策。在政治方面，斯共主张走巩固政治独立，争取经济独立，以社会主义社会为方向的非资本主义的发展道路；主张取消专制的总统制，恢复议会制，以体现主权在民的原则；在民族问题上，斯共主张在不损害各族工人阶级的团结和国家统一的前提下，承认泰米尔民族的自决权，实行民族区域自治。在经济政策方面，斯共主张实行包括公、私部门在内的多种成分的混合经济。

对外政策。在外交政策方面，斯共主张奉行不结盟的外交政策，维护国家主权和领土完整，支持不结盟，支持世界裁军，欢迎和支持建立印度洋和平区的建议；在捍卫国家主权的前提下，引进外国资金和技术，主张国家保护民族工业和农业生产。在统一战线问题上，斯共提出了两个统一战线的思想，即左翼政党的统一战线和反统一国民党的统一战线。

同中国共产党的关系。斯共从 1949 年底开始与中国共产党接触。20 世纪 50 年代两党关系密切，来往颇多。20 世纪 60 年代锡兰共产党分裂，中国共产党同魏克玛沁格领导的锡兰共产党没有来往。1986 年 12 月，斯共主席克尼曼率团访问中国，斯、中两党恢复关系。1987 年。斯共十三大政治报告中对中国共产党的态度有了重大改变，表示同意中央委员会关于尽一切可能进一步加强和发展斯、中两党关系的建议。1991 年 3 月，中国共产党代表、中共湖南省委副书记杨正午出席斯共十四大。1992 年 8 月 29 日至 9 月 10 日，斯共副主席古纳塞克拉率领斯共代表团访华。2017 年 10 月 17 日，斯共总书记古纳塞克拉在接受中国国际广播电台记者专访时高度评价中国共产党的治国成就，并预祝中共十九大胜利召开。在庆祝中华人民共和国成立70周年之际，古纳塞克拉称赞中国正以巨大的成就进入黄金期。新冠疫情初期，斯共表示将坚定支持中国共产党，与中国人民同在，希望中国早日夺取疫情阻击战的胜利。中国共产党成立 99 周年之际，古纳塞克拉指出，中国的抗疫表现再次表明中国特色社会主义制度所发挥的突出作用，中国共产党为世界树立了榜样。

2. 基本理论

斯共认为，党的基础是工人阶级，但现实发展要求把党建成一个代表所有劳动人民，包括工人阶级、农民、自谋职业者、知识分子和小商人的党。该党还坚持马克思主义为党的指导思想，号召全党学习和研究马克思主义基本理论。该党的目标是实现社会主义，坚信社会主义在全世界必定胜利。斯共规定当前的斗争任务是争取民主、民族团结和社会正义，团结一切可以团结的力量，反对统一国民政府。斗争方式是以群众斗争为主，群众斗争和议会斗争相结合，同时参加包括议会在内的有代表性的民主机构，而议会是“可以用来推动民主变革的机构”。斯共认为，“帝国主义仍然是受压迫国家和所有资本主义国家的工人阶级的主要敌人”，表示坚持无产阶级国际主义，加强国际共产主义运动的团结，主张兄弟党双边和多边定期协商并建议同亚太地区共产党定期磋商。

（四）孟加拉国

1. 马克思主义政党

孟加拉国共产党成立于 1948 年 3 月 6 日，简称孟共，其前身是巴基斯坦共产党的东巴地区组织，孟加拉国独立后改称孟加拉国共产党。1986 年同人民联盟等组成八党联盟，参加 5 月举行的全国议会选举，并获得 6 个议席。1991 年 2 月，在议会选举中获得了 5 个议席。

对内政策。在政治上，主张“民主、爱国和世俗力量达成共识”，实行世俗政策和多党制议会民主，发挥人民在政权中的主导作用；健全法制，保障司法独立；反对官僚腐败，建立公正廉洁的政府。在经济上，主张国家在充分发挥国营企业的效率的同时，支持私营企业的发展，使公私企业很好地合作；重视发展农业，辅助发展以农业为基础的中小企业；全面发展经济，提高孟加拉国在国际劳动分工中的地位。在文化上，主张实行面向群众的教育政策，普及初级教育，消灭文盲。在社会福利方面，主张以全体人民的健康为基础发展医疗事业，提高人民的健康水平；反对虐待妇女，主张采取特殊政策，维护妇女的尊严与权利，提高妇女的社会地位。

对外政策。孟共奉行独立和不结盟的外交政策，巩固国家的独立、主权和领土完整，在平等互利、互相尊重和互不干涉内政的基础上发展同各国的关系，反对帝国主义和国际反动派，维护世界和平，赞成全面裁军，鼓励外国投资，主张国际关系民主化和建立公正的国际经济新秩序。

同中国共产党的关系。孟共在刚成立时与中国共产党没有联系，在 20 世纪 60 年代国际共运论战中反对中国共产党的观点。1982 年以后多次表示希望同中国共产党接触。1988 年孟共派出由国际事务书记阿乔 · 罗易和农运事务书记穆扎希杜尔 · 伊斯拉姆 · 萨利姆组成的代表团访问中国，与中共建立了友好关系。1991 年 7 月，国际事务书记努鲁尔 · 伊斯拉姆 · 纳希德致信对中国广大地区遭受严重水灾表示慰问，1992 年 10 月又以新当选总书记的名义致函祝贺中国共产党十四大召开。2010 年 10 月 9 日，孟共（马列）举办招待会，庆祝中华人民共和国成立 61 周年及中孟建交 35 周年。2011 年 7 月 1 日中国共产党建党 90 周年之际，孟共（马列）总书记在接受新华社记者专访时指出，中国共产党的正确领导是中国社会能够健康、快速发展的关键。2012 年中共十八大召开之际、2017 年中共十九大召开之际，孟共（马列）总书记巴鲁阿都曾向中共表示祝贺。2018 年“两会”期间，孟共主席穆加赫杜勒 · 伊斯拉姆 · 塞里姆表示中国人民在习近平总书记的领导下取得了令人瞩目的成绩，中国是让梦想成为现实的成功典范。在中国共产党 99 周年华诞之际，塞里姆为中国共产党送上生日祝福，对中国共产党领导人民取得的发展成就表示赞赏和肯定，并为中国未来的发展进步送出了美好祝愿。

2. 基本理论

孟共党章规定党的性质是（从事体力和脑力劳动的）劳动人民的革命政党。党的最终目标是“建立社会主义和共产主义”。党的组织原则是“党是在民主指导下的有统一纪律的政党”，“是在民主原则、普遍的人道价值、人权以及全元论的基础上组织起来的"，"少数服从多数、下级服从上级、全党服从中央"。孟共的理论基础是马克思列宁主义，在其五大通过的党章中规定，以创造性地发展马克思、恩格斯和列宁的学说作为党的思想基础。该党"接受和发展马克思、恩格斯和列宁思想的科学和精髓"，反对任何形式的教条和本本主义，以科学方法指导党的一切行动。孟共还认为，共产主义是社会阶级冲突的必然结果，无论一些国家发生什么变化，社会主义必将胜利。但是社会主义并没有普遍适用的特殊模式，必须发展一种适合孟加拉国社会的社会主义模式。孟共主张多党制议会民主，通过民主手段争取国家权力或分享国家权力。为此要建立一个爱国民主阵线，进而建立一个能履行孟共纲领的爱国政府，使国家沿着振兴和社会进步的道路前进。

（五）不丹

1. 马克思主义政党

不丹国内的毛主义组织和派别数量较多，各派的实力大小差别较大。在各个毛主义派别中，组织较为健全和拥有较大影响力的主要有两个组织，分别是不丹共产党（毛主义）和不丹共产党（马列毛主义），简称不丹共（毛）和不丹共（马列毛）。不丹共（毛）拥有两支武装力量，分别是"不丹联合革命阵线"和"眼镜蛇部队"，不丹共（马列毛）的武装力量，称为"不丹猛虎部队"。目前，不丹共（毛）依然处于极为神秘的状态，其组织状况和活动情况尚无公开报道。不丹共（马列毛）在新世纪开始越来越多地见诸媒体报端，在不丹国内的影响也比其他毛主义组织的要大。

不丹共（马列毛）最早建立于 2001 年，然而直到 2003 年才正式进入世人关注的目光当中。在 2003 年 4 月 22 日，不丹共（马列毛）曾在尼共（毛）的网站上发布消息，正式向世人公开该党的存在。[①] 成立之初，由维卡尔帕担任党的首任总书记，2008 年初，比拉特代替被开除出党的维卡尔帕，继任党的总书记，党的现任主席是苏里亚。

2. 基本理论

不丹共（马列毛）的建立及其指导思想，按照维卡尔帕曾经的介绍，在不丹建立马列毛主义的革命共产党，是因为他认为"哪里有压迫，哪里就有

① 杨思灵:《不丹反政府组织及武装：现状、趋势及影响》,《东南亚南亚研究》2010 年第 3 期。

革命，革命刚开始的时候，拥有一个革命政党非常有必要”，同时，创建的这样的一个革命性政党“必须要有革命的思想体系，‘马克思列宁毛泽东主义’，就是世纪的革命思想体系”。不丹共（马列毛）自成立公开之后，曾经向不丹政府提出过一系列政治主张和要求，其中包括土地制度改革、国家民主化以及底层民众（尤其是难民）的妥善安置和生活要求。党的各项政治主张连同合法化要求被不丹政府全部予以拒绝之后，该党被迫进行了武装斗争。该党声称自己是“代表着不丹 95% 的下层人民，因此，党的革命使命是从 5% 皇家封建地主手中夺得国家权力交给广大人民”，通过“人民战争”来推翻现政权，并建立“人民政府”。该党不仅在不丹国内进行着武装袭击活动，试图建立革命据点和根据地，同时深入不丹的难民营，宣传自己的政策主张，动员底层人民群众支持和参加该党所进行的革命运动。该党还积极加强组织建设，在不丹国内建立各级支部，同时与南亚其他国家的毛主义组织建立联系，参与地区性的协调与联合组织，出席了尼共（毛）倡导的于 2006 年 12 月 16 日召开的毛主义政党的国际研讨会，就国际联合问题以及当代的革命问题等，进行了广泛的交流。随着斗争的发展，不丹共（马列毛）越来越具有影响力，群众基础也在不断地扩大。作为国内具有确定指导思想和革命斗争纲领的、同时又建立了较为严密的组织系统并且拥有自身武装力量的政党组织，不丹共（马列毛）正逐渐发展成为不丹国内的一支令政府十分头疼的武装斗争力量。①

---

① 吴国富:《南亚地区毛主义研究》，华中师范大学博士学位论文，2014 年。

第六章

拉美的马克思主义研究与实践

拉美马克思主义的发展始终与拉美地区特殊的历史背景相联系。拉丁美洲原是印第安人劳动生息的地方。1492年，随着西班牙、葡萄牙的冒险家踏上拉丁美洲，拉美大陆很快沦为这两个国家的殖民地。19世纪初，西、葡所属殖民地纷纷宣告独立。从西班牙和葡萄牙统治下获得独立的拉丁美洲各国，后来又受到美、英等国的控制和掠夺。拉丁美洲的历史是由长期被殖民和谋求民族独立发展的斗争书写的历史，拉美马克思主义也是围绕这一主题发展建构起来的。拉美的马克思主义研究和革命实践行动最初是由19世纪大批涌入这里的欧洲移民和流亡者带来的，并非自然生发的结果。直到20世纪初，第一批将马克思主义本土化的拉美马克思主义者才真正出现。在后来的发展中，拉美马克思主义表现出越来越鲜明的内生性特征和本土的民族性色彩，呈现出马克思主义理论研究的独特面相。一方面，拉美马克思主义理论家丰富了马克思主义哲学的一些中心议题，如异化问题、意识形态问题、人道主义问题、社会主义与民族解放问题；另一方面，拉美马克思主义思想家将马克思主义的分析框架引入过去几乎从未被关注的一些主题与现象的分析之中，如土著居民的社会政治生活和精神文化传统等。拉美马克思主义的发展选取了一条相对本土化、应用化的路径，可以说，理论与实践的统一是拉美马克思主义理论最为鲜明的特征之一。

一、拉美的马克思主义：历史、发展及理论关切

（一）拉美马克思主义的发展历程

以1991年苏联解体为界，马克思主义在拉美的传播可以分为前后两个阶段。从十月革命胜利至苏联解体，1991年之前，尽管马克思主义在拉丁美洲

得到了长足的发展并取得了广泛的影响，各国共产党组织不断发展壮大，并建立起社会主义国家，对于马克思主义的拉美化也有成功探索，但基本上在这一阶段，整个拉丁美洲马克思主义的发展都受到苏联和共产国际的很大影响。苏联解体之后，一方面，由于失去苏联的支援和指导，拉美地区的马克思主义以及共产党和左翼政权的发展一度陷入困境；另一方面，进入 21 世纪后，由于拉美地区独特的地理和历史环境，马克思主义和左翼政党的发展又迎来了一个新的高潮。

马克思主义在拉丁美洲的传播始于 19 世纪中期，1854 年马克思的《哲学的贫困》在拉美书店出售，其后，随着德国、意大利和西班牙的大量移民进入拉美，马克思主义在拉美的传播日益广泛，第一批工人党和第一批接受马克思主义观点的思想家以及第一个社会主义思潮的出现，都是受第二国际的启发。他们通过办报、翻译马恩原著、撰写理论文章和研究性著作等各种方式宣传、介绍马克思主义，共产国际的分支机构在拉美各国也相继成立，至 19 世纪末，马克思主义在拉美地区得到较为广泛的传播。

1907 年，俄国十月革命胜利，受其影响马克思主义在拉美地区的传播也迎来第一次高潮。1920—1935 年，马克思主义在拉美知识分子和劳工群体中产生了广泛、深刻的影响，拉美各国的左翼政党和劳工组织纷纷转变为共产党。1935 年共产国际在莫斯科召开“七大”，提出建立反法西斯统一战线。1935—1959 年，在共产国际的指导、干预和推动下，作为苏共官方哲学的“正统马克思主义”主导了马克思主义在拉丁美洲的发展。这一阶段，共产国际给拉美各国共产党和左翼政党提供了思想和组织上的指导、帮助以及物资上的支援，极大地推动了拉美左翼政党的成熟，促进了马克思主义在拉美的传播。当然，共产国际的主导也抑制了拉美各国共产党的自主性和能动性，其结合拉美地区实际创造性地发展探索马克思主义拉美化的空间，也造成了这一时期拉美马克思主义的“苏联化”。

1959 年，菲德尔·卡斯特罗领导古巴革命胜利，推翻了亲美独裁政权。古巴革命的成功为拉美各国对马克思主义的发展提供了更加切近的、可资借鉴的模板，同时也为拉美各国共产党突破苏联“正统马克思主义”、探索适合本国国情的马克思主义，提供了思想和现实基础，极大地促进了马克思主义拉美化的进程。此后，拉美马克思主义的发展和共产主义运动进入了创造性发展和实践的新阶段。卡斯特罗思想是这一时期拉美马克思主义最具代表性的理论成果。

1991 年苏联解体，自此，拉美马克思主义的发展进入了一个新的历史阶段。20 世纪 90 年代，随着国际共产主义运动遭遇的重大变故，马克思主义理论的传播发展在世界范围内陷入低潮，拉美马克思主义也不例外，新自由主义一时甚嚣尘上。直至 20 世纪 90 年代末，拉美各国的新自由主义纷纷露出败象，拉美政坛开始出现集体左转的趋势，马克思的著作被大量出版，马克思主义研究也开始活跃起来，拉美马克思主义得到进一步的传播与发展。

（二）拉美马克思主义理论的主要代表

拉美的殖民历史和天主教传统使马克思主义在拉丁美洲的发展呈现出比较鲜明的特点。拉美马克思主义是马克思主义基本原理与拉美地区具体的历史条件及其本土思想资源理论传统的结合，一百多年的发展历程中，最具代表性的理论成果有马里亚特吉思想、卡斯特罗思想、马克思主义依附理论、解放神学的马克思主义等。

1. 马里亚特吉思想

何塞·卡洛斯·马里亚特吉 (1894—1930)，秘鲁马克思主义思想家，秘鲁共产党创始人，被称为拉美马克思主义之父。1894 年 6 月 14 日，马里亚特吉生于利马一个衰落的中产阶级家庭，祖辈参加过反对西班牙殖民统治的独立运动，父亲唐弗朗西斯科·马里亚特吉是秘鲁最高财政法庭的官员。1919—1923 年旅居欧洲期间，马里亚特吉接受了马克思主义的思想，在意大利接触和研究欧洲各国的工人运动，了解欧洲各国的状况，结识了高尔基、巴比塞、罗曼·罗兰等进步人士和革命知识分子，特别是可以就近研究俄国十月革命的经验和列宁的革命思想，并在欧洲写了很多政论性文章。1923 年回国后，马里亚特吉致力于把马克思主义理论同秘鲁本国实际相结合，积极参加反对莱吉亚独裁统治的斗争。1928 年，马里亚特吉参与创建了秘鲁社会党 (1930 年改名为秘鲁共产党)，创办了秘鲁工人总联合会的机关刊物《劳动》杂志。马里亚特吉思想是具有鲜明的秘鲁和拉美特色的社会主义思想，被称为拉丁美洲 20 世纪最光彩夺目的思想，其思想内容主要体现在 1928 年 12 月出版的

《关于秘鲁国情的七篇论文》中，核心思想是解决印第安人和土地问题，反对拉丁美洲大庄园封建制。

马里亚特吉思想是一种融合了欧洲文化思潮以及拉美土著共同体的千年传统，并试着将农民群体的社会经验纳入马克思主义理论框架的思想。马里亚特吉反对实证主义和科学主义，认为马克思主义根本上是一种基于现实和事实的辩证方法，并非庸俗唯物主义和经济决定论，因而马克思主义思想应当是开放的、非教条的，应当根据新情况不断发展和完善，进而发展为一种真正适用于解决秘鲁问题的马克思主义理论。他认为，各国社会主义的斗争应当深深地根植于本国、本民族的传统之中，拉美长期以来在政治上和经济上所遭受的盘剥以及附属地位源于其文化、思想上的主体性缺失所导致的对欧美意识形态的依附，拉美各国要想真正实现独立自主的发展就必须根除思想上的依赖，因此必须自觉建构本土的思想意识以减少依附性。同时，马里亚特吉也不赞同完全接受、照抄照搬苏联的“正统马克思主义”，他认为秘鲁应该用自己的现实、语言创造出拉美的社会主义。在《关于秘鲁国情的七篇论文》中，马里亚特吉指出，秘鲁的社会制度由于历史和殖民的原因，是一种掺杂了奴隶制色彩的半封建体制。不解决秘鲁的土地问题，就不可能真正实现秘鲁的民主化和现代化，但由于秘鲁资产阶级的软弱性和不独立，他们无法承担民主革命的任务。因此，秘鲁要实现民族独立，就必须走一条社会主义的道路。宗教与神话始终是拉美马克思主义自我发展的一个重要维度。马里亚特吉出身于一个信仰天主教的家庭，其早年对马克思主义的接触受到意大利哲学家克罗齐的影响。在马里亚特吉的思想中，马克思主义、社会主义和宗教神学思想一直交织在一起，他认为苏联的“正统马克思主义”太唯物主义了，不适用于秘鲁这个主要是印第安人的国家，强调宗教神话在社会革命中的积极作用，主张将它们吸纳到社会主义的整体辩证运动中，为革命斗争提供必要的精神和信念的支撑。在马里亚特吉看来，社会革命的斗争是一种关于现实的政治经济的斗争，而且离不开信仰、激情、意志的支撑。

2. 依附理论

依附理论是探讨第三世界不发达国家经济政治与社会发展的一种理论，尤其是关于落后国家对发达国家的从属关系以及帝国主义和新老殖民主义的理论。其思想基础首先源于马克思主义的帝国主义理论，同时借鉴了结构主义的分析方法。依附理论最初由阿根廷学者劳尔·普雷维什提出。1949年，阿根廷经济学家普雷维什在向联合国拉美经济委员会提交的一份报告中提出了关于世界经济格局的“中心—外围理论”，该理论认为广大发展中国家与发达国家之间存在一种依附与被依附、被剥削与剥削的关系。在世界经济领域，发达资本主义国家构成世界经济的中心，广大发展中国家则处于世界经济的外围，其经济发展主要依靠为“大的工业中心”生产粮食和原材料。中心国家的生产结构是均质性，现代化的生产技术较为平衡地贯穿整个经济领域；而外围国家的生产结构是非均质的，生产技术落后的传统生产部门与生产技术先进的现代化生产部门同时存在。中心与外围的关系，并不像主流经济学所描述的那样是互利的，而是前者对后者剩余价值的榨取，是不对等的。落后的外围国家遭受发达国家的剥削与控制，因此难以得到可持续的独立发展，即便可以发展，其社会机体中也往往存在严重的腐败等顽疾。

拉美国家由于其特殊的历史、地理环境，对依附理论的研究极为关注，主要代表人物有以福塔多和桑克尔为代表的“二元结构主义”的依附论流派、多斯桑托斯的新依附理论、卡多索和法莱托的联系性发展型依附理论等。依附理论尽管并非一个统一的学派，但在理论上有一些共性。马克思主义依附理论认为，对发达国家的依附或从属关系是阻碍落后国家不发达的根源，拉美诸国的落后与不发达恰恰是因为它们对发达国家完全开放而形成的依附关系所导致的，即发达国家对落后国家的控制、盘剥、压迫并使之边缘化是阻碍其发展、导致其落后贫穷的根源。不发达国家大都存在一些普遍的经济和社会特征，比如其生产部门的兴衰往往以核心国的利益和需要为转移，核心国感兴趣和需要的部门比较繁荣，反之则比较萧条；经济上呈现二元分化结构，发展比较好的现代经济部门基本是核心国经济产业的下游延伸，与核心国经济联系不密切的部门则相当落后；与二元经济结构相对应，不发达国家的社会结构也呈现明显的二元性，城市中的富人与农村中的穷人并立共存，繁华大都市与破败混乱的贫民区隔墙而立，形成鲜明的对比。尽管在依附关系存在的前提下，落后国家也能获得一定程度的发展，但这种发展需要与发达国家群体建构一种利益上的相互关系，寻求一种和依附相联系的发展。这种建构在不平等关系上的“共同发展”需要依附国家付出一系列沉重的社会代价，如收入的两极分化、劳工遭受剥削、政府集权专制以及政治生活封闭等，使那些借由依附获得发展的国家的政治经济表现出一种极大的脆弱和不稳定性。

依附不仅仅是一种外部现象，在内部结构如社会意识形态和政治领域也有突出表现和深刻影响，依附不仅是产业、金融和技术的依附，还包括更深层的知识与思想依附。发达国家不仅对受其影响控制的落后国家进行经济上的操控，还会通过思想理论的输入形成深层的观念控制，甚至还造就了一种严重阻碍这些依附国家发展的宗主文化。依附理论普遍认为，在依附关系中落后国家不可能获得真正的发展，而依靠资本主义也不可能主动终结依附关系。因此，对拉美各国而言，社会主义革命是唯一出路。发展中国家要实现自己的发展，就应当摆脱对西方发达国家和各宗主国的依赖，自觉阻止西方贸易技术、教育与思想的侵入，自力更生。

3. 解放神学的马克思主义

顾名思义，解放神学的马克思主义是一种将拉美基督教文化中的“解放神学”思想与马克思主义结合起来的理论，是20世纪60年代在拉美人民争取解放的革命斗争日趋激烈、天主教出现危机和马克思主义广泛传播的背景下产生的一种基督教社会主义思潮，主要代表人物有秘鲁的古斯塔夫·古铁雷斯、巴西的莱奥纳多·博夫、智利的弗郎斯·欣凯拉梅尔特、墨西哥的塞尔都奥、哥伦比亚的卡米洛·托雷斯和尼加拉瓜的埃内斯托·卡德纳尔等。他们虽大多是神学家、教士，但在拉美左翼思潮和1959年古巴革命取得胜利的影响下，大都认真研读过马克思、恩格斯、列宁、毛泽东等人的著作，以及葛兰西、卢卡奇、阿尔都塞和法兰克福学派等西方马克思主义者的著作。

古铁雷斯是解放神学的主要代表人物，被称为“解放神学之父”。19世纪拉美各国相继脱离了西班牙、葡萄牙的殖民控制后，长期处于军人独裁统治之下，争取彻底的解放成为普遍的社会要求，解放神学正是在这种历史背景下出现的。其把马克思主义的社会经济分析作为解释《圣经》的原则，认为政治解放的根基乃是从“原罪”中解放出来，强调耶稣是“解放者”，主张神学不仅要反思世界，而且要改造世界。

解放神学的马克思主义强调马克思主义与解放神学的共同之处。在他们看来，共产主义的内涵与基督教的精神实质是共通的，马克思主义主张依靠无产阶级，为劳苦大众谋福利，建立人人平等的社会主义和共产主义社会；解放神学同样主张教会应当是穷人的教会，为穷人服务，为贫苦的教徒谋福利，建立公正、和平、友爱的社会。解放神学的马克思主义认为马克思主义与解放神学在许多方面是完全可以携手共进的。现实中，人们争取社会正义的斗争本身就是获得“救赎”的过程，等同于《圣经》中所示的建设天国的斗争。《圣经》中提及的发圣餐、实行财产共有等与共产主义理想所描述的物质财富极大丰富，各尽所能、按需分配的生活形态极为相似。解放神学与马克思主义一样都批判资本主义制度，认为唯有同帝国主义以及垄断资本势力进行自觉斗争，唯有走社会主义道路才能使拉美获得真正的独立和发展。

解放神学的马克思主义用马克思主义改造基督教的神学理论，使之革命化、现实化，同时对马克思主义的宗教观进行去“无神论化”的阐释，从而试图将两种理论融合起来。解放神学的马克思主义将投身革命的社会改造运动与践行基督教教义的行动结合起来，认为信仰马克思主义与信仰基督教并不矛盾，甚至认为只有投身于争取民族独立与人民解放的革命实践才能真正践行基督的救赎伦理，成为一名真正的信徒。

解放神学的马克思主义在拉美的发展有其深刻的社会历史原因。拉丁美洲有着悠久的基督教信仰传统，其居民中约有 90% 信奉天主教，几乎占全世界天主教徒总数的一半。15 世纪中期第一批天主教传教士进入拉美，在拉美的殖民历史上，天主教往往与帝国主义以及本国的封建宗主站在一起，代表着一种保守的势力。20 世纪 60 年代，随着拉美各国民族民主运动的发展和广大贫民信徒的觉醒，天主教的传播遭遇了危机。在这样的背景下，得益于马克思主义在拉美日益深远的影响，一些接触和熟悉马克思主义思想的神职人员开始尝试运用马克思主义政治经济学和社会分析方法，对社会主义国家的革命加以借鉴和总结。解放神学的马克思主义主张确立一种爱神也爱人的、人道主义的、结合了世俗情怀与宗教感受的、与基督教精神相容的社会主义理想，从而将社会主义建构作为基督徒现世的奋斗目标。应当说在理论来源上，他们更多的受到西方马克思主义人本主义思潮的影响，与马克思主义所主张的科学社会主义还是有一定差别的。

（三）拉美马克思主义的主要特征

拉美马克思主义根植于拉美的历史文化传统，具有鲜明的本土性和民族性特征。第一，反对殖民主义、摆脱依附、谋求政治经济文化的自主发展、实现社会公正是拉美马克思主义发展中一以贯之的理论主线。尽管拉美各国自 19 世纪末就在形式上摆脱了各宗主国的殖民统治并实现了独立，但这种独立不是建立在对原有社会结构的深刻革命之上的，因此拉美各国普遍没有完成现代化转型，而其所谓的“民族独立”也基本建立在对原宗主国的经济、文化依附之上。一方面，这意味着拉美各国依然遭受着“中心国家”的经济盘剥，其经济发展缺少自主性，国家的经济乃至政治独立都非常脆弱，受到发达国家的支配；另一方面，依附性的政权必然在国内造就了一个庞大的“买办阶层”，这一阶层借由对宗主国的投靠掌握了丰富的社会资源，广大的民众则承受着极端不公的盘剥与压迫，造成了拉美国家极为常见的贫富分化现象，这也从内部加剧了社会的脆弱和不稳定。拉美马克思主义正是本土研究者们自觉用马克思主义基本原理来分析和解决拉美诸国普遍面临的时代问题的成果，是拉美各国现实中面对的各种经济社会问题使人们选择了马克思主义理论，唯有通过彻底的社会主义革命，才能真正解除数百年的殖民统治给拉美各国的现代化转型戴上的沉重枷锁，进而实现真正的独立自主。

第二，拉美马克思主义的发展始终带有浓厚的宗教色彩，将宗教神话纳入社会主义运动中，使之成为社会主义的精神内涵之一而从属于整体的人类解放事业，这显然有违正统马克思主义的观点，但却是拉美马克思主义的鲜明特色和马克思主义拉美化不得不面对的现实境遇，同时也是马克思主义与拉美具体历史条件相结合的必然产物。拉美是个高度天主教化的地区，超过 90%的居民是天主教徒，如果僵化地坚持马克思的宗教观而不加以变通或发展，马克思主义在拉美的发展就会将绝大多数群众拒之门外。因此，自马里亚特吉开始，拉美的马克思主义者们基本对宗教持开放性态度，宗教和神话的融入也为拉美马克思主义的发展增添了一抹鲜明独特、神秘浪漫的色彩。

拉美马克思主义尽管受到西方马克思主义理论的很多影响，但它带有非常主动自觉的实践性要求，是一种旨在改变世界、真正解决拉美现实问题的理论探索，其本土性和民族性特征也正是因为理论的创建者们大都是社会活动家和革命家，其研究指向对现实的改造，因此其理论必须具体而有针对性，必须更加真实地反映拉美的客观实际。

二、拉美社会主义运动与左翼政党：现状、挑战及前景

（一）拉美左翼政党的发展历程

左翼政党及社会主义运动在拉美有着广泛影响，但其发展历程却并非一帆风顺。拉美的工人运动始于19世纪末，在此后近两百年的时间里，拉美左翼政权的发展一波三折。20世纪二三十年代，拉美国家纷纷成立了共产党组织。1918年阿根廷社会党的左翼从社会党内分离出来成立了国际社会党，1920年国际社会党更名为阿根廷共产党；智利共产党于1922年1月正式成立，其前身是1912年6月4日成立的社会主义工人党；1919年9月墨西哥马克思主义社会党成立，同年11月改称墨西哥共产党；1921年4月乌拉圭共产党成立；1922年3月巴西共产党成立；1925年8月，古巴共产党（后改名为人民社会党）成立；1928年2月，巴拉圭共产党成立；1928年10月，马里亚特吉等人建立秘鲁社会党，1930年5月改称秘鲁共产党。

20世纪30至50年代，拉美共产党的影响力进一步扩大。在巴西、阿根廷、智利等国，劳工政党在选举中获胜并取得了政权，随之展开了较为激进的经济改革，建立了以大规模再分配、国有化和深度国家干预为特点的经济体制。1947年，随着冷战的开始，美国日益介入拉美事务，再加上1956年召开的苏共二十大给国际共产主义运动带来的巨大打击和思想上的混乱，使拉美各国共产党在领导立场上产生了严重分歧甚至是组织上的分裂。尽管1959年古巴革命取得了胜利，但20世纪60至70年代，拉美左翼运动的发展还是遭遇了严重的挫折。1964年巴西发生军人政变，此后拉美地区右翼军事政变频繁，以反共为意识形态的威权主义军政府相继成立，它们压制劳工运动，并取缔了左翼政党，多国共产党被宣布为非法组织，拉美左翼运动陷入低潮。

20世纪70年代后期，第三波民主化浪潮席卷了拉丁美洲，拉美国家的民主化进程不断深入，结束了军政府的威权主义统治，多数拉美国家相继确立了竞争性选举制度，各国共产党重新获得了合法地位，拉美的共产主义运动

得到恢复和发展。但随着苏联在冷战中日益陷入被动，以及新自由主义思潮的兴起，右派和中间派依然支配着拉美各国的政局。20 世纪 90 年代，苏联的解体对于拉美的左翼政党造成了巨大的打击。失去了苏联这一重要的战略支援，古巴经济形势急剧恶化，陷入空前的危机；除古巴外，当时拉美国家有四五十个各类共产主义政党和组织与苏共保持密切的联系，在经济、组织和方针路线上或多或少地接受苏共的帮助和指导，苏东剧变使这些左翼政党失去了主要外援，加剧了这一时期拉美国家左翼运动的低迷程度。

20 世纪末到 21 世纪初，可以说是拉美左翼崛起的黄金时期。随着新自由主义陷入危机，在世界性经济危机的冲击下，拉美各国执政的中右翼政府因为在经济危机中表现不佳而下台，在危机中赢得选票上台执政的左翼政党在这段时间迎来了世界经济的繁荣和复苏。得益于有利的国际国内环境，委内瑞拉、巴西、阿根廷、玻利维亚、厄瓜多尔、智利、乌拉圭、尼加拉瓜、萨尔瓦多等国家都由左翼政党上台执政，拉美社会主义运动在经历了十几年低潮后再度振兴，西方媒体和学界把这一现象称作“粉色浪潮”。1999 年委内瑞拉左翼第五共和国运动领导人查韦斯选举获胜就任总统；2002 年巴西劳工党候选人卢拉当选总统；2003 年阿根廷左翼正义党领导人基什内尔当选总统；2005 年乌拉圭左翼广泛阵线候选人巴斯克斯当选总统，成为该国历史上第一位左翼总统；2006 年玻利维亚左翼争取社会主义运动主席莫拉莱斯当选总统，成为该国历史上第一位印第安人总统；萨尔瓦多、尼加拉瓜和智利自 21 世纪以来，更是由左翼政党领袖多次连任总统。拉美地区有超过一大半的人口生活在左翼政党的治理下，应当说 21 世纪初左翼政党的胜利是拉丁美洲一种广泛、普遍的政治现象。

然而，自 2015 年起，拉美左翼政权的发展面临着一个新的转折点。从这一年开始，拉美左翼政权接连受挫，右翼势力开始抬头。2015 年 12 月，委内瑞拉议会选举中，以现总统马杜罗为首的查韦斯派在国会选举中失利，社会主义统一党失去了议会多数党的地位，国会被反对派控制；2015 年 11 月，阿根廷中右翼政党联盟候选人毛里西奥·马克里以微弱优势，战胜了左翼执政联盟候选人丹尼尔·肖利，当选为阿根廷新总统；2016 年 8 月，巴西左翼党总统罗塞夫被弹劾，中右翼政党巴西民运党主席米歇尔·特梅尔被国会任命为新总统。拉美左翼政党先后遭遇执政危机，大规模抗议运动频发，十余年来拉丁美洲引人注目的粉色浪潮似乎已经进入衰退期。

21世纪以来拉美左翼政党的兴衰，应该与全球经济发展的形势有着密不可分的联系。很多学者认为新自由主义在20世纪末遭遇的危机导致了拉美左翼的重新崛起。拉美左翼政党普遍执政期间，正值全球原材料出口的牛市，许多拉美国家的经济势头良好。近年来，由于全球经济形势不景气，拉美左翼政党面临严峻的经济下行压力。过去被经济繁荣所掩盖的各种社会问题和社会矛盾开始凸显，执政党自身和政府严重的腐败问题、左翼政党及联盟之间的关系处理问题、美国对拉美各国事务或明或暗的各种干涉，以及国内各种保守势力和反对派的进攻都成为困扰拉美国家进一步发展的深刻现实危机。

2015年以来拉美左翼面临的危机使很多学者判断未来拉美地区的发展将是“左降右升”，“粉色浪潮”的消退不可避免，而且拉美的左翼运动将陷入又一个低潮。事实上，拉美左翼政党面对的问题是拉美各国发展中必须解决而一直未能彻底解决的普遍的社会问题，归根结底在于拉美各国的现代民主政治制度是一种外生性的移植。在现代化的外壳之下，拉美各国始终未能完成彻底的社会革命，也未能摆脱对“宗主国”的依附，因而其社会发展始终存在内部的分化和撕裂，其政治经济形势也始终带有极大的不稳定性。因而，拉美左翼政党要想解决内忧外患，必须在土地改革、国有化和政府人民化方面真正有所突破。

（二）古巴社会主义

古巴是西半球唯一的社会主义国家，古巴社会主义以马克思主义为指导，由无产阶级政党领导，通过民族民主革命建立政权，应当说是拉美地区真正以科学社会主义为基础建立的社会主义国家。20世纪60年代初，古巴进行一系列社会主义改造后进入了社会主义时期。1961年7月，“七二六”运动、人民社会党和“三一三”革命指导委员会合并组建古巴革命统一组织，1965年更名为古巴共产党。古巴共产党以马列主义为指导思想，1997年古共五大进一步指出，古巴共产党是一个以马列主义、马蒂思想和卡斯特罗思想为指导的政党。毫无疑问，古巴的社会主义改造和建设是与一个人的名字紧密联系在一起的，这个人就是菲德尔·卡斯特罗。

菲德尔·卡斯特罗1926年8月13日出生于古巴奥尔金省比兰镇，1945

年考入哈瓦那大学法律系并积极投身于反对亲美独裁政权的爱国学生运动；1956年领导古巴革命，推翻了亲美的巴蒂斯塔政权。1961年4月，卡斯特罗向全世界宣布古巴将进行社会主义革命，将古巴转变为社会主义国家，成立了古巴共产党，担任中央委员会第一书记。卡斯特罗是古巴共和国、古巴共产党和古巴革命武装力量的主要缔造者，被誉为“古巴国父”，是古巴现任最高领导人劳尔·卡斯特罗的哥哥，亦是古巴第一任最高领导人。

古巴的社会主义建设从一开始就非常注重社会公正和平等。卡斯特罗早年主张彻底的社会主义革命，拒绝与民族资产阶级合作，力图在社会主义建设中快速剔除一切资本主义成分，强调革命者应坚持不断革命的原则，迅速消灭市场与商品生产，甚至消灭带有资本主义气息的货币和物质刺激，追求纯粹的社会主义。1959年革命胜利之后，通过土地改革和城市改革，分配给农民和城镇居民土地和住房。古巴整体的经济发展水平虽然不高，但自社会主义改造以来建立了十分完善的社会保障制度，尤其是在教育和医疗领域，实行全民免费医疗和教育，教育和公共医疗的社会覆盖率在很多方面都居于世界领先水平。卡斯特罗主政期间拒绝接受市场经济，认为市场规律造就了一种最自私、无情的制度，因而经济问题一直是困扰古巴社会发展的难题，其社会生产始终难以摆脱短缺经济的困扰。对此，古巴曾多次进行经济模式的探索，却始终缺乏有效路径，这种状况直到苏联解体和劳尔主政之后才有所改变。

长期以来，基于“美国后院”的地缘位置，古巴的社会主义建设始终处于美国霸权的阴影笼罩之下，经济发展在过去也主要依靠苏联的长期贷款和技术物资支援。20世纪90年代苏东剧变之后，古巴失去了其经济发展的最大支柱，经济发展一度陷入困境。在对苏联解体的审视和反思中，古巴共产党认为，马克思主义揭示了资本主义必然灭亡、社会主义必然胜利这一人类社会发展的一般规律，但马克思主义并不是一种封闭的、僵化的理论体系，它是开放包容的、不断发展的科学理论；而各国、各地区的实际革命和发展建设的条件差异很大，只有将马克思主义的一般性原理同本国的实际情况相结合，形成切合本国国情的具体的、现实的方案才能建设和发展好社会主义。苏联解体不是因为马列主义，而恰恰是因为没有真正坚持马列主义。

此后，古巴加快了对社会主义模式的探索。古共四大之后决定对外资进行广泛的开放。自 1994 年开始，古巴的合资企业、个体经济等非公经济形式有了一定发展，放开对外贸易也取得一定成效，经济逐渐恢复。2006 年 7 月，菲德尔·卡斯特罗年事已高，由其弟弟劳尔·卡斯特罗代理古巴国务委员会主席兼部长会议主席的职务。劳尔主政之后，针对古巴经济发展中存在的官僚主义与动力不足、效率低下的问题，提出了一系列改革措施。2011 年，古共六大通过了《党和革命的经济社会政策纲要》(简称《纲要》)，提出了“更新”社会主义经济模式的新举措，要逐渐改变高度集中的计划经济，把党和政府的工作重心转移到经济建设上来，有计划地发展非公有制经济；同时，指出经济模式的更新是在古巴社会主义原则指导下进行的。

《纲要》指出，在所有制方面，古巴是以计划经济为主的社会主义国家，但要解决计划体制的过度集中和僵化问题，考虑市场的因素和发展趋势，承认并鼓励外资企业、个体劳动者、自主经营者和小农户等其他所有制形式的发展，使其与社会所有制一道，共同推进社会主义建设。在分配方式上，古巴施行按能力和劳动进行分配的原则，主张根据劳动成果进行分配，反对平均主义，指出平等不是平均主义。在社会保障制度方面，古巴将继续保持全民免费医疗、免费教育等社会主义改造的成果，强调在古巴社会主义社会不会使任何人失去保护，但将减少或取消不必要的社会开支。为贯彻古共六大精神，近年来，古巴通过了新税法，为私营企业的发展减免一定赋税，放宽了对个体工商户的限制，向个体户开放了多项经营活动。2013 年 4 月，古巴政府决定在首都哈瓦那以西的马列尔港地区建立发展特区，采取一系列税收优惠政策，用来吸引外来投资和技术，增加外汇收入、创造就业机会。古巴的“更新”社会主义措施自实施以来取得了一定成效，私营企业发展较为迅速，激发和释放了经济发展的活力，生产效率得到提高。因其始终采取审慎、稳妥的方针，坚持稳中求进，避免因操之过急、急躁冒进造成社会和政治动荡，人民也在“更新”的举措中分享到改革的红利，切实推进了古巴社会主义模式的自我“更新”。

（三）委内瑞拉“21 世纪社会主义”

乌戈·查韦斯·弗里亚斯是拉美政权集体左转、开启“粉色浪潮”的领军性人物。1998 年 12 月委内瑞拉总统大选中，左翼政党联盟的候选人查韦斯在大选中获胜。当选之初，查韦斯试图建立一种“人文主义的资本主义”，即“第三条道路”，以对抗当时在拉美盛行的新自由主义经济政策。但在具体的实践中，查韦斯逐渐意识到介于社会主义和资本主义之间的第三条道路并不可行，资本主义在委内瑞拉同样不可行，于是在 2004—2005 年，查韦斯把目光转向了社会主义，认为社会主义是解决委内瑞拉乃至人类和整个世界面临的各种问题的唯一办法。他提出了拉美“21 世纪社会主义”的概念，要带领委内瑞拉走社会主义道路，并在政治、经济、社会、意识形态和对外关系等领域进行一系列的实践探索。

在理论上，“21 世纪社会主义”首先对资本主义和新自由主义进行批判，20 世纪 70 年代兴起的新自由主义经济改革浪潮，使欧美资本大量流入拉美市场，严重削弱了拉美国家的经济自主权。至 20 世纪 90 年代末，拉美各国金融结构失衡、金融泡沫膨胀，危机此起彼伏。查韦斯上台后彻底否定新自由主义，而谋求一种新的发展方式。在实践中，“21 世纪社会主义”尝试探索新的发展道路，试图建立符合委内瑞拉国情的独立发展的新体制模式。具体表现为：在经济上，主张以国有化为主的多种所有制经济共同合作发展，强调公有经济、私有经济、混合经济、合作经济、协作经济、社区经济和家庭经济共存，同时强化国家对资源能源等战略部门和支柱产业的干预力度，力争转变增长方式，减轻对外依赖；在政治上，主张建立全民参与式的民主政治，用直接民主取代代议制民主，并追求社会公平正义，把惠民、减贫、促进社会公平、改善民生作为施政重点，致力于改善底层人民生活状况；在思想文化上，大力推广社会主义价值观，进行社会主义教育运动；在外交上，积极倡导拉美南部不发达国家联合起来，反抗以美国为首的西方霸权主义，反对其对拉美事务的干涉，谋求和推动拉美国家合作与地区一体化进程。

2013 年 3 月查韦斯病逝，作为查韦斯的继任者，马杜罗于 2013 年 7 月当选统一社会主义党主席。马杜罗指出，党的中心工作就是实施查韦斯生前所制定的“祖国计划”，这个计划提出了委内瑞拉在 2014 — 2019 年的发展目标。尽管执政伊始就面临着内忧外患，委内瑞拉的经济形势也不断恶化，但马杜罗依然继续全面执行查韦斯生前制定的这一整体规划，强调继续在委内瑞拉进行“21 世纪玻利瓦尔社会主义”建设。

查韦斯在世期间，得益于国际石油市场的利好以及查韦斯个人的威望和魅力，“21 世纪社会主义”建设在委内瑞拉社会发展中取得了良好的成效。但是，“21 世纪社会主义”所实施的各项变革都是在现有制度框架内进行改良，并没有从根本上解决制约拉美发展的历史性体制难题。从根本上来说，查韦斯的“21 世纪社会主义”设想要实现，就必须建立独立自主的经济和政治体系，尽管查韦斯执政期间通过调整与外资的利润分成比例、重新签订合同、收购股份和提供赔偿等措施，将国民经济核心产业收归国有，但始终没有改变委内瑞拉在经济上严重的对外依赖性。委内瑞拉经济发展过于依赖本国石油资源，国家经济状况的好坏完全取决于石油价格的高低，然而石油价格是由国际市场决定的。查韦斯的“21 世纪社会主义”实践试图使拉丁美洲摆脱依附地位，走上独立自主的发展道路，但随着查韦斯的去世，以及 2014 年后石油和初级产品价格急剧下降造成委内瑞拉国家收入锐减，原有的社会福利政策难以维系，反对派利用民众的不满情绪，最终在 2015 年的议会选举中赢得多数选票，“21 世纪社会主义”的实践前景面临着极大的不确定性。

2015 年以来，拉美的左翼政党发展态势相对低迷，但左翼运动在拉丁美洲依然具有坚实的社会基础和深厚的思想土壤，社会主义价值已在拉美社会中形成一种富有影响力的政治价值取向，并以此为核心凝聚了相当广泛的群众，拉美社会长久以来的依附性状态和社会发展中严重的两极分化现象，仍然需要借助马克思主义理论来彻底革除。

第七章

非洲的马克思主义传播与实践

非洲马克思主义的传播与实践同非洲特殊的历史发展相关。历史上，非洲国家遭受了血腥的殖民侵略，西方强权国家用武力手段维持了 300 多年的殖民统治，这是非洲国家在马克思主义传入非洲之前社会环境的最大特点。从 16 世纪开始，欧洲传统海洋大国相继将非洲奴隶源源不断地运送到世界各地，奴隶贸易一直持续到 19 世纪后半叶，在给非洲人民带来灾难的同时，也干扰了非洲社会自然发展的轨迹，非洲国家变为西方列强的殖民地[①]。随着 18 世纪工业革命的兴起，西方国家对非洲原材料和商品销售市场的需求与日俱增，非洲被纳入世界资本主义市场，成为帝国主义资本输出的场所，帝国主义列强不断掀起对非洲各国的侵略狂潮，原有的文化、经济形式和社会秩序受到严重破坏。在此过程中，马克思主义从发源地欧洲传入了非洲，非洲一批有志于反殖民运动和寻求民族解放的有识之士，通过与马克思主义者的接触逐渐认识了解了马克思主义。俄国十月革命后，马克思主义在非洲大地进入了快速传播和发展的轨道，在多个国家相继成立了马克思主义的政党或组织，在追求国家解放和民族独立的过程中进行了艰苦卓绝的斗争，从时间发展的角度看，走出了一条从萌芽到发展达到高潮陷入低潮再复苏的不平凡之路。在实践的过程中，非洲的马克思主义者通过将马克思主义和非洲特有的民族、宗教、文化等相结合产生了非洲色彩浓厚的理论研究和发展。理论成果有非洲社会主义理论（包括三大流派：非洲村社社会主义、非洲民主社会主义和非洲科学社会主义），以及与宗教相结合的阿拉伯社会主义理论和伊斯兰社会主义理论等[②]。南非共产党是非洲现存力量和影响最大的共产党，并且

① 杨光、王正、张宏明:《马克思主义与西亚非洲国家发展道路问题研究》，中国社会科学院出版社 2017 年版。

② 杨光、王正、张宏明:《马克思主义与西亚非洲国家发展道路问题研究》，中国社会科学院出版社 2017 年版。

作为南非非洲人国民大会“三方联盟”[①]中的一方参政。进入新世纪以来，南非共产党在理论方面创新提出了（民族）民主革命和社会主义革命结合论。

一、非洲马克思主义的发展历程、典型运动和理论发展

（一）发展历程

根据时间段落发展，我们可以将非洲马克思主义的宏观发展进程大致分为 5 个阶段，即萌芽阶段（1917 年之前）、发展阶段（20 世纪 20 年代至 40 年代末）、高潮阶段（20 世纪 50 年代至 70 年代）、低潮阶段（20 世纪 80 年代至 90 年代末）和复苏阶段（21 世纪以来）。

萌芽阶段的时间跨度约为 19 世纪中期至 1917 年。欧洲是马克思主义的发源地，从 19 世纪中期开始，马克思主义逐渐从欧洲走向世界各地。在当时，非洲各国经济基础落后并且长期遭受西方帝国主义的压迫，非洲的有识之士开始与帝国主义国家进行去殖民化的对抗[②]。在对抗过程中通过与共产党的接触，以及耳濡目染大都会劳工活动，非洲反殖民活动分子接触了马克思主义。例如几内亚的塞克·杜尔，他曾在法国工作，还有加纳独立运动的领袖恩克鲁玛，他们都接触了马克思主义，并且坚信和宣称非洲的社会主义只能通过先锋党领导下的阶级斗争才能实现。另一条传播马克思主义的途径是通过非洲中心城市知识分子进行的文化运动进行传播。包括教育部门的教师和学生，政府公务员；被葡语系非洲所同化的相对有特权的非洲人；在安哥拉和莫桑比克的混血人种以及在南非的“有色人种”；还有那些具有重要意义的在文化上有别于黑人原住民和白人定居者的移民，即南非和葡萄牙殖民地的印第安人（后者多为果阿人），以及来自俄罗斯帝国再次定居于南非的犹太移民。这些群体都受过良好的教育，足以读懂马克思的著作，并拥有与外围世界进行文化交流的能力。他们的队伍中涌现了以大学为中心的学院马克思主义，他们与都市马克思主义理论相衔接，这种理论试图去理解后殖

① 南非非洲人国民大会与南非共产党和南非最大的工会组织南非工会大会于 1989 年结成政治联盟，称“三方联盟”，成为南非最具影响力的政治力量。

② 郑祥福:《马克思主义在非洲的传播与发展》,《浙江社会科学》2014 年第 12 期。

民国家、中心—外围[①]经济关系和南非种族隔离[②]。他们坚信马克思主义为反殖民主义斗争提供了一种准则，至此，马克思主义在非洲已获得较为广泛的传播[③]。

随着十月革命的成功，苏联为包括非洲在内的世界各国树立了马克思主义革命典范，为马克思主义在非洲的快速发展起到了催化效果，直接导致了非洲马克思主义政党的产生，共产党成为非洲人民争取自身解放斗争的巨大力量的新型政党，并为后续非洲民族独立运动和解放运动起到了关键性作用。随后 1921 年南非共产党的成立使南非成为最早成立共产党的非洲国家。南非共产党最初的组织成员大多是欧洲来到南非进行殖民的白人和他们的后裔。随后，在苏丹和埃及等国的共产党也相继成立。第二次世界大战结束以后，苏联和国际共产主义运动进入一个新时代的情况下，非洲也步入了一个去殖民化和后殖民的时代，进行了大规模的民族独立运动和民族解放运动，马克思主义理论在非洲获得了迅速发展，出现了非洲社会主义、阿拉伯社会主义理论、伊斯兰社会主义理论等具有非洲特征的理论发展。

20 世纪 50 年代非洲出现了两个社会主义国家，分别是埃及和几内亚。这标志着社会主义运动在非洲首次以国家形态出现，并由此登上了历史舞台。20 世纪 50 年代后，国际共产主义阵营为非洲的马克思主义传播和发展，以及大量非洲马克思主义政党组织的成立和发展起到了重要作用。20 世纪 50 年代至70年代，非洲出现了数量众多的积极从事“社会主义”实践的政党或组织，成为目前为止非洲马克思主义政党或组织成立和发展的高峰时期。当时的东德和中国的社会主义给非洲社会主义运动提供了重要帮助。例如东欧对非洲

① 中心—外围理论，是由阿根廷经济学家劳尔·普雷维什提出的一种理论模式，它将资本主义世界划分成两个部分：一个是生产结构同质性和多样化的“中心”；一个是生产结构异质性和专业化的“外围”。

② 南非的种族隔离（Apartheid）为 1948 年至 1991 年间在南非共和国实行的一种种族隔离制度，Apartheid 是南非语引自荷兰语的词，区分隔离制度之意。这个制度对人种进行分隔（主要分成白人、黑人、印度人和其他有色人种）。然后依照法律上的分类，各族群在地理上强制地被分离，特别是占多数的黑人，依法成为某些“家园”的市民。这些家园在名义上是自主国家但运作比较类似美国印第安保留区和加拿大原住民保留区。事实上，多数的南非黑人从未居住过这些“家园”。

③ 郑祥福:《马克思主义在非洲的传播与发展》,《浙江社会科学》2014 年第 12 期。

的军事援助，激励了一批军火供应商鼓励安哥拉、埃塞俄比亚、索马里等成立临时军政委员会，通过军事斗争来夺取政权，并为非洲大学输入了大量的马克思主义理论教师。在此时期，奉行非洲社会主义的撒哈拉以南地区各国形成了非洲科学社会主义、非洲民主社会主义和非洲村社社会主义三大流派，影响和号召力日益增强，使非洲的马克思主义发展达到了顶峰。

随着20世纪80年代私有化浪潮和新自由主义[①]思潮的两次冲击，非洲的马克思主义发展进入到低潮阶段。这一时期苏联社会主义在经济上捉襟见肘，给非洲马克思主义政党和组织的支持明显降低，特别是随着苏联解体和东欧剧变，非洲的马克思主义政党和组织已无法依赖苏联的支持，他们被迫转向西方。这一时期虽然津巴布韦和佛得角作为新生力量加入了社会主义运动，但5个国家脱离了社会主义阵营，转而走上了资本主义道路，非洲的社会主义国家出现了负增长。尽管遭受了私有化和民主化浪潮的冲击，非洲的社会主义运动并未就此消亡，以南非共产党为代表的共产主义政党，通过自身理论和政策的调整，以及建立新型国际联系的方式，力量已获得新的发展，进而使该地区社会主义运动呈现出奋进的局面。特别是进入新世纪，由西方世界引发的世界经济危机给非洲各国带来了经济上的冲击，导致出现了一系列社会问题，非洲各国的新自由主义道路纷纷露出败象，使非洲各国不得不重新审视国家发展的道路问题。与此同时，随着中非加强合作和中国提出的“一带一路”倡议构想，给非洲各国带来了新的发展机遇，非洲的马克思主义研究又开始活跃起来，马克思主义在非洲呈现出复苏的前景。

（二）典型运动[②]

非洲的马克思主义运动和非洲民族独立解放运动以及社会主义运动是相联系的。第二次世界大战结束后，随着非洲民族主义的觉醒，民族独立运动和解放运动风起云涌，马克思主义运动也逐渐走向高峰。第一波社会主义运动大约在1945年，起源于泛非主义大会，主要代表人有杜鲍伊斯和乔治·帕德摩尔，他们关心的是在殖民地状况下如何实现自由的社会主义。1945年的

① 新自由主义（Neoliberalism）是英国现代政治思想的主要派别。主张在新的历史时期维护个人自由，调解社会矛盾，维护自由竞争的资本主义制度。

② 郑祥福:《马克思主义在非洲的传播与发展》,《浙江社会科学》2014年第12期。

泛非大会在非洲历史上起着很大作用，此时最有影响的非洲马克思主义的代表人是恩克鲁玛，他曾领导了加纳 1957 年的独立运动，其成立的人民议会党有成员 200 万人。在几内亚，则有塞古·杜尔，他领导的几内亚，先成立了几内亚民主党，后改造成为先锋党，最后成为几内亚国家党。在坦桑尼亚，则有朱利斯·尼雷尔，他试图强迫农民加入社会主义，发起国有化和民众动员的革命。在这些代表人物的领导下非洲进行了持续不断的马克思主义运动，主要的实践方式为国家政变与人民战争。

国家政变是非洲马克思主义运动的主要方式之一。马克思列宁主义政党通过在刚果共和国（1963）、马里（1968）、达荷美共和国（1972，后来更名为贝宁）、索马里（1969）、埃塞俄比亚（1974）、马达加斯加（1975）和上沃尔塔（1983，后来更名为布基纳法索）发动国家军事政变来执政。在刚果、埃塞俄比亚和马达加斯加，也包括贝宁，军事武装力量最初是作为民众运动的一部分而登上政坛的。他们上台以后，与平民的左派在意识形态问题上相互合作或相互对立，而这往往又会产生激进的影响。军事领导人象征性地发表了重要的马克思主义列宁主义的声明。著名的声明有：马达加斯加的革命宪章、桑卡拉的政治倾向演讲和西亚德·巴雷将军的蓝皮书。当意识到军事统治违反了列宁主义的原则后，军政府也就成立了马克思列宁主义政党，后来逐步平民化。

另一种马克思主义运动的主要方式是人民战争，主要是通过游击战来迫使殖民主义者放弃政权。例如安哥拉人民解放运动、几内亚（比绍）非洲独立党运动、莫桑比克解放阵线、纳米比亚西南非洲人民解放阵线、埃塞俄比亚的人民解放阵线、乌干达的民族抵抗运动。这些运动都具有广泛的农民基础。

（三）理论发展

非洲在建立和发展马克思主义政党和组织以及进行马克思主义运动的过程中，不仅为非洲殖民地国家如何建设社会主义提供了经验和教训，而且与地区的实际情况相结合，马克思主义理论在非洲的发展产生了特有的走向。最具有代表性的理论成果有非洲社会主义理论（包括三大流派：非洲村社社会主义、非洲民主社会主义和非洲科学社会主义），以及与宗教相结合的阿拉伯社会主义理论和伊斯兰社会主义理论[①]。进入新世纪以来，南非共产党作为非洲最大规模和影响力最大的共产党组织，在理论方面创新提出了（民族）民主革命和社会主义革命结合论[②]。

1. 非洲社会主义理论[③]

19 世纪 30 年代，以埃及的法阿赫·拉菲·塔赫塔维、西非利比里亚的爱德华·威尔莫特·布莱登以及圣西门的弟子为代表的先进知识分子，将欧洲的空想社会主义和英国的费边社会主义介绍到了非洲地区。俄国十月革命后，科学社会主义进入了南非地区并快速传播。此时，“社会主义思想还处于萌芽状态，是跟泛非主义和非洲民族解放运动结合在了一起的，并成为泛非主义的三个基本原则之一”[④]。20 世纪 40 年代，塞内加尔领导人桑格尔在非洲首次将“非洲社会主义”作为一个单独的概念提出。“非洲社会主义”的基本理论观点是社会主义源自本土，社会主义是非洲唯一的发展道路，而且非洲具备超越资本主义发展阶段而进入社会主义的条件和能力。此后，“非洲社会主义”形成了三大流派，分别是：非洲村社社会主义、非洲民主社会主义和非洲科学社会主义。

非洲村社社会主义是一种以非洲传统村社价值标准为基础的社会主义流派。该流派认为非洲传统的村社制度是社会主义性质的，只要恢复互相合作、共同劳动的“传统”，并与现代工业技术相结合，就能建设现代社会主义。其主要代表是坦桑尼亚、赞比亚、马达加斯加、塞舌尔、肯尼亚、马里和加纳等国。

非洲民主社会主义是具有泛非组织形式的社会主义流派，因其主要思想源于法国社会党的主张以及英国费边社会主义，因此其主张阶级融合，通过逐步发展实现不同于“欧洲社会主义”的“非洲社会主义”。其主要代表是国内资产阶级较为弱小的塞内加尔、突尼斯以及毛里求斯等。

---

① 杨光、王正、张宏明:《马克思主义与西亚非洲国家发展道路问题研究》，中国社会科学院出版社 2017 年版。

② 刘巍、程光德:《南非共产党社会主义革命阶段的新策略》,《马克思主义研究》2011 年第 12 期。

③ 杨光、王正、张宏明:《马克思主义与西亚非洲国家发展道路问题研究》，中国社会科学院出版社 2017 年版。

④ 唐大盾、徐济明、陈公元:《非洲社会主义新论》，教育科学出版社 1994 年版。

非洲科学社会主义主要受马克思主义的科学社会主义影响，最初以政党形式出现，在社会主义国家的大力支持下，20 世纪 70 年代成为非洲重要的社会主义流派。主要代表有刚果、莫桑比克、津巴布韦、埃塞俄比亚、贝宁和安哥拉。该流派认识到了“只有一个科学社会主义，其他形式的所谓社会主义都已证明是站不住脚的”[①]，并在实践中采取了一些较为彻底的反帝反封建的措施，但该流派唯苏联马首是瞻，无视本国实情照搬苏联模式，这显然违背了马克思主义的普遍真理同各国革命具体实践相结合这一基本原则。

2. 与宗教相结合的社会主义理论[②]

北非地区与西亚毗邻，受三大宗教影响大，因此，社会主义一经传入便被赋予宗教色彩，并由此出现了两种带有宗教色彩的社会主义理论。19 世纪末，以萨拉姆·穆萨和嘉马鲁丁·阿富汗尼为代表的知识分子，开始对伊斯兰教和社会主义进行调和。俄国十月革命后，以穆罕默德·伊克巴尔为代表的伊斯兰知识分子，形成了改良伊斯兰教而复兴伊斯兰世界的思想。这一思想衍生出两种具有宗教色彩的社会主义理论，即阿拉伯社会主义理论和伊斯兰社会主义理论。

米歇尔·阿弗拉克和萨拉赫丁·比塔尔在其《阿拉伯民族主义者对共产主义的态度》一书中，首次系统阐释了“阿拉伯社会主义”概念，进而形成了以阿拉伯民族主义和伊斯兰教为两大支柱的阿拉伯社会主义理论。1947 年，阿弗拉克创建阿拉伯复兴党，该理论随着该党势力的快速扩展而盛行并被付诸实践，最终形成具有广泛影响力的阿拉伯社会主义流派，在北非地区有以埃及、苏丹、利比亚、索马里为代表的纳赛尔社会主义，阿尔及利亚的“工人自管”社会主义。该流派的口号是“统一、自由、社会主义”，认为伊斯兰教是彻底的社会主义；社会主义既是实现阿拉伯统一和阿拉伯民族复兴与自由的手段，也是最终目标；伊斯兰教要为实现社会主义服务。

穆斯林兄弟会的格罕扎里，在其《伊斯兰教和社会主义制度》和《伊斯兰社会主义以及向资本主义和共产主义的挑衅》中，以伊斯兰教教义教法为理论基础，首次系统论述了伊斯兰社会主义理论，并逐渐衍生出多个理论分

① 塔斯社罗安达 1977 年 12 月 4 日讯。

② 杨光、王正、张宏明:《马克思主义与西亚非洲国家发展道路问题研究》，中国社会科学院出版社 2017 年版。

支。代表人物有阿普杜拉·辛格、阿普杜勒·哈基姆等人。该理论的口号是“统一、解放、社会主义”，强调伊斯兰教的独立地位，认为只有领导穆斯林大众发动圣战，建立政教合一体制，将教义教法作为唯一评判标准并严格落实，伊斯兰世界才能统一，穆斯林才能获得解放，社会主义就能实现。

3.（民族）民主革命和社会主义革命结合论

南非共坚持马克思列宁主义理论指导，并结合南非特殊国情，同时，深入分析不断变化的世界社会主义运动形势，在争取南非社会主义的革命实践中不断探索，开拓进取，形成了富有创造性的成果，即“（民族）民主革命与社会主义革命结合论”。马克思列宁主义关于“探索建成社会主义过程”的理论主张民主革命和社会主义革命之间应有明显的分界线。一直以来，马克思列宁主义关于“探索建成社会主义过程”的理论认为，民主革命为第一阶段，社会主义革命为第二阶段，民主革命完成的年份或社会主义革命开始的年份是民主革命和社会主义革命两者之间的分界线，而且分界线是十分明显的。与之相反，南非共关于“探索建成社会主义的过程”理论创新则认为，民主革命和社会主义革命之间没有明显的分界线。南非共指出，作为探索建成社会主义的第一阶段——民主革命阶段，包括“完全属于（民族）民主革命阶段”和“仍处于（民族）民主革命过程的过渡阶段”两部分；作为探索建成社会主义的第二阶段——社会主义革命阶段，则包括“已处于社会主义革命过程的过渡阶段”和“正式进入社会主义（革命）阶段”两部分。“仍处于（民族）民主革命过程的过渡阶段”和“已处于社会主义革命过程的过渡阶段”除了分别与民主革命阶段和社会主义革命阶段对应的另一部分紧密联系之外，这两者彼此不仅仅是密不可分，更重要的是此两者共同构成了“向社会主义革命过渡阶段”，发挥着承上启下的功能。南非共认为，南非（民族）民主革命与社会主义革命之间不存在难以逾越的障碍。南非社会主义革命和（民族）民主革命两者有交叉融合阶段，两者的“分界线”在南非社会主义革命实践中某种程度上不容易分辨出来，而不像社会主义运动史上某些国家民主革命和社会主义革命之间有一个确定的年份标志。南非共从马克思列宁主义原理出发认为，南非（民族）民主革命从现阶段开始，将南非整个社会逐渐从政治、经济、文化、社会生活各个方面由民主革命因素占主导变为由社会主义因素占主导——先是少部分因素量变，再少部分因素质变；进而达到南非整个社会的社会主义因素局部质变，在局部质变的基础上再量变，最终，经过和平的方式（议会选举上台执政）取得南非全国政权[①]。

（四）非洲马克思主义的主要特征[②]

非洲马克思主义根植于非洲历史文化传统之中，具有鲜明的本土性和民族性特征。第一，非洲的马克思主义具有显著的民族主义特征。反对殖民主义、实现民族解放、寻求国家和民族的发展是非洲马克思主义发展的理论主线。在非洲受到帝国主义殖民侵略的背景下，非洲的反殖民运动，寻求民族解放和国家独立是 20 世纪非洲各国的主要目标。民族主义对非洲革命民主主义观点在过去和现在一直有重大影响。在非洲革命过程中，民族和社会的复杂交叉情况决定了民族主义作为群众意识广为传播并作为部分群众活动而保留下来。非洲的革命者希望马克思主义与民族主义融合在一起。因此，马克思主义在非洲的传播和发展也具有与民族主义融合的显著特征。在各国实现独立后，马克思主义也成为服务于非洲各国发展和社会主义建设的理论依据。

第二，非洲的马克思主义发展具有浓厚的地区特色。众所周知，马克思恩格斯预言，无产阶级革命将要在发达资本主义社会中爆发，从而建立工人阶级专政的社会主义政权。但当时非洲地区的现实情况是大部分国家笼罩在西方帝国主义的殖民统治下，经济社会发展落后，很多地区甚至还有原始部落社会的身影，根本无法达到发达资本主义的标准。在这种社会发展状态下，如何通过马克思主义建立社会主义非洲国家是在理论上必须突破的障碍。当时国际共产主义理论家和非洲马克思主义学者认为，正是非洲原始社会部落的存在是非洲跨越资本主义直接建立社会主义国家的基础。非洲原始社会部落特征是平等、互助和没有剥削。这正是建立现代社会主义国家的良好基础。从而为非洲地区国家建立社会主义国家提供了理论支持。

第三，非洲的马克思主义发展企图和宗教教义加以综合。发生在以穆斯林为主的国家中的大多数社会主义和马克思主义运动，不得不在某种程度上

---

① 刘巍、程光德:《南非共产党社会主义革命阶段的新策略》,《马克思主义研究》2011 年第 12 期。

② 刘艳卉:《当代非洲共产主义政党和组织：现状、特征与困境》，河北师范大学硕士学位论文，2016 年。

适应伊斯兰教，所成立的社会主义政权并没有把伊斯兰教教义与马克思主义严格地区分开来。例如，阿尔及利亚的彭·贝拉和他的继承者鲍美迪恩所做的早期努力，都是为了发展“阿拉伯—伊斯兰”式的社会主义，发生在穆斯林国家的多数社会主义运动，都不得不在某种程度上适应伊斯兰教。

第四，多元主义理论和体制创新。非洲的马克思主义在发展的过程中受到多方面的影响。20 世纪 80 年代前，非洲的马克思主义主要受到苏联和国际共产主义运动的影响，在建设社会主义国家的过程中大多是照搬苏联模式。在苏联解体后，受到私有化和新自由主义的影响，一些国家对马克思主义政党和组织进行了改组。20 世纪 90 年代末以来，由于中国特色社会主义的成功，再一次影响了非洲各国对马克思主义的认识和看法，呈现出马克思主义理论发展的创新。最突出的是南非共产党，通过将马克思主义的基本原理与南非的实践相结合，提出了（民族）民主革命和社会主义革命结合论。

二、政党和组织的历史和现状

（一）政党和组织的发展历程①

马克思主义在非洲的传播和发展为非洲带来了马克思主义政党和组织的产生。据不完全统计，20 世纪 20 年代以来，非洲地区 56 个国家中有 31 个国家出现过 133 个马克思主义政党或组织，最早的马克思主义组织出现在 20 世纪 20 年代，为南非共产党和埃及共产党，他们的成立揭开了非洲共产主义运动漫长曲折的斗争历史。此后近百年的过程中，非洲马克思主义政党和组织的发展经历了发展、高潮、衰落和复苏等四个阶段。

20 世纪 20 年代到 40 年代，非洲国家纷纷成立了共产党组织。20 世纪 20 年代是非洲马克思主义政党和组织产生初期，成立了 2 个马克思主义政党即南非共产党和埃及共产党。20 世纪 30 年代，有 3 个国家首次出现了马克思主义政党和组织，分别为马达加斯加地区共产党（共产国际法国支部）、阿尔及利亚社会主义先锋党和突尼斯共产党。20 世纪 40 年代，3 个国家首次出现了

① 刘艳卉：《当代非洲共产主义政党和组织：现状、特征与困境》，河北师范大学硕士学位论文，2016 年。

马克思主义政党或组织，分别是摩洛哥进步与社会主义党、塞内加尔的马克思主义研究群体塞内加尔分支组织和苏丹共产党。至此，马克思主义已经在非洲获得了广泛传播。

20 世纪 50 年代到 70 年代是非洲马克思主义政党和组织出现的高潮时期，有 17 个国家首次出现了马克思主义政党或组织。20 世纪 50 年代，4 个国家首次出现了马克思主义政党或组织，分别是尼日利亚的尼日利亚和喀麦隆共产党、安哥拉共产党、留尼汪共产党与贝宁社会主义革命党。在 20 世纪 50 年代出现了两个社会主义国家，分别是埃及和几内亚，标志着非洲马克思主义运动进入高潮期。这一时期的非洲国家开始探索和尝试社会主义体制的改革和改造。20 世纪 60 年代至 70 年代的非洲国家对于马克思主义有了进一步科学的认识，出现了多达 13 个马克思主义政党或组织，分别为毛里求斯共产党、莱索托共产党、布基纳法索非洲独立党、博茨瓦纳民族阵线、毛里塔尼亚劳动党、埃塞俄比亚的全埃社会主义运动、莫桑比克解放阵线党、布隆迪马列主义小组、中非马列主义小组、乍得民主全国联盟、科摩罗马列主义共产主义运动和加蓬马列主义小组。20 世纪 70 年代，索马里首次出现了马克思主义政党索马里革命社会主义党，并且成为执政党。

受 20 世纪 80 年代私有化浪潮和新自由主义思潮的两次冲击，非洲各国社会主义实践陷入被动，处于冷战时期的苏联逐渐无暇顾及非洲各国的社会主义运动，非洲各国的马克思主义政党和组织的执政和参政能力大大受挫。20 世纪 90 年代苏联解体和东欧剧变给非洲的马克思主义更是造成了巨大打击，这些政党和组织失去了主要外援，很多非洲的马克思主义政党和组织解体，非洲的社会主义运动陷入低谷，非洲的马克思列宁主义思潮逐渐衰退。同期只有多哥新成立了多哥共产党，并且该党一直处于地下活动状态。20 世纪 90 年代后有 4 个国家首次出现了马克思主义政党和组织，包括刚果争取革新与进步爱国阵线、科特迪瓦象牙共产党、喀麦隆人民联盟和斯威士兰共产党。

20 世纪末至今，非洲马克思主义政党和组织的发展又呈现出复苏的状态。受到近些年中国社会主义建设成功的影响，马克思主义再一次受到非洲各国的关注，中国的成功极大地启发了非洲的马克思主义政党和组织，并鼓舞着他们坚持自己的信仰。南非共产党（现有党员约 2.3 万人）在其实现了由非法政党向合法政党、由在野党向重要参政党的两大飞跃后，近年来积极维护“三方联盟”，调整斗争策略，政策更加务实，党的队伍和影响不断扩大。并且通过将马克思主义的基本原理与南非的实践相结合，提出了（民族）民主革命和社会主义革命结合论。这一理论的提出也鼓舞着非洲各国重新审视马克思主义与非洲本地的关系，使马克思主义在非洲大地呈现出欣欣向荣的景象。

（二）现存政党和组织的数量和类型[①]

根据资料统计，20 世纪 20 年代以来非洲地区 56 国中有 31 国出现过马克思主义政党和组织，计 133 个。迄今为止，已经消亡的有 94 个。目前仍在活动的马克思主义政党和组织有 39 个。这些政党和组织可从政治功能和政党属性两方面进行类型划分。按照政治功能的标准，可以把非洲的马克思主义政党和组织划分为五个类型：参政党、在野党、在野武装力量、未获得合法登记和曾经执政。按照政党属性的标准，非洲的马克思主义政党和组织也可以分为五个类型：共产党或共产党人党、工人党或工农党、劳动党或劳工党、社会主义党、其他类型党组织。

1. 以政治功能划分

政治功能是指政党或组织在政治领域发挥的作用，以及其在国家政治生活中扮演的角色和产生的影响。按照政治功能的标准，一般的政党主要可分为执政党、参政党和在野党，但是在目前的非洲国家中，没有马克思主义政党或组织是国内的执政党。因此根据马克思主义政党和组织独有的特征，把它们分为参政党、在野党、在野武装力量、未获得合法登记和曾经执政五大类型。

参政党是指参与治理国家政治生活，参与建立修改国家政治制度，但是没有国家领导权。非洲的马克思主义政党参政的有 3 个：南非共产党、突尼斯工人党和摩洛哥进步与社会主义党。南非共产党作为国内执政联盟“三方联盟”的成员之一，以非国大的身份参选、入阁。突尼斯工人党为国内合法政党，可获得制宪议会选举席位。摩洛哥进步与社会主义党，也可获得制宪议会选举席位。作为本国的参政党，这三个参政党都在国内发挥着一定的政治作用。

---

① 刘艳卉:《当代非洲共产主义政党和组织：现状、特征与困境》，河北师范大学硕士学位论文,2016年。

在野党是指不掌握国家政权或者还没有掌握政权的政党，他们既不执政也不参政，几乎没有政治权力。非洲的马克思主义政党和组织大部分属于这种类型，39 个现存政党中占到了 33 个。其中影响比较大的有埃及社会主义力量联盟、苏丹共产党和留尼汪共产党。埃及社会主义力量联盟，2011 年 5 月 1 日成立，由埃及共产党等 5 个左派组织组成，目前有成员 5000 多人，是该国比较有影响力的政党之一。苏丹共产党，1946 年成立，1971 年之前与伊拉克共产党是阿拉伯世界最有影响力的两个马克思主义政党。近年来，苏丹共产党和南非共产党共同启动了非洲左翼网络会议，以促进非洲共产党之间的合作。留尼汪共产党，1959 年成立，是法属留尼汪岛重要的马克思主义政党。

在野武装力量类型的政党在非洲目前有一个：安哥拉卡宾达共产党人委员会，1988 年从卡宾达的昂科雷解放阵线分裂出来，该党是一个独立军事派别，领导人是卡亚·穆罕默德·亚伊和热拉尔多·佩德罗。

多哥共产党属于未获得合法登记组织，于 1980 年成立，多哥共产党从多哥共产主义小组后被称为多哥共产主义组织发展而来，党刊为《革命》，拥有一个年轻的派别——多哥共青团组织。该组织自成立以来一直处于地下活动状态，未获得合法登记地位。

乍得争取团结与社会主义行动党于 1981 年成立，是现存非洲马克思主义政党中唯一曾经执政的政党。

2. 以政党属性划分

政党属性是对政党本质的反映，按照政党属性的基本特征，可以把非洲的马克思主义政党和组织分为五大类型：共产党、工人党、劳动党或劳工党、社会主义党、其他类型党组织。

共产党是指通过制定国家政策来实施共产主义社会措施和经济原则的政党。根据列宁主义理论，无论执政与否，共产党都是工人阶级的先锋队，但在特定的某个国家里，党是无产阶级专政的最高权力机构。这一类型的政党在非洲有 18 个：南非共产党、埃及共产党、苏丹共产党、安哥拉卡宾达共产党人委员会、安哥拉共产主义社区党、留尼汪共产党、贝宁共产党、贝宁马列主义共产党、莱索托共产党、布基纳法索沃尔特革命共产党、布隆迪共产党、科摩罗马约特革新共产党、多哥共产党、科特迪瓦象牙共产党、科特迪瓦象牙海岸革命共产党、喀麦隆共产党、斯威士兰共产党和马里共产党。

工人党是一个全世界通用的政治团体名称，虽然这一名称曾经被左翼组织和右翼组织使用过，但是现在使用该名称的是马克思主义、毛泽东主义、马克思列宁主义、社会民主主义、社会主义和托洛茨基主义等左翼共产主义追随者。这一类型的政党在非洲有4个：阿尔及利亚社会主义工人党、突尼斯工人党、贝宁民族工人党和毛里求斯社会主义工人党。

劳动党或劳工党是代表工人的政治组织，经常作为保守派政党的反对党。这一类型的政党在非洲有1个：塞内加尔独立劳动党。

社会主义党是全世界许多不同政党统一的名字，尽管它们对于“社会主义”的内涵有不同的解释，但是所有这些政党都声称支持某种形式的社会主义。据统计，大多数社会主义政党把民主社会主义、社会民主主义甚至是第三条道路作为它们的意识形态。许多社会主义党已经明确认识到劳工运动和工会的密切联系。其中，一些工人社会党国际托洛茨基分子委员会的分支机构也使用这一名字。这一类型的政党在非洲有2个：阿尔及利亚民主与社会主义党和摩洛哥进步与社会主义党。

按照政党属性的标准，还有一些马克思主义政党和组织不属于以上四种类型政党的任何一个，这种政党在非洲有14个：南非阿扎尼亚人民组织、埃及社会主义力量联盟、马达加斯加独立国大党、突尼斯民主爱国运动、摩洛哥民主之路、塞内加尔非洲独立党、塞内加尔非洲工人联盟、毛里求斯社会主义劳工运动、博茨瓦纳马恩列斯运动、埃塞俄比亚阿姆哈拉民族民主运动、乍得争取团结与社会主义行动党、刚果争取革新与进步爱国阵线、喀麦隆人民联盟、喀麦隆非洲争取新独立和民主运动。

（三）代表性政党概况和影响

1. 南非共产党①

南非共产党成立于1921年7月30日，是非洲第一个马克思列宁主义政党，也是非洲现存力量和影响最大的共产党，现有党员13万名。90年来，南非共产党站在反对帝国主义、反对种族主义斗争的前列，是南非反对种族主义和进行民族解放运动的重要力量。1994年民主新南非诞生以来，南非共产

① 刘巍、程光德：《南非共产党社会主义革命阶段的新策略》，《马克思主义研究》2011年第12期。

党作为执政的“三方联盟”中的一方（另两个组织为非洲人国民大会〈以下简称非国大〉和南非工会大会），凭借自己的力量和影响，努力使南非社会朝着有利于工人阶级和劳苦大众的方向发展，取得了一定成就。南非共产党90年发展历程大致可分为三个阶段：建立与解散阶段、重建与发展阶段、南非新政府成立之后的阶段。

1921—1952年是建立与解散阶段。主要代表（人物）有两个，一个是威廉·安德鲁斯，南非共产党的第一任总书记；另一个是沃尔顿—巴赫宗派集团，其破坏了南非共产党。1921年7月29日，南非共产党是在国际社会主义者联盟的基础上，联合开普敦犹太人社会主义学会、开普敦共产党、约翰内斯堡犹太人社会主义学会、德班马克思俱乐部等白人团体建立的，名称为“南非的共产党”。1921年7月30日至8月1日在开普敦召开代表大会，会议选举威廉·安德鲁斯为党的总书记，大会还通过了《推翻资本主义制度》的宣言。1924—1929年期间，共产国际要求南非共产党采取“非白人民族主义”政策，但南非共产党没有接受。1930年，共产国际执行委员会致信南非共产党，要求将南非共产党建设成为“革命性的群众党”，并称南非共产党领导层内有“改良主义”分子。1931年9月，控制了党的领导权的沃尔顿—巴赫宗派集团在“捍卫国际路线”和使党“布尔什维克化”的口号下，将党的创始人威廉·安德鲁斯等领导人和大批党员开除出党，使党的力量严重削弱。南非白人当局于1950年5月颁布了《镇压共产主义条例》，宣布共产党为“非法”组织。这之后，南非共产党中央因受合法斗争思想的影响，同时也为了保存党的实力，在未征询基层组织意见的情况下做出了党自行解散的决议。南非共产党的解散源于党的内部矛盾与外部压力。从内部矛盾看，一是内部的“白人沙文主义”；二是由共产国际的错误指导影响，进而引起党内不同派别产生分歧导致内部矛盾。因此，党的发展较慢，党的力量和影响非常弱小。从外部压力看，南非白人种族主义政府采取了所有可能的方法和手段打击南非共产党。

1953—1993年是南非共产党的重建与发展阶段。这一阶段的代表人物包括哈尼和斯洛沃两人。南非共产党重建后，正是哈尼和斯洛沃两位的卓越领导，才使南非共产党起死回生，进而逐渐发展增强。哈尼于1957年参加非国大的青年组织，大学毕业后，参加了非国大军事组织“民族之矛”；1974年，被选为非国大执委会成员；1987 年担任非国大军事组织“民族之矛”的参谋长；1990 年 2 月，非国大在南非获得合法地位后，哈尼在国内仍受到南非白人当局的限制。对此，非国大采取了针锋相对的方针，任命哈尼为联合工作小组非国大方面的组长。由于在谈判中的不妥协态度，哈尼被人称为“激进派”。1991 年 12 月，哈尼当选为南非共产党总书记。因为坚决、彻底地反对白人种族主义统治，1993 年 4 月 10 日，哈尼在南非约翰内斯堡郊区的寓所附近被白人暗杀。斯洛沃 1942 年参加南非共产党，自 1953 年进入中央委员会后，先后担任南非共产党主席（1984 年、1991 年）、“民族之矛”总司令（1987 年）、南非共产党总书记（1988 年、1989 年），成为非国大中央执行委员会的第一位白人成员，对关系到南非共产党生死存亡的诸多方面做出了很大贡献，撰写了众所周知的《社会主义失败了吗？》一文，提出著名的“夕阳条款”，解决了权力分享的障碍，促进了全国团结政府的建立。南非共产党在以哈尼和斯洛沃为代表的中央领导下，在这一阶段一是采取了联盟斗争战略；二是在参与和领导群众性运动中运用不同斗争策略，包括发动群众示威、罢工、非暴力不合作、武装斗争；三是重视党的建设；四是加强并改进民主建设，最终推进了南非共产党的大发展。

1994 年至今是南非新政府成立之后的阶段。主要代表人物是恩夸库拉。1995 年 4 月，南非共产党召开九大，大会听取了总书记恩夸库拉的报告，修改了党章。大会提出了“未来属于社会主义，建设自今日始”的路线，提出南非共产党今后一个时期的主要任务是捍卫民主成果，推进民主进程，依靠工人阶级力量，进行民族民主革命，并协助以非国大为主体的民族团结政府贯彻实施经济策略《重建与发展计划》[①]。1998 年 7 月，南非共产党召开十大，大会听取了恩夸库拉总书记作的题为《扩大人民权力，现在建设社会主义》的报告，通过了《行动纲领》。大会认为，南非共产党当前的主要任务是深化民族民主革命，在这个过程中，南非共产党要加强对工人阶级和群众民主组织的领导，使南非阶级力量继续朝着有利于劳动人民的方向发展。大会号召全体党员行动，“在我们生活和工作的地方建设社会主义”。大会提出了通过社会主义途径巩固和深化民族民主革命的号召。2002 年、2007 年南非共产党

① 南非 1994 年大选前，非洲人国民大会推出《重建与发展计划》作为其竞选纲领，也是新政府推出的“以再分配带动经济增长”的综合性的社会经济政策总框架。

分别召开了十一大、十二大，直至现在，南非共产党进一步修改、完善了向社会主义过渡的路线、策略。在 2009 年 4 月第四次国家大选中，南非共产党以非国大身份参选，非国大获 65.9% 的得票率，400 席中占 264 席，继续执政。作为“三方联盟”的成员，南非共产党获得 9% 的国民议会席位。总书记布莱德·恩齐曼德，2009 年 5 月出任高等教育和培训部部长，2014 年 5 月再次出任高等教育和培训部部长。2012 年，南非共产党在祖鲁兰大学召开了第十三次全国代表大会，对现行党章进行了修改，新党章要求在继续坚持马克思列宁主义方针的同时，补充、修改和完善党的组织结构和运行机制，扩大党员范围，提高党员质量。在这一阶段，南非共产党一是继续坚持马克思列宁主义的指导；二是继续坚持把马克思列宁主义与本国国情相结合；三是在南非多党民主制宪谈判中，原则立场坚定、斗争策略灵活，政策主张务实，成功实现了南非共产党阶段性目标——民族民主革命取得了重大胜利。

近年来南非共产党不断进行理论创新。现阶段的革命新策略——“（民族）民主革命和社会主义革命相结合”，就是南非共产党众多理论创新中的一个。南非共产党对南非社会主义革命阶段的认识是随着南非共产党争取社会主义的革命斗争实践的不同情况而逐渐形成的，是马克思列宁主义的具体运用的创新成果。最初，南非共产党认为（民族）民主革命是“形式”或“表现”，社会主义革命是“内容”或“实质”。后来又把南非（民族）民主革命看作“最小计划”，而社会主义革命则是“最大计划”。1995 年南非共产党九大提出了一个崭新的理论：“未来属于社会主义，建设自今日开始！”，但当时在党内并未取得一致意见。1998 年，南非共产党十大还在提“两阶段论”，即第一阶段进行（民族）民主革命，（民族）民主革命的任务完成之后，第二阶段再着手进行社会主义革命。直到在 2002 年南非共产党十二大上，经过辩论后全党得到一致认识：“未来属于社会主义，建设自今日开始！”，即“（民族）民主革命和社会主义革命结合论”。南非共产党认为，南非共产党争取实现社会主义与现阶段争取实现（民族）民主革命的目标应该结合起来。南非共产党指出，这是南非特殊国情决定的。从世界总体上讲，资本主义剥削并不必然产生种族主义统治。但南非殖民历史的形成与资本主义剥削和种族主义统治有关联，这使得南非在革命中有民族解放和社会解放两方面内容，即这两个目标紧密地联系起来，从而必然使（民族）民主革命和社会主义革命两者的斗争过程紧密地联系起来了。现阶段南非的中心问题和南非共产党及广大进步力量的主要任务是深化（民族）民主革命，但这并不意味着建设社会主义的事业要推迟到遥远的“第二阶段”去进行；（民族）民主革命既是一场民族斗争，又是一场阶级斗争和社会主义运动。“对于南非的情况，将民族斗争与阶级斗争相对立、把两者看作是分离的斗争形式是错误的。在通过打击种族主义独裁统治来促进无产阶级切身利益的形势下，参与民族解放斗争正是阶级斗争的重要方法之一。”

2. 其他国家政党或组织概况 ①②

20 世纪初马克思主义在埃及得到了广泛的传播，亚历山大及开罗等主要城市出现了马克思主义小组，随着工人运动的发展和马克思主义的广泛传播，围绕埃及是否具备建立马克思主义政党和进行社会主义革命进行了较大范围探讨，多方学者在埃及著名的《金字塔报》上展开了一场思想论战，通过这场论战进步革命人士达成共识。1920 年《埃及社会党党章》的发表标志着埃及社会党正式成立。该党成立后利用总工会的力量，组织工人进行了多次大罢工。但由于工人罢工运动愈演愈烈，遭到了当局的镇压，埃及社会党的活动被迫转为地下。1922 年按照共产国际的指示，埃及社会党改名为埃及共产党，同时成为共产国际的一个支部。埃及共产党是阿拉伯国家中最早成立的共产党，但 1924 年埃及政府宣布埃及共产党为非法组织，党的领袖和大多数成员被捕。此后近 20 年的时间里埃及共产主义运动陷入瘫痪。1952 年埃及革命胜利后，纳赛尔总统借鉴马克思主义理论，于 1962 年组建了阿拉伯社会主义联盟，在埃及推行社会主义。值得注意的是，纳赛尔所领导的阿拉伯社会主义联盟同共产党虽然在理论、性质、纲领上不无相似之处，但正如纳赛尔本人 1962 年 5 月在全国人民力量代表大会上所强调指出的，阿拉伯社会主义同共产主义在宗教信仰、阶级、土地私有化、私有制和暴力革命这五点上存在着根本区别，具有国家资本主义的性质。因此，纳赛尔视埃及共产党为国内政治的威胁，认为其反对建立阿拉伯联合共和国的主张是当局执政的障碍，经常对其进行压制。后来，埃及共产党自行解散，其党员大多加入了阿拉伯

① 刘艳卉：《当代非洲共产主义政党和组织：现状、特征与困境》，河北师范大学硕士学位论文，2016 年。

② 吴锡山：《非洲的共产主义政党》，《支部建设》1998 年第 7 期。

社会主义联盟。2011 年 2 月 11 日，穆巴拉克总统的统治被推翻后，埃及共产党得以重新公开活动。2011 年 5 月 10 日，埃及共产党和四个埃及左翼团体（革命社会党、人民民主联盟党、埃及社会党、工人民主党）组成了“社会主义力量联盟”。2017 年 11 月 13 日，埃及革命共产党公开发表《埃及正处于压迫之下》的宣言，宣称埃及人民正生活在经济、政治、社会等各个层面的危机之中，埃及的社会政治自由被取消，经济处于危机的困境之中，军队和警察机构操纵了埃及各行各业的公司和组织，加深了人民的贫困，而且恐怖主义盛行。埃及革命共产党认为他们对国家和人民具有责任，必须参加到人民的斗争中去，联合起来、组织起来，提高人民的觉悟。

摩洛哥进步与社会主义党也是非洲比较有影响力的马克思主义政党，该党成立于 1943 年 11 月 1 日。当时称摩洛哥的共产党，是法国共产党的一个支部，领导人是法籍犹太人莱翁·苏尔坦。法国殖民统治时期，摩洛哥的共产党一直处于非法状态。20 世纪 50 年代初期，该党实行摩洛哥化，改称摩洛哥共产党。1956 年摩洛哥独立后，该党取得合法地位，力量有所发展。1960 年被摩政府以“共产主义与伊斯兰决不相容”为由加以取缔。为谋取合法地位，摩洛哥共产党于 1966 年 7 月举行三大，授权中央决定更名问题。1968 年 7 月 17 日，改名为“解放与社会主义党”。摩洛哥政府认可其存在。但 1969 年该党再次被以进行共产主义宣传活动宣布为非法。1974 年摩洛哥国王开放党禁，同年 8 月 23 日该党更名为“进步与社会主义党”，再次取得合法地位。1975 年 2 月，该党举行第一次代表大会，强调各兄弟党之间应坚持独立、平等和互不干涉内部事务的原则，有权制定自己的政策和选择走向社会主义的道路。该党宣布自己是“工人阶级的先锋队”，是“全体劳动者和进步爱国人士的政党”。党的目标是进行摩洛哥式的民族民主革命，党的主要任务是争取社会进步和民主，加强摩洛哥民族进步力量的团结，发展民族经济。该党基本支持国王的内外政策，支持国王收回西撒，实现领土统一，经济上主张“打破自由主义的选择”，主张摆脱外国资本的控制，在经济和社会领域实行结构性改革；对外主张实行反帝、反殖民统治、不结盟政策支持各国人民的革命斗争，呼吁在平等、互利、合作与持久和平的基础上建立国际新秩序。该党有党员 5 万名，全国各地有 150 多个基层组织，在历次议会选举中都取得一定的席位。

在西印度洋中有一个火山岛屿留尼汪，有 2500 余平方公里，60 余万人口。它是法国的一个海外省。这里也有共产党，但它不是法国共产党的一部分，而是独立的，叫留尼汪共产党。留尼汪共产党是一支引人注目的力量，在该省地方议会和政府中占有重要的地位。留尼汪共产党成立于1959年5月18日，其前身是法国共产党的留尼汪省委，组建于1946年。1959年5月17日，留尼汪省委召开第六次代表大会，决定成立留尼汪共产党，并将此次代表大会作为党的第一次代表大会，进行土地改革，争取民主自治，取消同法国的一切殖民关系。在1980年7月举行的第五次代表大会上，明确党在今后的任务是加强党的组织，增强党的力量，积极参加议会选举活动，并争取在法兰西共和国范围内实现人民民主自治。以后，留尼汪共产党多次调整政策，把发展岛上经济作为党的首要任务，1988年提出争取“平等与发展”的口号，以此动员和组织广大群众，团结更多的人士，力量不断发展。留尼汪共产党有党员近万名，并领导留尼汪工会、留尼汪青年阵线和留尼汪妇女联盟等群众团体。在1997年举行的法国议会选举中，留尼汪共产党在分配给留岛的5个议席中夺得3席。在1998年3月15日举行的地区议会选举中，以留尼汪共产党为首的“争取经济发展联盟”获得31.94%的选票，在45个议席中占19席，留尼汪共产党主席保罗·维尔吉斯当选为议长。参加地区议会选举的政党共有22个，但最终进入议会的政党只有5个，而它们所得议席与争取经济发展联盟所得议席相差甚远，充分显示了留共的实力。另外，有13人当选为省议会议员，留尼汪共产党总书记当选为省议会议长；留尼汪共产党在各级市镇议会中也占有很多议席。留尼汪共产党取得这些成绩是和他们不断采取适合当地的情况政策分不开的，在这次地区议会选举前，留尼汪共产党就进行了充分的准备，提出符合群众愿望的竞选纲领和措施，针对岛上40%的失业率、住房紧缺等严重的社会问题，提出优先解决就业、培训和教育问题，大力发展基础设施和住房建设。除利用各种媒体进入大量宣传外，留尼汪共产党主席及其他领导人走遍全岛，并在6个城市举行集会，发表演说，为选举做了全面的准备。同时，留尼汪共产党与社会党再次合作，以联盟形式共同推出候选人，并积极争取其他政党、社会团体和各界人士的支持，实现最广泛的联合。留尼汪共产党近十年来，一直倡导“平等与发展”理论，主张与法国本土享有平等的权利，号召居民应及时团结起来，结成最广泛的联盟共同肩负起发展留尼汪岛的任务。近期目标是实现最低保障工资和家庭补贴金和法国本土相同，终于在1996年实现了最低工资与法国本土看齐，为留尼汪人赢得了实惠，也提高了自身的威信。20世纪90年代末，由于路线分歧，留尼汪共产党和法国共产党的关系紧张，2005年两党关系恢复。现任党的主要领导人有艾利・奥罗、乌盖特・贝洛和皮埃尔・维尔吉斯（保罗・维尔吉斯之子）。

其他在本国中有影响力的非洲马克思主义政党和组织有苏丹共产党和莱索托共产党。苏丹共产党成立于1946年，在1971年前与伊拉克共产党齐名，成为阿拉伯世界两大最有影响的共产党。1971年，由于苏丹共产党支持一批有共产主义思想倾向的军人发动政变推翻尼迈里总统未遂，该党受到重大挫折，现有成员5000多人。莱索托共产党是莱索托的一个政党，成立于1962年5月5日。党的创始书记是约翰・莫特洛海洛阿。党的其他早期领导人包括Mokhafisi Kena和Sefali Malefane。南非共产党的乔・马修斯曾向该党提供发展资金，但他后来转而支持亲非国大的马里马特卢自由党。在20世纪60年代，该党分裂成了亲苏派和亲中派。1970年2月，该党被官方禁止，于是转入地下并坚持活动。在1986年政变后，该党领导人Sefali Malefane，一名大学经济学讲师，被任命为莱哈尼耶少将政权的一名部长。1991年，该党重新合法化。在邻国南非结束种族隔离制度后，该党提出在莱索托和南非建立联盟的主张。1997年，该党停止了党刊《Mafube》的出版。该党现任领导人是曼尼・史蒂文森。莱索托共产党约有成员2000人。

第八章

其他地区的马克思主义研究和实践

一、澳大利亚和新西兰的共产党活动及其理论

（一）澳大利亚共产党（原）[①]

早在19世纪80年代，一些欧洲移民就给澳大利亚带来了马克思主义思想，并在第二国际的影响下开始在澳大利亚从事社会主义运动。1907年各地社会主义组织统一成“澳大利亚社会主义联盟”，不久改名“澳大利亚社会党”。1917年俄国十月革命的胜利大大地推动了马列主义在澳大利亚工人阶级中的传播，1920年10月30日由澳大利亚社会党发起召开的社会主义者小组和左翼团体会议一致决定在悉尼成立澳大利亚共产党（原），1922年宣布成为共产国际的一个支部。

20世纪60年代受国际共运影响，该党发生分裂。澳大利亚共产党（原）在1964年、1971年和1984年发生三次分裂，前两次分裂直接导致部分党员建立了澳大利亚共产党［1964年3月15日，原澳共书记希尔另组澳共（马列）］和澳大利亚社会主义党（1996年改名为澳大利亚共产党）。1989年12月2日召开的第三十次特别代表大会决定澳大利亚共产党于1989年底停止活动，于1990年底前自动解散[②]。澳大利亚共产党（原）从1920年成立，到1990年停止活动，期间经历70年，一共召开了30次全国代表大会，其中比较重要的会议如下（见表1）：

① 为了区别于现在还在活动的澳大利亚共产党，我们把1920年成立的澳大利亚共产党标注为“澳大利亚共产党（原）”。

② 中共中央对外联络部:《各国共产党总览》，当代世界出版社2000年版，第1134页。

表 1　澳大利亚共产党（原）重要会议

时间	会议	主要内容
1920 年 10 月	澳共一大	正式更名为澳大利亚共产党
1938 年 11 月	澳共十二大	讨论制定人民阵线和保卫和平纲领，并成为共产国际的分支
1945 年 8 月	澳共十四大	提出战后和平过渡到社会主义的可能性，主张“和平而民主地改变现行社会制度”
1951 年 8 月	澳共十六大	正式制定和平过渡纲领《澳大利亚走向社会主义道路》提出：“走向社会主义的新道路已经在战后时期开拓出来了。澳大利亚也将按照它自己的历史条件，找到它自己走向人民民主和社会主义的道路”
1955 年 5 月	澳共十七大	澳大利亚共产党主席狄克逊号召党员积极参加反对使用原子武器的签名运动
1958 年 4 月	澳共十八大	修改党章党纲，通过了政治决议，强调通过和平手段过渡到社会主义方针
1961 年 6 月	澳共十九大	支持工党重新执政，号召争取在澳大利亚执行和平外交政策
1964 年 6 月	澳共二十大	再次修改“澳大利亚走向社会主义道路”的纲领，提出党的最终目标是以和平道路实现社会主义
1967 年 6 月	澳共二十一大	党章删除民主集中制内容
1970 年 3 月	澳共二十二大	取消了马克思列宁主义在党意识形态中的指导地位及其在社会主义改造发挥主体地位的说法
1980 年 6 月	澳共二十六大	审议通过《澳大利亚走向社会主义道路》新党章和一系列决议
1982 年 6 月	澳共二十七大	探索社会主义革命道路并关于与工党的关系和党的改革方向等问题的讨论
1984 年 11 月	澳洲二十八大	提出筹建“独立的社会主义党”的设想，提出“只有把阶级斗争进行到在澳大利亚建立起人民政权，社会主义才能达到”
1987 年 6 月	澳共二十九大	提出“开放的马克思主义”，允许不同政治观点并存
1989 年 12 月	澳共三十大	澳共决定停止活动，建议党员全部参加新左翼党

资料来源：中共中央对外联络部:《各国共产党总览》，当代世界出版社 2000 年版。

澳大利亚共产党（原）认为澳大利亚是一个资本主义国家，主张一切左翼力量通过联合行动提高人民的生活水平，在没有内战的情况下，对社会进行革命，建立多党制的“民主自治的社会主义”[①]。因此，澳大利亚共产党

① 中共中央对外联络部:《各国共产党总览》，当代世界出版社 2000 年版，第 1131 页。

（原）从成立之初就投入维护工人阶级利益的斗争中去，他们一方面试图建立一个全国性工会中心，通过工会与资产阶级进行经济斗争；另一方面努力加强与国际的联系，并派代表出席于 1922 年召开的共产国际第三次代表大会。

在第二次世界大战前后，澳大利亚共产党（原）进入快速发展时期。党员人数在 1944 年达到建党以来最高峰。澳大利亚共产党（原）的发展壮大离不开理论的指导，如在 1938 年澳共十二大上，提出并讨论了“组织一个对抗反动势力的澳大利亚人民阵线”和“保卫和平的纲领”两个主题[①]，与时代主题相契合，赢得广泛的人民支持。澳大利亚共产党（原）作为一支政治力量不仅在处理本国的事务中发挥作用，也在反法西斯的斗争中作出了巨大的贡献。

第二次世界大战以后，整个资本主义世界对共产主义的封锁，以及在 20 世纪 50 年代中期国际共产党运动接连发生的波兰“波兹南事件”和匈牙利“十月事件”，造成澳大利亚共产党（原）出现分歧，导致后来的澳大利亚共产党（原）三次分裂，澳大利亚共产党的力量被严重削弱。20 世纪 70 年代以后，由于澳大利亚共产党党内缺乏统一的思想意识，加之党派林立，澳大利亚社会主义者一直未能找到符合国情的社会主义道路，也未能就群众关心的问题提出可行的社会主义方针政策。[②]1980 年第二十六次全国代表大会通过的《澳大利亚走向社会主义道路》文件指出：“通过群众行动和扩大民主权利来扩大群众对政府和经济机器的控制”[③]，这在一定意义上说明澳大利亚共产党（原）已经抛弃了阶级斗争和无产阶级专政，最终导致澳大利亚共产党（原）没有抵抗住苏东剧变带来的冲击，并走向解散。

（二）澳大利亚共产党（马列）

1964 年 3 月 15 日成立。澳大利亚共产党（原）中央书记爱德华·希尔因在中苏论战中支持中国共产党而被开除出党籍后带领一部分人成立了澳大利亚共产党（马列）。澳大利亚共产党（马列）自成立之日就宣布自己是澳大

① 杨成果：《澳大利亚共产党的社会主义理论与实践研究》，中国社会科学出版社 2014 年版，第 11 页。

② 吴彬康、姜士林、钟清清主编：《八十年代世界共产党代表大会重要文件选编》，中国广播电视出版社 1989 年版，第 807 页。

③ CPA, “Toward Socialism in Australia” , http://www.agitprop.org.au/lefthistory/.

利亚无产阶级的政党，以马克思主义、列宁主义、毛泽东思想作为指导思想，把马克思主义的基本原理同澳大利亚的实际相结合，为澳大利亚人民服务。① 澳大利亚共产党（马列）认为澳大利亚的社会矛盾是广大劳动人民同国外帝国主义及其代理人之间的矛盾。因此，澳大利亚共产党（马列）的近期目标是团结各种爱国人士和人民群众，推翻帝国主义的压迫，争取建立一个独立民主的澳大利亚现代化国家，实现社会主义，最终的目标是实现共产主义社会。具体措施包括：建立人民政权，实现民主独立；保护广大人民群众的人民主权地位；对关键领域工业和基础设施国有化；实行独立的外交政策等。澳大利亚共产党（马列）从建党之初就与中国共产党保持亲密联系，希尔本人也多次访华，1963 年 7 月 12 日毛泽东亲切接见来华的希尔。1983 年 11 月 16 日邓小平会见希尔和其夫人。1982 年第五次全国代表大会确定党的目标是社会主义，最终实现共产主义。1988 年 12 月第七次全国代表大会通过修改党章，提出反对帝国主义、争取澳大利亚民族独立是当前革命阶段的首要任务。

（三）澳大利亚共产党（新）

1971 年 12 月 5 日成立。1968 年苏联出兵捷克斯洛伐克，澳大利亚共产党（原）全国委员会通过投票决定对苏联的行径进行谴责，但以帕·克西兰为首的部分党员指责澳大利亚共产党（原）领导人反苏，于 1971 年联合约 400 名党员退党，建立澳大利亚社会主义党。1996 年澳大利亚社会党正式更名为澳大利亚共产党。

澳大利亚共产党（新）从 1971 年成立至今，经历了 40 多年的风雨历程，一共召开了 13 次全国代表大会，其中比较重要的会议如下（见表 2）：

表 2　澳大利亚共产党（新）重要会议

时间	会议	主要内容
1971 年 12 月	澳社党一大	澳共亲苏派另立澳大利亚社会主义党，推举彼得·西蒙②为总书记

① 中共中央对外联络部:《各国共产党总览》，当代世界出版社 2000 年版，第 544 页。

② 彼得·西蒙：生于 1922 年 8 月 13 日，为澳大利亚共产党（原）党员，1971 年为澳大利亚社会主义党委书记。

（续表）

1975 年 6 月	澳社党二大	党纲强调澳大利亚社会主义党成立的目的就是在澳大利亚开展马列运动，最终目标是建设成社会主义国家，重视议会斗争，提出同工党搞统一战线的可能
1978 年 9 月	澳社党三大	提出争取和平，建立广泛的和平运动是目前关键而紧迫的任务
1981 年 10 月	澳社党四大	讨论党在维护和平方面如何发挥作用的问题
1984 年 9 月	澳社党五大	提出建立新民主经济制度和取得社会主义斗争胜利的“两阶段论”
1990 年 9 月	特别会议	以马克思主义为指导对苏东剧变作了深刻分析，统一了全党思想
1992 年 10 月	澳社党七大	新党纲重申坚持马克思主义
1996 年 10 月	澳社党八大	决定更名为澳大利亚共产党。声称继承原澳共政治遗产
2001 年 4 月	澳共（新）九大	通过《政治决议》等 6 个决议。决定重建澳大利亚共青团
2005 年 9 月	澳共（新）十大	提出“在工人阶级中建党，每一个党员都是活动家”口号，并对澳大利亚的社会主义发展道路进行了系统的规划
2009 年 10 月	澳共（新）十一大	对资本主义经济危机进行深刻的剖析，提出社会主义是澳共 21 世纪奋斗目标
2013 年 10 月	澳共（新）十二大	通过《为了建设社会主义的澳大利亚而积极行动和团结起来》，指出今后的任务是加强澳大利亚共产党的团结和联盟，赢得真正的变革
2017 年 12 月	澳共（新）十三大	修改党纲、选举新的中央委员会、形成五项特别决议、大会代表演讲和讨论、提出“党走向人民”的口号，并对当前存在的不足和问题进行了分析和讨论

资料来源：中共中央对外联络部:《各国共产党总览》，当代世界出版社 2000 年版。

澳大利亚社会党认为，澳大利亚是一个向海外投资比较少的“帝国主义国家”，主张澳大利亚革命分为两个阶段。1975 年二大上通过的纲领宣布，该党成立目的是在澳大利亚进行马克思列宁主义运动，党的最终目标是建立社会主义社会。[①] 澳大利亚社会主义党坚持思想建设，强调要坚决反对“左”倾冒险主义和右倾机会主义对其机制的侵害，也正是由于澳大利亚社会主

① 中共中央对外联络部:《各国共产党总览》，当代世界出版社 2000 年版，第 550 页。

义党对思想建设的重视，在1989年这个关键时期顶住了压力，顽强地生存下来。

澳大利亚社会党在1996年10月召开的第八次全国代表大会上正式改名为澳大利亚共产党，重申对马列主义的信仰，决心重建澳大利亚共产党。2005年9月召开的澳大利亚共产党（新）第十次代表大会重申："澳大利亚共产党以马克思和恩格斯创立的、由列宁进一步发展的科学的社会主义为指导，这使他能够理解社会发展的规律和事件的发展方向，澳大利亚共产党把马列主义当作活的科学，而不是教条"①，坚持用马列主义武装整个党，不断提高广大党员的思想觉悟，提高广大党员的理论素养，也扩大了党的影响力。

2009年3月16日，澳大利亚共产党（新）联合其他共产党组织共同组建了选举联盟"共产主义者联盟"，并经澳大利亚选举委员会同意登记注册。共产主义者联盟在建党和加强左派的议会竞选活动方面都积极运作。这也是20年来在澳大利亚联邦大选的选票上第一次出现了共产主义者的名字。他们的宣传口号是：回到公有制；保护工人权利；将城市染绿；创造和平的工作机会。② 最终的投票结果是共产主义者联盟只获得了656张选票，约占总投票的0.001%③。2009年10月澳大利亚共产党（新）召开了第十一次全国代表大会，系统分析了2008年资本主义经济危机，对其爆发的原因、过程、后果、影响，并对全党党员进行思想政治教育，使广大党员认识到资本主义的灭亡是不可避免的，只有社会主义代替资本主义才能从根本上解决问题。

2013年10月召开的第十二次全国代表大会政治决议《为了建设社会主义的澳大利亚而积极行动和团结起来》指出："澳大利亚共产党必须把自己建设成一个能够组织、教育、领导和联合所有进步政治力量并与其并肩作战的政党，建立工人阶级领导的广泛的人民运动，以实现真正的变革。"④报告全面而系统地阐述了当时澳大利亚面临的困难和今后澳大利亚共产党的任务。报告指出："澳大利亚统治阶级是美帝国主义的小伙伴；澳大利亚工人阶级几乎在

---

① CPA, "uprogramw", http://www. cpa. org. au/10congress/program.pdf.

② 杨成果：《澳大利亚共产党的社会主义理论与实践研究》，中国社会科学出版社2014年版，第126页。

③ http://results, aec. gov. au/1558/Website/House State First Prefs by party— 15508—NAT. htm.

④ 澳大利亚共产党第十二次全国代表大会政治决议：《为了建立社会主义的澳大利亚而积极行动和团结起来》，附录于杨成果：《澳大利亚共产党的社会主义理论和实践研究》，中国社会科学出版社2014年版，第176页。

每一个领域都面临着资本的无情攻势；资本主义正处于危机当中，并波及澳大利亚，这场危机的根源在于资本主义生产方式，在于全球化，在于大量的资本积累和资本集中。”[①] 虽然澳大利亚共产党引起了更多公众的注意，而且党员人数有所增加，但它仍然是一个小党。[②] 因此，对于澳大利亚共产党来说最迫切的任务就是扩大影响力。

2017 年 12 月第十三次全国代表大会于悉尼召开，大会认为，统治阶级对工人阶级长期攻击、社会财富日益转移到富人手中、工人阶级的工作生活条件和组织能力正在遭到破坏、工人阶级的工会和其他组织比任何时期都弱。会议修改了党纲，选举了新的中央委员会，听取了由中央委员会的总书记鲍勃 · 布里顿 (Bob Briton) 宣读的报告，通过了鼓励党员支持“第一国家工人联盟”、支持因为拒绝接受被剥夺权利、拒绝签订无安全保障的新合同而被监禁的煤矿工人、声援古巴、洪都拉斯劳动人民和波兰共产党的三项决议。大会提出了“党走向人民”的口号，明确新一届中央委员会面临的任务是，利用近年来的党建成果，把党带到人民群众中去，凝聚工人阶级力量，反击统治阶级的攻击。[③]

近年来，澳大利亚共产党（新）还开展了其他国际活动。2010 年 12 月参加了南非共产党组织的第十二次共产党和工人党国际会议，并提出：“资本主义制度的周期性生产过剩危机和最近的全球金融危机使人类和地球在各个方面都感到失望”[④]，“危机已经动摇了全球金融体系的基础”[⑤]，这是从国际金融危机上看资本主义制度的必然灭亡，并在推进政治的替代方案和共产党人、工人运动对于澳大利亚的作用等方面都提出重要论点。

---

① 澳大利亚共产党第十二次全国代表大会政治决议：《为了建立社会主义的澳大利亚而积极行动和团结起来》，附录于杨成果：《澳大利亚共产党的社会主义理论和实践研究》，中国社会科学出版社 2014 年版，第 178 页。

② 12IMCWP, “Intervention by CP of Australia” ,http://www.cpa.org.au.

③ 〔澳〕迈克 · 胡珀、王永刚：《澳大利亚共产党第十三次全国代表大会述略》，《世界社会主义研究》2019 年第 3 期。

④ 澳大利亚共产党在第十二次共产党和工人党国际会议上的发言：《从国际金融危机看不断深化的资本主义制度性危机》，附录于杨成果：《澳大利亚共产党的社会主义理论和实践研究》，中国社会科学出版社 2014 年版，第 208 页。

⑤ 澳大利亚共产党在第十二次共产党和工人党国际会议上的发言：《从国际金融危机看不断深化的资本主义制度性危机》，附录于杨成果：《澳大利亚共产党的社会主义理论和实践研究》，中国社会科学出版社 2014 年版，第 208 页。

2011 年 12 月参加了希腊共产党组织的第十三次共产党和工人党国际会议，首先支持世界各国工人和人民运动之间应加强联系，指出国际团结和斗争的全球化是非常必要的，其次在大会上提出“竞相趋劣”的观点，并指出澳大利亚政府的财政紧缩措施的本质就是把危机的代价转移到劳动人民身上。

2012 年 11 月黎巴嫩共产党组织的第十四次共产党和工人党国际会议，由于当时澳大利亚共产党（新）出现财政问题不能参加，但是仍然给大会发了会议稿文件，文件主要提出和平共处外交政策和削减军费等重要内容，文件指出：“许多澳大利亚人都对澳大利亚缺乏独立的外交政策感到厌恶和气愤。澳大利亚需要一个独立的、不结盟的、以和平共处和自决原则为基础的反帝外交政策”①,“澳大利亚目前的军事开销每天超过 7000 万澳元，这偷走了本应用来满足人民和社会需要的资源”②。同时，文件中多次提到中国是澳大利亚最大贸易伙伴，但是澳大利亚却成为美国战略部署中对抗中国的力量：“澳大利亚正在帮助美帝国主义将印度从与中俄愈加增长的联系中拖出来，并将其变成为美帝国主义在该地区对抗中国的盟友。”

2014 年 11 月 13 日至 15 日，由厄瓜多尔共产党主办的十六次共产党和工人党国际会议在瓜亚基尔市召开，与会代表围绕“共产党与工人党在反对帝国主义、资本主义剥削制度斗争中的作用；帝国主义和资本主义剥削引起的危机和战争；保障工人和人民权利的斗争”等议题进行了认真的探讨。澳大利亚共产党主席温尼·莫利纳更加强调共产党与工人党要结成广泛的联盟，才能发挥出现阶段的作用。他认为澳大利亚共产党人和世界共产党人一样，在面临挑战时，必须承担起共产党的责任，我们要尽可能地组织起最广泛的联盟来抵制国际资产阶级与美帝国主义的进攻。我们需要制定合适的联合策略和方式，共产党人期望在这一进程中发挥自己的作用。③

2016 年 10 月，参加了在越南首都河内召开的第十八次共产党和工人党国

① 澳大利亚共产党在第十四次共产党和工人党国际会议上的文件，附录于杨成果：《澳大利亚共产党的社会主义理论和实践研究》，中国社会科学出版社 2014 年版，第 201 页。

② 澳大利亚共产党在第十四次共产党和工人党国际会议上的文件，附录于杨成果：《澳大利亚共产党的社会主义理论和实践研究》，中国社会科学出版社 2014 年版，第 200 页。

③ 周华平、吴国富：《帝国主义剥削加剧、共产党人的作用与我们的共同行动——第十六次共产党和工人党国际会议述评》，《社会主义研究》2015 年第 2 期。

际会议，这次会议的主题为“资本主义危机和帝国主义进攻——共产党和工人党为争取和平、工人和人民权利、社会主义而斗争的战略和策略”。针对塞浦路斯仍处于被占领和分裂的现状，澳大利亚共产党等部分参会政党签署了《塞浦路斯的自由与重新统一是反对帝国主义侵略的里程碑》。该决议指出，塞浦路斯问题本质上是一个侵略和非法占领的国际问题，同时也是一个内部问题，即恢复塞浦路斯希腊族人和土耳其族人的关系；鉴于目前叙利亚严重的局势，澳大利亚共产党等部分参会政党签署了《结束在叙利亚的战争、恐怖和人道灾难》的决议。该决议指出，帝国主义的政策和行为以及它们的盟友在中东制造了前所未有的政治、社会和人道灾难，叙利亚冲突可能会发展成为席卷该地区的大规模军事冲突，这场冲突不能通过军事办法解决，应在叙利亚通过谈判解决。决议强调：“参加签名的共产党将动员最广泛力量反对帝国主义对该地区的持续干扰和侵略。”①

2017 年 11 月，参加了俄罗斯联邦共产党主办的第十九次共产党和工人党国际会议。针对资本主义对工人权益的侵犯在加剧这一现象，澳大利亚共产党指出，澳大利亚人民遭受了政府削减就业岗位、福利金和服务项目所带来的痛苦。工会一直在受到最无耻和毫无根据的指控调查。法律制度已被用来限制工会的权利，包括在工作场所接触他们的成员。政府组建了特别警察部队，来骚扰建筑工人及其工会，罢工行动会被处以数千或数百万美元的罚款。此外，阿根廷共产党和澳大利亚共产党等 66 个政党签署了《声援塞浦路斯人民的声明》，支持塞浦路斯人民为解放和统一国家而进行的斗争。②

（四）新西兰的共产党活动

1. 新西兰共产党③

1921 年 3 月 12 日作为澳大利亚共产党支部成立。1960 年 5 月新西兰共产党全国代表大会要求全党开展群众斗争，搞好党建和工会工作。1978 年发

① 李海玉：《为争取和平、工人和人民权利、社会主义而斗争——第十八次共产党和工人党国际会议评析》，《马克思主义研究》2017 年第 4 期。

② 李海玉：《第十九次共产党和工人党国际会议的主要理论主张述论》，《河南理工大学学报（社会科学版）》2019 年第 4 期。

③ 澳大利亚共产党在第十四次共产党和工人党国际会议上的文件，附录于杨成果：《澳大利亚共产党的社会主义理论和实践研究》，中国社会科学出版社 2014 年版，第 555 页。

生分裂，部分党员另立新西兰共产党（马列）筹备委员会。该党对外主张反对一切霸权主义和新老修正主义，对内主张建立广泛的劳工统一战线，1990年宣布不再信仰马克思主义。现已停止马克思主义活动。

2. 新西兰社会主义统一党①

1966年10月1日成立。1970年10月二大通过的《争取在新西兰实现社会主义》纲领宣布依靠"以工人阶级为中心的群众政治运动"实现社会主义。该党对外主张一切反帝行动，对内支持本国工党，但与新西兰共产党、马克思主义团体组织没有联系。现已停止马克思主义活动。

3. 新西兰马克思主义团结组织②

1978年5月新西兰共产党原总书记维·乔·威尔科克斯与唐·罗斯共同发起成立新西兰共产党（马列）筹备委员会，1980年新西兰共产党原领导人亚·奥斯勒等人组成"斗争组织"并与其合并，仍称新西兰共产党（马列）筹备会，1989年新西兰共产党（马列）筹备会改名为新西兰马克思主义团结组织。该组织对外支持第三世界民族国家斗争，反对美苏两个超级大国的争霸赛；对内主张"争取独立的反帝民族民主革命"，建立人民民主政权。现已停止马克思主义活动。

二、马克思主义在韩国的研究与实践

马克思主义在韩国的研究与实践，始终在曲折和困境中前行。理论研究方面，马克思主义在韩国经历了萌芽阶段和两次短暂的"马克思主义之春"后，终于在21世纪初迎来了"开启韩国的MEGA③时代"。但历史环境制约了韩国马克思主义研究的理论基础和人才储备，因此需要进一步拓展。实践方面，韩国左翼政党在研究和传播马克思主义理论上起着重要作用，但由于理论支撑薄弱、政治主张过于超前，以及缺乏可行性政策等缺陷，韩国左翼政党在不断推进民主平等的进程中遭遇边缘化，迫切需要进行自身的改进、发

① 中共中央对外联络部:《各国共产党总览》，当代世界出版社2000年版，第560页。

② 中共中央对外联络部:《各国共产党总览》，当代世界出版社2000年版，第564页。

③ MEGA（全称为Marx-Engels-Gesamtausgabe），即《马克思恩格斯全集》历史考证版，是目前编译马克思恩格斯著作和研究马克思恩格斯思想最权威的参考版本。

展和壮大。

（一）韩国的马克思主义研究概况

1. 马克思主义在韩国的萌芽（1910—1945）

马克思主义自日本殖民时期由当时旅日的激进知识分子传入韩国，他们将马克思主义视为民族解放斗争的理论武器。许多学者认为韩国接触马克思主义的初衷和中国相似——受到了俄国社会主义革命胜利的影响。这个时期的韩国处于殖民地状态，受殖民统治者压迫，只能在非常局限的范围内，由一小部分进步知识分子对马克思主义理论进行秘密研究。学习和出版马克思主义著作十分艰难。“在这些极少数出版的马克思主义学术著作中，值得注意的是白南云所著的《韩国社会经济史》，虽然他是用日语写的，而且只不过是机械地将斯大林的五种社会形态论套用到韩国。”[①]1945 年二战结束后，韩国从日本的殖民统治中解放出来，马克思主义译著开始在汉城（今首尔）铺天盖地地出现。

2. 韩国的第一次“马克思主义之春”（1945—1948）

韩国从 1945 年日本殖民统治下获得解放后，大量社会主义出版物涌现出来。第一个韩语官方版本的《共产党宣言》和《资本论》也在此时问世。但 1948 年李承晚反共政权的建立，宣告了第一次“马克思主义之春”结束。在此后长达 40 年的时间里，韩国历经李承晚、朴正熙、全斗焕的反共产主义独裁统治，马克思主义研究成为非法活动遭到政府镇压，马克思恩格斯的著作被列入禁书目录之首。一批原先研究马克思主义的进步学者纷纷改弦易辙，以依附理论、“早期马克思”的异化、法兰克福学派等题目继续从事马克思主义研究活动。

3. 韩国的第二次“马克思主义之春”（1987—1991）

1987 年，韩国民众在全斗焕的独裁统治下爆发了六月民主抗争运动。之后，韩国独裁政府被迫接受宪改方案，采用总统直接选举制，独裁统治在韩国走向终结。随着韩国社会政治的转型，马克思主义研究重新活跃起来。这一时期“涌现出一批进步人文社会科学杂志和马克思主义理念杂志，一些专

---

① 〔韩〕郑晟溱著:《韩国的马克思主义研究》，禚明亮译，《当代韩国》2012 年第 2 期。

门讨论马克思、恩格斯以及马克思主义研究成果的专业杂志，如《创作与批评》《文学与社会》《社会批评》等像雨后春笋般出现。这些进步刊物围绕社会改革和转型，探讨唯物史观、民族、阶级、国家、所有制等一系列马克思主义重大理论与实践问题”[1]。与此同时，出版了大约70本韩语版的马克思恩格斯译著，包括《1844年经济学哲学手稿》《共产党宣言》《法兰西内战》《德国农民战争》等，但主要是为了满足不断兴起的民主运动的革命实践需要，翻译质量和学术水平不高。

在这一阶段，韩国传播的马克思主义实际是斯大林主义的各种版本，并由此产生了视苏联为社会主义模范的人民民主派和遵循金日成“主体”思想的民族解放派。他们对韩国当时的革命性质应当是反帝反垄断资本（人民民主派）还是反帝反半封建（民族解放派）进行了激烈讨论，使“重新发现马克思主义”运动达到顶峰。然而，由于这次短暂浪潮中的种种理论缺陷和资本主义在韩国的发展，随着苏联的解体，第二次“马克思主义之春”也随之结束。

在此后20年时间里，韩国的马克思主义研究出现复苏迹象，一些马克思主义刊物和左翼激进组织陆续出现。但总体上，此时的马克思主义基础理论研究还处于欠发展阶段。

4. 开启韩国的MEGA时代（2010年至今）

近年来，马克思主义在韩国再次受到关注。一方面，2008年全球金融危机的爆发，反映出西方主流经济学对次贷危机的无奈，没有一位新古典经济学家能对经济萧条给出满意答案。在重新讨论危机后的整个体系时，人们发现马克思的理论依然有效。另一方面，随着韩国社会步入民主化、多元化的发展进程，韩国的马克思主义研究也步入正轨，并迎来了全面发展的新前景。书店陆续推出重新解读马克思的入门书，深受韩国年轻人欢迎；面向一般大众的《资本论》讲座在韩国各大城市相继开展，上座率远超预期；马克思主义学术热持续升温，马克思主义的著作、刊物和学术组织不断涌现；一些学者重归马克思主义研究，用马克思主义思想探讨经济危机，并将中国特色社会主义道路作为重要研究对象，渴望通过了解中国社会各领域对经济危机的对策，得出对韩国经济发展有益的经验；甚至有马克思主义专题照片展在首

① 金寿铁:《韩国马克思主义研究有上升空间》,《中国社会科学报》2015年2月11日。

尔举行，旨在通过图片聚焦危机、贫富差距等社会矛盾如何在全球蔓延。韩国人渴望通过重新解读马克思“还原人性”，寻找答案。[①] 韩国大学开始设立马克思主义专业，有计划地系统开展马克思主义学科建设。2009 年，庆尚大学社会科学研究院制定“马克思主义研究和教育制度化”计划，建立马克思主义专业，目前已有专兼职教师近40名，致力于研究开发“全球化替代方案”和“韩国社会经济模式替代方案”。[②]

“2010 年，韩国东亚大学附设的马克思恩格斯研究所开幕式上，《马克思恩格斯全集》(MEGA) 韩文版翻译编辑委员会宣告成立，决心‘开启韩国的 MEGA 时代’。”[③] 该委员会预计用 10 年时间出齐 114 卷《马克思恩格斯全集》(MEGA) 韩译本，这对韩国理论界来说无疑是功在当代、利在千秋的学术伟业。为此，韩国多所大学在 2010 年相继举办国际学术大会，邀请国内外马克思主义研究领域专家共同探讨 MEGA 译介工作。

MEGA 工程的本意就是复原马克思恩格斯著作的第一手资料，通过对其基础文献、手稿、书信、笔记、注释的整理和汇编，呈现两位社会科学巨匠的思想原貌。这次在韩国开展的 MEGA 工程，弥补了之前由于各种主客观原因造成的对马克思主义文本的遗漏，使韩国国内重新审视和检查了马克思主义研究状况。“光是《资本论》第 2、3 卷，所澄清的错误就有 5000 处之多。单是附录，对被修订处做出说明的篇幅就比原来《资本论》篇幅更厚。”[④]为后世留下了更完整的知识遗产。

韩国学者认为，通过 MEGA 工程，除了检验国内马克思主义的研究现状，还可以试图拓展马克思理论的新立场。有学者提出，可以在马克思理论的“抽象”和“具体”之间融入 21 世纪新科学的基本特征；也有学者试图通过葛兰西重新考察马克思的政治概念；还有学者力图摆脱黑格尔哲学的框架，重新阐述马克思辩证法的具体含义。但就有学者对现代立场表示担忧，认为解读马克思理论，不应离开马克思资本主义体系的本来立场。

① 〔韩〕金润德：《经济萧条时代马克思在韩再受重视》，朝鲜日报中文网，2012 年 1 月 9 日，http://cnnews.chosun.com/.

② 焦佩：《21 世纪韩国马克思主义研究的热点问题》，《学习与探索》2019 年第 7 期。

③ 金寿铁：《韩国马克思主义研究进展与展望》，《中国社会科学报》2014 年 10 月 29 日。

④ 金寿铁：《韩国马克思主义研究进展与展望》，《中国社会科学报》2014 年 10 月 29 日。

尽管马克思主义再次在韩国受到关注，但其研究前景依然困难重重。第一，马克思主义经济学在韩国马克思研究中处于中心地位，但其理论基础欠缺，研究成果参差不齐，“尚没有《剩余价值理论》的全韩文版，这简直让人感到羞愧”[①]。第二，马克思主义的其他领域，如社会科学和人文科学，在韩国还处于学术边缘地带，对马克思主义的解读过于强调政治性，存在偏见。第三，韩国马克思主义的研究人才极度匮乏。在以首尔大学为中心的首都周围大学、地方国立大学中，较少有马克思主义经济学家被聘用，马克思主义理论研究人才想要脱颖而出困难重重，在韩国能够直接翻译德语译著的学者更是屈指可数。第四，韩国马克思主义研究的社会环境有待进一步放宽，只要还存在有关这个领域的“国家保安法”，马克思主义研究就受到一定的法律制约。这些掣肘都使得此次 MEGA 译著工作尤为重要，成为韩国马克思主义研究的飞跃性突破。

（二）韩国的马克思主义理论研究现状

当下，韩国的马克思主义研究流派众多，且都与韩国的特定政党、社会组织或某一学术团体亲缘深厚。韩国著名马克思主义经济学家、庆尚大学教授郑成真（Seongjin Jeong 也译郑晟溱）将韩国的马克思主义思想版图形容为“欧洲马克思主义”“阿尔都塞马克思主义”和“新左派马克思主义”三足鼎立，并进一步细分为改革马克思主义、文化马克思主义、民族马克思主义、斯大林主义、阿尔都塞主义、自律主义、托洛茨基主义、学术马克思主义等各具特色的流派。[②]

“改革马克思主义”侧重于凯恩斯主义改革和市民社会问题，以韩国东亚大学为翻译和编纂 MEGA 专门设立的“马克思恩格斯研究所”为平台，其代表人物是韩国东亚大学经济学教授、韩国产业劳工协会会长、韩国社会经济学会会长姜信俊。“姜信俊于 1991 年以‘德国社会主义运动与农业问题’获高丽大学经济学博士学位，后赴德国研究工人运动史，著述甚丰。”[③]他主张以马克思主义政治经济学批判的方式来解决现代社会的基本问题。目前韩国的

---

① 〔韩〕郑晟溱著:《韩国的马克思主义研究》，禚明亮译，《当代韩国》2012 年第 2 期。

② 金寿铁:《韩国马克思主义研究进展与展望》,《中国社会科学报》2014 年 10 月 29 日。

③ 金寿铁:《〈资本论〉在韩国》,《中国社会科学报》2012 年 7 月 30 日。

《资本论》有两个译本，一种是由首尔大学金秀行教授根据本·福克斯的英译本译出的《资本论》全三卷，另一种就是姜信俊教授根据德文版译出的《资本论》全五卷。他的代表作有《关于伯恩斯坦修正主义新研究》《马克思革命主义的实践遗产》《政治经济学的理解》《资本论的世界》等。

“文化马克思主义”侧重于文化社会、知识生产和教育改革问题，以《进步评论》和《文化科学》两本杂志为平台，与韩国的“社会主义劳动者政党准备委员会”联系紧密，其代表人物是韩国中央大学姜来熙教授。

“民族马克思主义”侧重于民族解放问题，与韩国的“民主劳动党”联系紧密，其代表人物是韩国国立全南大学社会发展研究所经济学教授李采彦。李采彦教授是韩国知名的马克思主义经济学家，曾任韩国政治经济学会会长。他长期从事马克思主义经济学教学和研究工作，在马克思主义经济学转型理论研究方面颇有建树，并创立了转型理论的“单一体系学派”。李采彦教授对马克思的过渡理论的“单系统的解读”最为出名，在其《马克思主义政治经济学的新发现》一书中对此进行了完整阐述。

“斯大林主义”侧重于朝鲜学与南北韩统一问题，与韩国的“劳动社会科学研究所”联系紧密，其代表人物是韩国东国大学朝鲜学科名誉教授、政治学博士姜声允。

“阿尔都塞主义”侧重于资本主义历史、世界化和当代中国问题，与韩国的“果川研究所及社会进步团结”联系紧密，其代表人物是韩国中央大学社会学系教授白承旭。白承旭教授是韩国著名马克思主义学者，也是积极参与韩国社会运动的实践型知识分子。他主张从资本主义生产过程内部深入，去发现资本主义拜物教机制的三个维度，“即具有自由平等外观的契约关系的剥削性本质，资本主义再生产的危机，以及资本主义物化所导致的‘社会性的危机’”[①]。其主要著作有《站在全球化的疆界上的中国》《中国的劳动者与劳动政策：“单位体制”的解体》《中国和东亚的发展模型》和《资本主义历史讲座》等[②]。

“自律主义”侧重于政治思想史、社会运动和民主制度问题，与韩国“共产主义”“开放的马克思主义”等左翼团体联系紧密，其代表人物是韩国哲学

① 徐黎明：《第三届“中韩马克思主义研究论坛”综述》，《哲学动态》2015年第4期。

② 〔韩〕白承旭：《二十世纪中国社会主义的历史经验和韩国社会》，《台湾社会研究季刊》2008年3月。

家、社会学者高秉权。

“托洛茨基主义”侧重于经典马克思主义、托洛茨基主义、当代资本主义等问题，与韩国的托洛茨基政治组织“大家都一起”联系紧密，其代表人物是韩国庆尚大学教授、韩国社会经济学会会长、《马克思主义研究》季刊主编郑成真。《马克思主义研究》由韩国庆尚大学社会科学研究院主办，力求用马克思主义理论联系韩国现实问题，提出可供借鉴的解决方案，具有学术性、思想性和前沿性三大特点。它于 2005 年创刊，2010 年被选为韩国学术振兴财团登载学术杂志，是韩国首份也是迄今唯一一份以马克思主义研究为主题的专业学术杂志。郑成真教授是虔诚的马克思主义经济学家，他基于马克思主义经济周期理论发展了现代资本主义的周期理论。他坚持用马克思主义经济理论解读韩国社会和经济，并揭示了韩国资本主义生产方式的运动规律和资本主义生产关系的本质。20 世纪 80 年代，他发表的《韩国社会性格论争》鲜明地阐释了古典马克思主义、托洛茨基的社会史观立场。20 世纪 90 年代，在许多韩国进步经济学家纷纷转向研究凯恩斯主义时，郑成真教授坚持从实证角度出发研究马克思主义方法论，“利用马克思《资本论》所提供的利润率和剩余价值率换算出了韩国经济的各种统计指标”①。1997 年，郑成真教授在发表的论文《韩国经济的社会积聚结构域与崩溃》中，运用马克思的社会结构理论，准确预言了“韩国经济大暴跌近在眼前”，引起韩国学术界广泛关注。2006 年郑成真出版了《马克思与韩国经济》一书，旗帜鲜明地指出韩国经济危机的根源在于资本主义制度本身。2009 年他组织出版了《21 世纪大萧条与马克思主义》，在书中将马克思的经济学原理同实际相结合，用马克思“利润率下降法则”分析并解释了 2007 年夏次贷危机到国际金融危机的整个演变过程及其原因。针对韩国高校中马克思主义学者后继乏人、处境困难的局面，他多次呼吁学术界要想办法摆脱困境，改变现状。其代表作还有《从马克思主义的视角观察世界经济中的南韩》（2007）、《南韩的新自由主义重构和劳工问题》（2003）、《现代马克思主义经济学中的议题》（2002）等。其著作也常见于国际期刊，如《激进政治经济学评论》和《马克思主义再构想》。

“学术马克思主义”侧重于从无党派立场研究马克思主义理论，特别是

① 梦海:《21 世纪大萧条向何处去？》，社会科学报网站 2015 年 2 月 2 日，http://www.shekebao.com.cn/.

马克思文本研究，其代表人物是韩国首尔大学金秀行教授和高丽大学郑文吉教授。金秀行[①]早年留学英国，与郑云映、朴荣浩并称韩国马克思主义“留学三剑客”，他们的研究精力主要集中在政治经济学领域。他毕生致力于《资本论》翻译、研究和创作工作。20世纪80年代，他将当时被列为第一禁书的《资本论》译介发表，成为韩国第一个完整翻译《资本论》的学者。金秀行认为，“马克思的《资本论》阐明了资本主义社会的基本结构和运转原理。只要世界上还存在资本主义这一社会形态，《资本论》就不仅是工人阶级的‘圣经’，也是把握资本主义社会的‘最佳书籍’”[②]。1983年金秀行在经济学博士边衡尹和首尔大学教授安秉直的支持下，首次在韩国首尔大学研究生院开设“马克思主义经济学”课程，介绍马克思主义经济理论和最新动态，在学生中掀起了一股学习马克思主义的热潮。1989年作为马克思主义经济学者，金秀行在学生对校方的强烈施压下，被聘任为首尔大学经济学系教授，并面向首尔大学本科生开设了“马克思主义经济学”课程。除了日常授课，他还通过大众讲演的形式，用马克思主义理论批判资本主义制度，为在韩国推动马克思主义经济学作出了巨大贡献。2008年从首尔大学退休后，金秀行继续活跃在韩国社会的学术活动中，致力于《资本论》的全面改译工作，力图用更加通顺流畅的行文使《资本论》易于被普通读者所接受。国际金融危机爆发后，他提出要创造超越资本主义的新社会。其代表作《资本论的现代解释》（2008）、《世界大危机》（2011）、《马克思所预测的未来社会》（2012）、《学习资本论》（2014）等，都是探讨新经济体制的范例。“学术马克思主义”的另一位代表人物郑文吉[③]教授，也在早期研究马克思主义哲学，尤其是马克思的异化理论过程，成名作是其博士论文《异化论研究——以马克思、弗罗姆以及社会学上的异化论为中心》。1984—1985年担任德国伯弗姆大学客座研究员，其间两赴阿姆斯特丹国际社会历史研究所访学，在那里他亲眼看到了《1844年经济学哲学手稿》以及其他的马克思恩格斯第一手手稿文献，意识到了原

① 金秀行：韩国最著名的马克思主义经济学家，圣公会大学客座教授和韩国社会经济学会理事长。

② 金寿铁：《韩国马克思主义经济学家金秀行》，《中国社会科学报（第005版）马克思主义月刊》2015年2月11日。

③ 郑文吉：韩国重要的马克思主义文献学家，1971年起任教于高丽大学，1978年担任教授，1979—1980年担任哈佛大学燕京研究所客座研究员。

始手稿对马克思主义研究的重要性，此后他便开始了长达20多年“孤独”专注的关于马克思恩格斯文献学的学术研究。“当今国外马克思文献研究的基本操作平台已经是直接基于马克思恩格斯原始文献的基础之上。郑文吉教授熟练掌握德文，甚至可以直接识别马克思恩格斯原始手稿中的文字，这就使他的文献学考证和版本比较研究得以建立在可靠的第一手文本的基础之上。”①郑文吉在高丽大学具有重要的地位，在学生中也很有威望，他于1998—2000年担任韩国高丽大学政治科学与经济学院院长，并于2007年从高丽大学的教职上退休。其代表作有《异化理论研究》（1979年）、《青年黑格尔派与马克思》（1987年）、《马克思的早期论著及思想生成》（1994年）、《韩国的马克思视域》（2004年）、《尼伯龙的宝藏》（2008年）等。

（三）韩国的马克思主义实践活动

韩国左翼政党诞生于日本殖民时期，曾经在研究和传播马克思主义理论上起着重要作用。现作为在韩国代表最广大劳工阶级根本利益的政治势力，韩国左翼政党“经济上抨击自由竞争之上的资本主义，力图全力解决失业问题和贫富分化问题，政治上主张实现平等基础上的民主自由，清算政治腐败和军事独裁，外交上反对封锁、制裁、孤立朝鲜，主张和平解决统一问题”②。这些主张在韩国经济和民生问题上带有强烈的社会主义色彩，甚至2008年次贷危机后在韩国掀起了一场马克思主义热潮。“尽管如此，韩国左翼政党没能真切领悟到马克思主义强大思想力。由于缺乏思想上的凝聚力，韩国左翼政党在韩国政坛始终长期式微”③，民众支持率和在国会中的席位远低于预期。若要彻底扭转目前被动的局势，还要从根源上解决政治观念不统一和理论根基薄弱的问题。

随着1987年军事独裁统治被推翻，韩国社会步入民主化进程，左翼政党得以重建。根据韩国《政党法》规定，选举得票率低于2%的政党将丧失注册资格。因此，韩国左翼政党在资产阶级民主主义体制下为赢得各种选举疲于奔命，在选举前匆忙建党，选举失利后又被迫解散。直到2000年民主劳动

① 张一兵：《郑文吉：韩国当代马克思学的奠基者》，《江西社会科学》2010年2月。

② 焦佩：《韩国左翼政党式微原因之探析》，《国际论坛》2015年9月。

③ 焦佩：《韩国左翼政党困于思想乏力》，《中国社会科学报》2016年7月28日。

党成立，并在 2004 年的国会选举中赢得十个席位，韩国左翼政党才真正回归政治舞台。

然而，民主劳动党从成立之初就由于政策方向上的分歧面临分裂。一部分党员信奉封闭僵化的教条式社会主义，一部分党员推崇欧洲的社会民主主义，因此不断有党内的分裂内耗和与其他政党的联合重组发生。到 2012 年 10 月，韩国左翼政党已由最初的民主劳动党，分裂为进步新党、统合进步党和进步正义党。此后，统合进步党不断爆出舞弊、破坏民主秩序等丑闻，于 2014 年 12 月被韩国宪法法院裁定强制解散。同时，进步新党和进步正义党于 2013 年 7 月分别重组更名为劳动党和正义党。目前，劳动党只在地方议会中占有议席，而亲朝鲜的正义党也只在国会中占有 5 个席位。

分析韩国左翼政党式微原因，不难看出主要是缺乏科学政治理论指导，同时，与前述提到的韩国马克思主义研究基础薄弱也不无关系。“韩国左翼政党信奉的政治理念混杂，既有国家社会主义，又有社会民主主义，还有草根民主主义，虽然这些理念都带有马克思主义的理论色彩，却没有明确的政治思想传承和与本国国情相结合的具体政治实践。”[①] 从二战后到 20 世纪末，韩国左翼政党未出版过完整的马克思主义著作，这阻碍了其政治运动的开展。苏联解体前，韩国左翼政党的研究主要集中于苏联社会主义革命，未能正确理解社会主义运动真谛，亦缺乏全球视野。苏联解体后，韩国左翼政党的思想陷入迷茫，韩国社会主义运动失去了对资本主义制度的深刻批判。进入 21 世纪，韩国左翼政党面对全球性经济危机，在缺乏对马克思主义基础理论研究的情况下，盲目追捧“马克思复兴”热潮。处于资本主义政治体制下的韩国，马克思主义研究始终边缘化，左翼政党的政治理念与实践只能停留在口头相授的宣传方式和生搬硬套的实践水平上。系统的马克思主义理论武器无法深植于韩国左翼政治阵营，零星的社会主义思想未能聚合形成庞大的政治凝聚力。

此外，韩国左翼政党的理念主张过于超前，无法切实反映韩国民众关心的收入、就业和物价等民生问题。其在政治方面主张废除《国家保安法》等一切侵犯人权的法律，并撤销包括各种情报机关在内的滥用公权的国家机关。“然而，韩国国民对《国家保安法》存废态度却相当谨慎，不仅支持全面废除

① 焦佩:《韩国左翼政党困于思想乏力》,《中国社会科学报》2016 年 7 月 28 日。

的比例从未超过10%，而且主张绝不废除比例却上升到20%左右”[①]；社会方面主张由政治民主化，向经济、社会、文化、舆论、科技等方面民主化横向扩展，建立以民众为中心的民主经济体制和完全平等的社会。事实上，在政治、经济和社会民主化还没得到完全贯彻的韩国，谈论文化民主化、舆论民主化和科技民主化为时尚早。韩国左翼政党将其理念定位在非常进步的区间，与韩国民众的中道理念相左（见表3）。

表3　2002—2011年韩国国民理念倾向变化趋势　　单位：%

年份	非常保守	多少有点保守	中道	多少有点进步	非常进步
2002	6.0	37.9	30.4	23.2	2.6
2004	6.1	30.6	35.8	18.9	3.3
2006	8.3	27.9	47.7	13.0	3.4
2007	3.6	24.5	33.3	29.4	3.1
2011	2.9	21.9	41.3	25.9	2.4

资料来源：焦佩《韩国左翼政党式微原因之探析》,《国际论坛》2015年9月。

未来，韩国左翼政党能否重新联合并实现壮大，取决于几个方面。第一，理论支撑。系统学习和构建马克思主义理论，以有说服力的方案吸引韩国劳动者加入马克思主义阵营。第二，理念共识。在党内达成一致的理念共识，并力求使该理念满足韩国民众的需要。第三，政策实践。将理念变为具体政策，并根植于政治运动中，使新时期的劳动运动与马克思主义相结合，发展出工人革命。第四，肃清党风。保持团结进步、协商妥协、合作共赢的党内竞争机制，加强党员管理和党风廉政建设。

---

① 焦佩:《韩国左翼政党式微原因之探析》,《国际论坛》2015年9月。

后　记

本书由中共中央党校（国家行政学院）研究生院副院长、教授、博士生导师陈江生任主编，中共中央党校（国家行政学院）马克思主义学院国外马克思主义研究所所长、教授、博士生导师张严任副主编。在主编拟出“编修方案”和一级提纲之后，以中共中央党校（国家行政学院）马克思主义学院相关专业的学者为主，吸收部分校内其他部门和校外的学者组成本书编写组，分工承担本书各章的撰写工作。具体为：绪论（陈江生），第一章（张严、王枫桥），第二章（王淑娟），第三章（史妍嵋、赵渊博），第四章（邱联鸿、陈启超、高卓琼），第五章（秦梦、金露露、李聪），第六章（刘莹珠），第七章（沈非），第八章（王伟龙、王姝楠、汤庆慧）。各章作者经过反复修改定稿后，陈江生、张严同志完成统稿工作。

本书的编写得到了中共中央党校（国家行政学院）马克思主义学院同仁们的帮助，这里一并表示感谢！

本书编写组

2021.3.20